Elke Brendel · Logik-Skript 2

Elke Brendel

Logik-Skript 2

Einführung in die Modallogik

KlostermannRoteReihe

Bibliographische Information der Deutschen Nationalbibliothek

Die Deutsche Nationalbibliothek verzeichnet diese Publikation in der
Deutschen Nationalbibliographie; detaillierte bibliographische Daten
sind im Internet über *http://dnb.dnb.de* abrufbar.

© 2021 · Vittorio Klostermann GmbH · Frankfurt am Main
Alle Rechte vorbehalten, insbesondere die des Nachdrucks und der
Übersetzung. Ohne Genehmigung des Verlages ist es nicht gestattet,
dieses Werk oder Teile in einem photomechanischen oder sonstigen
Reproduktionsverfahren oder unter Verwendung elektronischer
Systeme zu verarbeiten, zu vervielfältigen und zu verbreiten.
Gedruckt auf EOS Werkdruck von Salzer,
alterungsbeständig ∞ ISO 9706 und PEFC-zertifiziert.
Druck und Bindung: Hubert & Co., Göttingen
Printed in Germany
ISSN 1865-7095
ISBN 978-3-465-04528-1

Inhalt

Vorwort ... 7

I. Was ist Modallogik? ... 9
I.1 Verschiedene Arten der Notwendigkeit und Möglichkeit ... 11
I.2 Zusammenhänge zwischen Notwendigkeit und Möglichkeit . 16
I.3 Die Modallogik als intensionale Logik ... 19

II. Modale Junktorenlogik und Semantik möglicher Welten. ... 23
II.1 Die formale Sprache der modalen Junktorenlogik ... 23
II.2 Natürliche Sprache und modale Junktorenlogik ... 27
II.3 Mögliche Welten und Semantik der Modallogik ... 28
II.4 Wahrheit und Falschheit von Sätzen der Sprache JML ... 29
II.5 Vorstellbarkeit, mögliche Welten und Widersprüche ... 35
II.6 Das T-Modell für die modale Junktorenlogik ... 39
II.7 Die „Paradoxien der notwendigen Implikation" ... 46
II.8 Das S4-Modell für die modale Junktorenlogik ... 48
II.9 Das S5-Modell für die modale Junktorenlogik ... 53
II.10 Das S5-Modell und ontologische Gottesbeweise ... 57
II.11 Übungen zu Kapitel II ... 59

III. Ein Kalkül des natürlichen Schließens für die modale Junktorenlogik ... 63
III.1 Der Kalkül KNS-JMT für die modale Junktorenlogik ... 63
III.2 Zulässige Schlussregeln in KNS-JMT ... 72
III.3 Der Kalkül KNS-JMS4 für die modale Junktorenlogik ... 85
III.4 Der Kalkül KNS-JMS5 für die modale Junktorenlogik ... 87
III.5 Übungen zu Kapitel III ... 89

IV. Modale Quantorenlogik und Semantik möglicher Welten ... 91
IV.1 Die formale Sprache der modalen Quantorenlogik ... 91
IV.2 Natürliche Sprache und modale Quantorenlogik ... 97
IV.3 Ein Modell für die modale Quantorenlogik ... 98
IV.4 Wahrheit und Falschheit in der modalen Quantorenlogik . 102
IV.5 Logische Folgerung und Gültigkeit ... 109

IV.6 Die Modelle ME und NE der modalen Quantorenlogik....112
IV.7 Die Barcan-Formel 114
IV.8 Existenz als Prädikat...............121
IV.9 Zur Semantik fiktionaler Objekte 124
IV.10 Zur Semantik widersprüchlicher Objekte...............137
IV.11 Übungen zu Kapitel IV...............141

V. Ein Kalkül des natürlichen Schließens für die modale Quantorenlogik...............145
V.1 Der Kalkül KNS-QMT für die modale Quantorenlogik......146
V.2 Zulässige Schlussregeln in KNS-QMT...............154
V.3 Der Kalkül KNS-QMT^{ME} für die modale Quantorenlogik..159
V.4 Der Kalkül KNS-QMT^{NE} für die modale Quantorenlogik..161
V.5 Übungen zu Kapitel V...............163

Anhang: Lösungen zu den Übungen...............165
Lösungen zu den Übungen von Kapitel II...............165
Lösungen zu den Übungen von Kapitel III...............167
Lösungen zu den Übungen von Kapitel IV...............170
Lösungen zu den Übungen von Kapitel V...............172

Literaturverzeichnis...............175

Symbolverzeichnis...............179

Stichwortverzeichnis...............181

Verzeichnis der zentralen modallogischen Schlussregeln 187

Vorwort

Die Modallogik zählt zu den wichtigsten Zweigen der philosophischen Logik. Sie erforscht die logischen Beziehungen zwischen dem *Wirklichen*, *Möglichen* und *Notwendigen*. Auch weitere zentrale Begriffe der philosophischen Metaphysik, wie *Existenz*, *Identität* und *Essenz*, sind Gegenstand modallogischer Untersuchungen. Die Modallogik liefert ein unentbehrliches Rüstzeug für formale Analysen von Möglichkeits- und Notwendigkeitsaussagen und lehrt, wie diese in logischen Schlussfolgerungen und Argumenten korrekt verwendet werden.

Dieses Buch gibt eine Einführung in die Modallogik, die den Lehrstoff eines einsemestrigen Kurses im Rahmen eines BA- oder MA-Studiums der Philosophie umfasst. Es eignet sich aber auch zum Selbststudium und richtet sich an all diejenigen, die logische Kompetenzen in einem zentralen Gebiet der philosophischen Logik erlangen oder vertiefen möchten.

Grundlegende Kenntnisse der elementaren klassischen Junktoren- und Quantorenlogik vermittelt mein Buch *Logik-Skript 1: Wahrheit und logisches Schließen* (Klostermann-Verlag ²2020). Dieser vorliegende Band baut auf den im *Logik-Skript 1* erworbenen Kenntnissen auf und erweitert sie im Bereich der Modallogik. Das *Logik-Skript 2* kann jedoch auch unabhängig vom *Logik-Skript 1* gelesen werden, da alle zentralen Begriffe und Schlussregeln der elementaren klassischen Junktoren- und Quantorenlogik eingeführt und erläutert werden. Es ist allerdings hilfreich, wenn die Leserinnen und Leser dieses Buch bereits über rudimentäres Wissen der klassischen Logik verfügen und mit einem Kalkül des junktoren- und quantorenlogischen Schließens vertraut sind.

Im Rahmen meiner Tätigkeit als Logikdozentin wurde von Seiten der Studierenden häufig der Wunsch nach einer logisch präzisen, aber zugleich auch philosophisch inspirierten Einführung in die Modallogik an mich herangetragen. Man wünschte sich ein modallogisches Lehrbuch, das vor allem auf die Interessen und Logikkenntnisse von Philosophiestudierenden Rücksicht nimmt. Das Lehrbuch sollte sich als Aufbau- und Erweiterungskurs zur elementaren klassischen Logik eignen. Es sollte in die Semantik der möglichen Welten einführen, mit einem eingängigen Kalkül des natürlichen Schließens für modallogisches Argumentieren arbeiten sowie wichtige philosophische Implikationen und Anwendungen der Modallogik diskutieren. Das vorliegende Buch ist der hoffentlich gelungene Versuch, diesem Wunsch zu entsprechen.

Mein herzlicher Dank gilt Christoph Schamberger für das sorgfältige Korrekturlesen und für die vielen hilfreichen Anregungen zur Verbesserung des Buchmanuskripts. Es ist möglich, wenngleich nicht notwendig, dass dieses Buch dennoch Fehler enthält. Für diese bin ich selbstverständlich ganz alleine verantwortlich.

Bonn, im Dezember 2020   Elke Brendel

I. Was ist Modallogik?

Wenn es aber Wirklichkeitssinn gibt, und niemand wird bezweifeln, daß er seine Daseinsberechtigung hat, dann muß es auch etwas geben, das man Möglichkeitssinn nennen kann.
Wer ihn besitzt, sagt beispielsweise nicht: Hier ist dies oder das geschehen, wird geschehen, muß geschehen; sondern er erfindet: Hier könnte, sollte oder müßte geschehn; und wenn man ihm von irgend etwas erklärt, daß es so sei, wie es sei, dann denkt er: Nun, es könnte wahrscheinlich auch anders sein. (Musil 1978: 16)

Wir Menschen, so beschreibt es Robert Musil in obigem Zitat aus seinem Roman *Der Mann ohne Eigenschaften*, sind mit einem „Möglichkeitssinn" ausgestattet. Als „Möglichkeitsmenschen" sind wir gedanklich nicht bloß in der Realität verhaftet. Wir stellen nicht nur fest, was ist. Wir überlegen auch, was sein könnte, was sein muss und was niemals sein kann. Wir beziehen uns in unseren Gedanken und Überlegungen nicht bloß auf das *Wirkliche*, sondern auch auf das *Mögliche*, *Notwendige* und *Unmögliche*. Wir können uns zur Realität auch alternative Weltverläufe vorstellen. Die *aktuale Welt*, d. h. die wirkliche Welt, in der wir leben, lässt sich als eine von vielen *möglichen Welten* verstehen, wie wir in den folgenden Untersuchungen zur Logik des Möglichen und Notwendigen noch näher sehen werden. So ist es zwar *de facto* der Fall, dass im Jahr 2020 Bayern München Deutscher Fußballmeister der Männer ist und die Welt unter einer Corona-Pandemie leidet. Es ist zudem *de facto* wahr, dass sich auf meinem Schreibtisch derzeit eine Kaffeetasse befindet und dass der Einband dieses Buches rot ist. Hätte es aber nicht auch anders sein können? Jedenfalls kann man sich leicht vorstellen, dass dieses Buch keinen roten, sondern beispielsweise einen blauen Einband hat. Ich kann mir zudem meinen Schreibtisch auch ohne Kaffeetasse vorstellen. Auch wenn es vielleicht manchen Bayern München Fans schwerfällt, so scheint es doch für viele vorstellbar (und für manche sogar wünschenswert) zu sein, dass nicht Bayern München, sondern ein anderer Verein Deutscher Fußballballmeister des Jahres 2020 ist. Ebenso haben wir eine Vorstellung davon, wie es wäre, wenn das Corona-Virus sich nicht weltweit ausgebreitet hätte. In diesen Vorstellungen entwerfen wir gedankliche mögliche Welten, die von der realen Welt mehr oder weniger stark abweichen. Manche Vorstellungen, wie die Vorstellung, dass auf meinem Schreibtisch derzeit keine Kaffeetasse steht oder dieses Buch einen blauen Einband hat, verlangen von unserem Möglichkeitssinn keine besonderen imaginativen Leistungen. Das phantasievolle Entwerfen fiktionaler Erzählwelten fordert da schon eher unseren Möglichkeitssinn heraus.

Auch wenn unsere Vorstellungskraft eine enorme Vielfalt an möglichen Welten erzeugen kann, so scheint sie doch gewissen Grenzen unterworfen zu sein. Dinge, die in bestimmter Hinsicht mit *Notwendigkeit* gelten, lassen sich nämlich nicht so einfach gedanklich manipulieren. Von etwas, das notwendig ist, lässt sich sein Gegenteil nicht als Möglichkeit vorstellen. So sind etwa die Sätze „2 + 2 = 4", „Ein Quadrat hat vier Seiten" oder „Ein Junggeselle ist unverheiratet" Beispiele für Sätze, die *notwendigerweise wahr* sind. Im Unterschied zu *kontingent wahren* Sätzen, wie „Bayern München ist 2020 Deutscher Fußballmeister der Männer" oder „Der Einband dieses Buches ist rot", können sie *nicht* als *möglicherweise falsch* angesehen werden.

Die *Modallogik*, genauer die *alethische Modallogik* (gr. *aletheia* = Wahrheit) untersucht die logischen Beziehungen und Schlussfolgerungen aus *Modalaussagen*, d. h. aus Aussagen, die insbesondere die Begriffe *Möglichkeit* (möglich, möglicherweise) und *Notwendigkeit* (notwendig, notwendigerweise) enthalten. Sie zählt zu einem wichtigen Zweig der *philosophischen Logik*, da sie das korrekte logische Schließen von Aussagen mit philosophisch relevanten Begriffen lehrt. Sie klärt zudem die logischen Beziehungen zwischen den Begriffen der Wirklichkeit, Möglichkeit und Notwendigkeit sowie anderen philosophisch wichtigen Begriffen wie *Existenz*, *Identität* und *Essenz*.

Neben der alethischen Modallogik gibt es noch weitere Modallogiken, die Schlussfolgerungen aus Aussagen untersuchen, die andere philosophisch relevante Begriffe enthalten, z. B. den Begriff des Sollens (deontische Logik) oder den Begriff des Wissens (epistemische Logik). Diese Modallogiken bauen auf der alethischen Modallogik auf. Es würde jedoch den Rahmen des Buches sprengen, auch auf diese philosophischen Logiken einzugehen.

I.1 Verschiedene Arten der Notwendigkeit und Möglichkeit

Bevor die Wahrheitsbedingungen von Modalaussagen sowie das korrekte logische Schließen mit diesen Aussagen im Rahmen der Modallogik untersucht werden, muss vorab geklärt werden, welche Formen von Notwendigkeits- und Möglichkeitsbegriffen in der (alethischen) Modallogik überhaupt analysiert werden sollen. Es gibt nämlich verschiedene Notwendigkeits- und Möglichkeitsbegriffe, die unterschiedliche Arten der Notwendigkeit und Möglichkeit zum Ausdruck bringen.

Die folgenden zehn Sätze sind nicht bloß wahr, sondern auch in gewissen Hinsichten *notwendigerweise wahr*:

1. Wenn Bonn am Rhein liegt, dann liegt Bonn am Rhein.
2. Bonn liegt am Rhein, oder Bonn liegt nicht am Rhein.
3. $7 + 5 = 12$.
4. Ein Quadrat hat vier Seiten.
5. Ein Junggeselle ist unverheiratet.
6. Alle Körper sind ausgedehnt.
7. Im Vakuum fallen alle Körper gleich schnell.
8. Kein Mensch überquert ohne Hilfsmittel vom Erdboden aus mit nur einem Sprung ein Hindernis von fünf Metern.
9. Wasser ist H_2O.
10. Gold ist ein chemisches Element mit der Ordnungszahl 79.

Die Sätze 1 und 2 drücken aussagenlogische *Tautologien* aus (siehe Brendel ²2020, Kap. II.8). Sie sind Einsetzungsinstanzen der logisch stets gültigen Satzschemata „Wenn A, dann A" bzw. „A oder nicht-A" (wobei A für jeden beliebigen Satz steht). Es ist für die Wahrheit der Sätze 1 und 2 daher völlig unerheblich, dass in ihnen von Bonn und dem Rhein die Rede ist. Jeder andere wahre oder falsche Satz, den man für A in die obigen Satzschemata einsetzen würde, hätte ebenfalls zu einem wahren Satz geführt. Die Wahrheit der Sätze 1 und 2 wird alleine durch die logische Struktur dieser Sätze garantiert. Ihre Wahrheit ergibt sich zwangsläufig aus der Bedeutung der logischen Junktoren „wenn, dann", „oder" und „nicht". Die Sätze 1 und 2 sind daher Beispiele für *logisch wahre* Sätze. Nach Auffassung der klassischen Logik gibt es keine Situation, keine mögliche Welt, in der die Sätze 1 und 2 jemals falsch sein können. Wenn wir diese Sätze verneinen, verstricken wir uns in einen logischen Widerspruch. Derartige Sätze sind daher aufgrund *logischer Notwendigkeit* wahr.

Satz 3 drückt eine *mathematische Notwendigkeit* aus. Seine Wahrheit ergibt sich mit einfachen logischen Schlüssen aus den Axiomen der Arithmetik der natürlichen Zahlen, welche unsere unmittelbaren intuitiven Konzepte der Anzahl und des Addierens zum Ausdruck bringen sollen. Ebenso wie bei den Sätzen 1 und 2 können wir uns auch Satz 3 nicht anders als wahr denken. Wer die Negation dieses Satzes für wahr hält, scheint die in dem Satz vorkommenden arithmetischen Ausdrücke falsch anzuwenden.

Die Sätze 4 und 5 formulieren *begriffliche oder definitorische Wahrheiten*. Der Begriff des Quadrats ist definitorisch so festgelegt, dass ein Quadrat eine geometrische Figur darstellt, die vier gleiche Seiten aufweist. Für die Eigenschaft, ein Junggeselle zu sein, ist es eine notwendige Bedingung, unverheiratet zu sein. Der Begriff des Junggesellen ist gerade so definiert, dass er nur auf Personen zutrifft, die unverheiratet sind. Wer behauptet, es sei möglich, dass ein Quadrat keine vier Seiten hat oder ein Junggeselle verheiratet ist, begeht offenbar einen begrifflichen Fehler. Man kann sich kein Quadrat mit fünf Seiten oder einen verheirateten Junggesellen vorstellen. Stellen wir uns eine geometrische Figur mit fünf Seiten vor, dann ist es unmöglich, dass es sich bei dieser vorgestellten Figur um ein Quadrat handelt. Stellt man sich eine verheirate Person vor, dann stellt man sich jemanden vor, der in keinem Fall ein Junggeselle sein kann. Die Sätze 4 und 5 drücken daher Wahrheiten aus, die mit *begrifflich-definitorischer Notwendigkeit* gelten.

Satz 6 ist ein Beispiel für einen Satz, den Immanuel Kant als *analytisch wahren* Satz bezeichnet (bzw. als einen Satz, der ein analytisch wahres Urteil formuliert; Kant KrV: A7–10/B10–14). Das (grammatische) Subjekt eines analytisch wahren Satzes ist Kant zufolge untrennbar, und somit mit Notwendigkeit, mit dem (grammatischen) Prädikat verknüpft. Sätze, deren Wahrheit oder Falschheit sich nicht bereits aus der begrifflichen Analyse des Subjekts ergeben, nennt Kant hingegen *synthetisch*. Nach Kants Auffassung muss man Körper nicht erst empirisch untersuchen, um dann im Nachhinein festzustellen, dass alle Körper über eine Ausdehnung verfügen. Für Kant ist im Subjekt *Körper* vielmehr das

Prädikat *Ausdehnung* bereits mitenthalten, und eine begriffliche Analyse von *Körper* fördert daher die analytische Wahrheit von Satz 6 zutage:

> In allen Urteilen, worinnen das Verhältnis eines Subjekts zum Prädikat gedacht wird [...], ist dieses Verhältnis auf zweierlei Art möglich. Entweder das Prädikat B gehört zum Subjekt A als etwas, was in diesem Begriffe A (versteckter Weise) enthalten ist; oder B liegt ganz außer dem Begriff A, ob es zwar mit demselben in Verknüpfung steht. Im ersten Fall nenne ich das Urteil *analytisch*, in dem andern *synthetisch*. [...] Z. B. wenn ich sage: alle Körper sind ausgedehnt, so ist dies ein analytisch Urteil. Denn ich darf nicht über den Begriff, den ich mit dem Körper verbinde, hinausgehen, um die Ausdehnung, als mit demselben verknüpft, zu finden, sondern jenen Begriff nur zergliedern, d. i. des Mannigfaltigen, welches ich jederzeit in ihm denke, mir nur bewußt werden, um dieses Prädikat darin anzutreffen; es ist also ein analytisches Urteil. (Kant KrV: A7–10/B10–14)

Analytisch wahre Urteile im Sinne Kants sind auch die Sätze 4 und 5. Auch hier ergibt sich alleine kraft der Bedeutung des jeweiligen Subjekts („Quadrat" und „Junggeselle") das Prädikat („hat vier Seiten" und „ist unverheiratet") mit Notwendigkeit. Analytisch wahre Sätze drücken somit *begrifflich-definitorische Notwendigkeiten* aus, deren Wahrheit sich *a priori*, d. h. erfahrungsunabhängig, erkennen lässt.

Die Sätze 7 und 8 formulieren ebenfalls Wahrheiten, die nicht bloß aufgrund bestimmter kontingenter Umstände gelten (wie die Wahrheit, dass gerade auf meinem Schreibtisch eine Kaffeetasse steht oder dass der Einband dieses Buches rot ist). Dennoch drücken diese Sätze keine logischen oder begrifflich-definitorischen Notwendigkeiten aus. Es gibt keine logischen Prinzipien, die die Negation der Sätze 7 und 8 als logisch widersprüchlich ausweisen würden. Ohne dass wir dabei einen logischen Widerspruch begehen, können wir uns sowohl vorstellen, dass eine schwere und eine leichtere Kugel im Vakuum unterschiedlich schnell zu Boden fallen, als auch, dass ein Mensch ohne Hilfsmittel über ein Hindernis von fünf Metern Höhe springt. Alleine aus der Definition des Begriffs des Körpers scheint zudem nicht zu folgen, dass alle Körper im Vakuum gleich schnell fallen, und aus rein begrifflichen Überlegungen lässt sich auch nicht ableiten, dass Menschen ohne Hilfsmittel keine Hindernisse von fünf Metern Höhe mit einem einzigen Sprung überwinden können. Die Sätze 7 und 8 drücken hingegen bestimmte *naturgesetzliche Notwendigkeiten* aus. Die Wahrheit dieser Sätze wird nämlich durch das Bestehen gewisser Naturgesetze verbürgt. Überall dort, wo unsere Naturgesetze gelten, können diese Sätze niemals falsch werden. Die physikalischen Gesetze des freien Falls garantieren, dass der Satz „Im Vakuum fallen alle Körper gleich schnell" stets wahr ist. Ebenso folgt aufgrund der biologischen Ausstattung des Menschen und bestimmter Gravitationsgesetze, dass selbst die beste Hochspringerin der Welt in Erdnähe niemals ohne Hilfsmittel höher als fünf Meter springen kann (zu naturgesetzlichen Notwendigkeiten vgl. u. a. Schrenk 2017, Kap. 4).

Ähnlich wie bei den Sätzen 7 und 8 wird auch die Wahrheit der Sätze 9 und 10 durch bestimmte Gesetzmäßigkeiten verbürgt, die in der Natur gelten. In der philosophischen Diskussion werden die Sätze 9 und 10 jedoch manchmal als Beispiele für Sätze herangezogen, die eine von der naturgesetzlichen Notwendigkeit zu unterscheidende Form der Notwendigkeit ausdrücken, nämlich eine Form der *metaphysischen Notwendigkeit*. Für Saul Kripke sind Aussagen, die mit metaphysischer Notwendigkeit wahr sind, insbesondere solche, die bestimmten *natürlichen Arten* (wie beispielsweise Wasser oder Gold) *essentielle Strukturen und Eigenschaften* zuschreiben, d. h. innere Strukturen und Eigenschaften, die zu den unumstößlichen Identitätsbedingungen dieser Arten zählen. Dass Wasser die chemische Struktur H_2O aufweist, ist in diesem Sinne ein notwendiges Wesensmerkmal von Wasser. Wenn wir uns eine Welt vorstellen, in der eine Flüssigkeit nicht H_2O ist, dann kann diese Flüssigkeit kein Wasser sein. Ähnliches gilt, so Kripke, auch für die Eigenschaft von Gold, ein chemisches Element mit der Ordnungszahl 79 zu sein. Für Kripke gehört diese Eigenschaft wesentlich zur „Natur von Gold". Wir können uns daher unmöglich eine Welt denken, in der Gold nicht ein chemisches Element mit der Ordnungszahl 79 ist. Natürlich können wir uns eine Substanz vorstellen, die genauso aussieht wie Gold und diese Eigenschaft nicht besitzt. Die Substanz, die wir uns dabei vorstellen, kann jedoch, so Kripke, kein Gold sein (siehe Kripke 1981: 143). Wie Kripke hervorhebt, sind im Unterschied etwa zu den begrifflich-definitorischen Notwendigkeiten viele metaphysische Notwendigkeiten gerade nicht *a priori* erkennbar. Erst nach langer wissenschaftlicher Forschung stellte sich heraus, dass Wasser H_2O und dass Gold ein chemisches Element mit der Ordnungszahl 79 ist, weil sich in jedem Kern eines Goldatoms 79 Protonen befinden. Notwendigkeit und Apriorizität können somit auseinanderfallen.

Wie die oben skizzierten Begriffe der logischen, mathematischen, begrifflich-definitorischen, naturgesetzlichen und metaphysischen Notwendigkeit genau zu spezifizieren sind und wie sie zusammenhängen, ist in der philosophischen Diskussion umstritten. In der Metaphysik der Wissenschaften werden gegenwärtig vor allem Fragen zu naturgesetzlichen und metaphysischen Notwendigkeiten diskutiert. Die in den folgenden Kapiteln entwickelten Modelle und Systeme der Modallogik beschränken sich jedoch auf einen Begriff der Notwendigkeit (und der Möglichkeit), der im Wesentlichen dem Begriff einer *erweiterten logischen Notwendigkeit* (bzw. *Möglichkeit*) entspricht, d. h. einem Notwendigkeitsbegriff, der Formen der oben erwähnten logischen, mathematischen sowie begrifflich-definitorischen Notwendigkeit umfasst, wie wir sie in den Sätzen 1 bis 6 kennengelernt haben. Formen der naturgesetzlichen oder metaphysischen Notwendigkeit (bzw. Möglichkeit) sollen dagegen nicht berücksichtigt werden.

Der hier verwendete Begriff der *logischen* Möglichkeit ist also so zu verstehen, dass ein Satz der Form „Es ist möglich, dass A" (wobei A wieder für irgendeinen beliebigen Satz steht) genau dann wahr ist, wenn die Negation von A keinen logischen, mathematischen oder begrifflich-definitorischen Widerspruch impliziert. Es ist dabei völlig unerheblich, welchen Kenntnisstand Sprecherinnen[1] über A besitzen. Dies bedeutet nun auch, dass eine logische Möglichkeitsaussage der Form „Es ist möglich, dass A" nur dann falsch ist, wenn A eine logische, mathematische oder begrifflich-definitorische Falschheit ausdrückt.

---

[1] Die weibliche Form soll hier wie im Folgenden alle Menschen bzw. Handelnden einschließen.

Wichtig ist es zu betonen, dass die im Folgenden verwendeten Begriffe der *logischen* Notwendigkeit und Möglichkeit nicht immer mit den alltagssprachlichen Verwendungen dieser Begriffe übereinstimmen. Oftmals benutzen wir z. B. den Möglichkeitsbegriff in einem *epistemischen* Sinne, um zum Ausdruck zu bringen, dass nach unserem Kenntnisstand ein bestimmter Sachverhalt nicht ausgeschlossen ist und uns Informationen vorliegen, die das Bestehen des Sachverhaltes als wahrscheinlich ansehen lassen. Nehmen wir beispielsweise an, ich wüsste, dass eine Kollegin oft in einem bestimmten Restaurant zu Mittag isst. Weiterhin sei angenommen, dass mir keine Hinweise darüber vorliegen, dass die Kollegin heute Mittag nicht in dieses Restaurant geht. Wenn ich nun auf die Frage, wo sich denn die Kollegin heute Mittag aufhält, antwortete, dass sie *möglicherweise* in diesem Restaurant ist, würde ich (von meinem Kenntnisstand aus betrachtet) etwas Wahres behaupten. Hätte mich die Kollegin hingegen morgens angerufen und sich mit einer schweren Grippe für den Tag krankgemeldet, dann würde ich mit der Behauptung, die Kollegin sei heute Mittag *möglicherweise* in dem Restaurant, etwas Unkorrektes zum Ausdruck bringen, da mir nun Informationen vorliegen, wonach es äußerst unwahrscheinlich ist, dass die Kollegin heute in dem Restaurant zu Mittag isst.

Im *logischen* Sinne von „möglich" wäre hingegen auch meine Aussage, dass die Kollegin heute Mittag *möglicherweise* in dem Restaurant ist, durchaus *wahr*, auch wenn mir Informationen vorliegen, die es nahezu ausschließen, dass die Kollegin mittags sich in dem Restaurant aufhält. Dass sie sich dort zu Mittag aufhält, ist nun mal im *logischen* Sinne nicht ausgeschlossen, da dies keinen logischen Widerspruch impliziert.

I.2 Zusammenhänge zwischen Notwendigkeit und Möglichkeit

In den Sprachen der modalen Junktoren- und Quantorenlogik (siehe Kap. II.1 und Kap. IV.1) werden *Notwendigkeit* und *Möglichkeit* als *(einstellige) Satzoperatoren* konzipiert. Diese Sprachen enthalten einen *Notwendigkeitsoperator* „$\Box$" sowie einen *Möglichkeitsoperator* „$\Diamond$". Für einen beliebigen Satz A dieser Sprachen sind dann $\Box A$ und $\Diamond A$ ebenfalls Sätze dieser Sprachen, die zum Ausdruck

I.2 Zusammenhänge zwischen Notwendigkeit und Möglichkeit

bringen, dass A notwendigerweise wahr bzw. möglicherweise wahr ist. Zwischen Notwendigkeits- und Möglichkeitsaussagen gibt es folgende offenkundige Verbindung: Ein Satz A ist genau dann *notwendigerweise wahr*, wenn seine Negation unmöglich wahr ist, wenn es also nicht möglich ist, dass A nicht der Fall ist. Analog ist es genau dann *möglicherweise wahr*, dass A, wenn es nicht notwendigerweise wahr ist, dass A nicht der Fall ist. Mit dem Negationsoperator „¬" lässt sich dieser Zusammenhang von Notwendigkeit und Möglichkeit somit folgendermaßen darstellen:

□A genau dann, wenn ¬◊¬A,
◊A genau dann, wenn ¬□¬A.

Es gibt auch einen Zusammenhang von Notwendigkeit und Wahrheit. Wenn für einen Satz A gilt, dass er notwendigerweise wahr ist, dann ist es auch der Fall, dass A wahr ist. Etwas, das notwendigerweise wahr ist, ist *de facto* wahr:

Wenn □A, dann A.

Des Weiteren folgt aus der Wahrheit eines Satzes A, dass A dann auch möglicherweise wahr ist:

Wenn A, dann ◊A.

Die Aktualität, d. h. das Wirkliche, wird somit auch als eine Möglichkeit verstanden. Das Umgekehrte gilt hingegen nicht: Nicht jede Möglichkeit entspricht auch der Wirklichkeit. Aus einer Möglichkeitsaussage ◊A folgt somit nicht logisch die Aussage A. ◊A kann wahr, A jedoch falsch sein. So ist es zwar logisch möglich, dass der Einband dieses Buches blau ist. Der Satz „Dieses Buch hat einen blauen Einband" impliziert keinen logischen Widerspruch. Somit ist der Satz „Es ist möglich, dass dieses Buch einen blauen Einband hat" wahr. Dennoch ist der Satz „Dieses Buch hat einen blauen Einband" falsch, denn dieses Buch ziert ein roter Einband.

Eine unmittelbare Konsequenz aus den obigen Regeln ist die weitere Regel, dass das Notwendige stets das Mögliche impliziert:

Wenn □A, dann ◇A.

Auch hier gilt natürlich nicht die umgekehrte Richtung: Mögliches muss nicht notwendig sein.

Alle bisher genannten Regeln gelten offenbar unabhängig von dem jeweiligen Begriff der Notwendigkeit bzw. Möglichkeit. Andere Regeln, die insbesondere in den folgenden Kapiteln eine Rolle spielen werden, lassen sich nur auf die Begriffe der (im weiteren Sinne) *logischen* Notwendigkeit bzw. Möglichkeit korrekt anwenden. So ist beispielsweise die Regel:

Wenn □A, dann □□A

für einen Begriff der *naturgesetzlichen* Notwendigkeit *nicht gültig*. Da beispielsweise der Satz „Im Vakuum fallen alle Körper gleich schnell" aus den Naturgesetzen folgt, gilt er zwar mit naturgesetzlicher Notwendigkeit. Die Naturgesetze machen aber selbst keine Aussage darüber, ob sie mit Notwendigkeit gelten. Daher treffen sie keine Aussage darüber, ob die naturgesetzliche Notwendigkeit des Satzes „Im Vakuum fallen alle Körper gleich schnell" mit Notwendigkeit gilt (siehe hierzu auch Stuhlmann-Laeisz 2002: 9). Somit folgt nicht, dass es aus naturgesetzlichen Gründen notwendig ist, dass es naturgesetzlich notwendig ist, dass im Vakuum alle Körper gleich schnell fallen.

Anders sieht es hingegen aus, wenn der Notwendigkeitsoperator „□" im Sinne einer (erweiterten) *logischen* Notwendigkeit verstanden wird. Ein Satz der Form □A ist in diesem Sinne genau dann wahr, wenn die Negation von A keinen logischen, mathematischen oder begrifflich-definitorischen Widerspruch impliziert (siehe hierzu auch Stuhlmann-Laeisz 2002: 8). Stehe „p" für „Bonn liegt am Rhein", dann lässt sich der Satz „Es ist logisch notwendig, dass, wenn Bonn am Rhein liegt, dann Bonn am Rhein liegt" durch „□(p → p)" formalisieren. Der Satz „□(p → p)" ist *wahr*, da die Wahrheit von „p → p" sich alleine aus logischen Regeln ergibt; „p → p" ist nun mal eine *logische Wahrheit*. Die Wahrheit von „□(p → p)" lässt sich somit selbst wiederum alleine aufgrund von logischen Überlegungen feststellen. Dies bedeutet, dass daher auch der Satz „Es ist notwendig, dass es notwendig ist, dass, wenn Bonn am Rhein liegt, dann Bonn am Rhein liegt" –

symbolisch „□□(p → p)" – *wahr* ist. Die Definition der logischen Notwendigkeit bezieht sich auf beliebige Sätze – und somit auch auf Sätze, die selbst die logische Notwendigkeit von Sätzen ausdrücken.
Ähnliches gilt auch für die folgende Regel:

Wenn ◊*A*, dann □◊*A*.

Aus einer *naturgesetzlichen* Möglichkeit folgt *nicht*, dass diese Möglichkeit mit *naturgesetzlicher* Notwendigkeit gilt. Ein Satz, der einen Sachverhalt beschreibt, der nicht gegen Naturgesetze verstößt, ist *wahr im Sinne einer naturgesetzlichen Möglichkeit*. In diesem Sinne wäre etwa der Satz „Es ist naturgesetzlich möglich, dass ein Mensch ohne Hilfsmittel über ein Hindernis von zwei Metern springt" wahr. Die Naturgesetze machen aber wiederum keine Aussage darüber, ob dieser Satz mit Notwendigkeit gilt. Daher dürfen wir nicht schließen, es sei naturgesetzlich notwendig, dass es für einen Menschen naturgesetzlich möglich sei, ohne Hilfsmittel über ein Hindernis von zwei Metern zu springen. Ist hingegen ein Satz *A* aus *logischen Gründen möglich*, dann bedeutet dies, dass seine Negation keinen logischen Widerspruch impliziert. Dass die Negation eines Satzes keinen logischen Widerspruch impliziert, kann selbst wiederum alleine mit logischen Überlegungen eingesehen werden. Somit gilt die logische Möglichkeit eines Satzes mit logischer Notwendigkeit. Die Regel „Wenn ◊*A*, dann □◊*A*" gilt also für *logische Möglichkeit* und *Notwendigkeit*, nicht aber für naturgesetzliche Möglichkeit und Notwendigkeit.

I.3 Die Modallogik als intensionale Logik

In sogenannten *extensionalen Logiken* gilt das *Prinzip der Substitution extensionsgleicher Ausdrücke salva veritate*. Dieses Prinzip wird auch als *Extensionalitätsprinzip* bezeichnet. Für Logiken, die diesem Prinzip genügen, gilt, dass in allen ihren Sätzen jedes deskriptive Zeichen durch einen extensionsgleichen Ausdruck ersetzt werden kann, ohne dass sich dadurch der Wahrheitswert der jeweiligen Sätze ändert.

In der *klassischen nicht-modalen Junktorenlogik* sind (abzählbar unendlich viele) Satzsymbole, wie „p", „q", „r", „p_1", „p_2", „p_3", …, „q_1", „q_2", „q_3", …, „r_1", „r_2", „r_3"…, die deskriptiven Zeichen der zugrunde gelegten Sprache (siehe Brendel ²2020, Kap. II.1). Sie stehen für einfache Sätze, wie etwa „Kant ist ein Philosoph", „Bonn liegt am Rhein", „2 + 2 = 4" etc. Die logischen Operatoren dieser Sprache sind die *Junktoren*. Hierzu zählen der einstellige Satzoperator der *Negation* „¬" sowie die Satzoperatoren der *Konjunktion* „∧" („und"), *Adjunktion* „∨" („oder"), *Implikation* „→" („wenn, dann") und *Äquivalenz* „↔" („genau dann, wenn"). Diese Satzoperatoren sind *wahrheitsfunktional* (siehe Brendel ²2020, Kap. II.3), d. h. der Wahrheitswert einer durch Junktoren verknüpften Aussage ergibt sich eindeutig durch die Wahrheitswerte ihrer Teilaussagen. Sind beispielsweise „p" und „q" wahr, dann sind auch „p ∧ q", „p ∨ q", „p → q" und „p ↔ q" wahr. Ist hingegen „p" wahr, „q" jedoch falsch, dann ist „p ∧ q" falsch, „p ∨ q" wahr, „p → q" falsch und „p ↔ q" falsch. Mittels der *Wahrheitstafeln* der Junktoren (siehe Brendel ²2020, Kap. II.3) lässt sich bei Kenntnis der Wahrheitswerte der elementaren Sätze der Wahrheitswert jedes beliebigen Satzes eindeutig ermitteln, der durch Junktorenverknüpfung aus den elementaren Sätzen gebildet wurde. Für die Ermittlung der Wahrheitswerte der komplexen Sätze spielen dabei lediglich die Wahrheitswerte, nicht jedoch die konkreten Inhalte, der Elementarsätze eine Rolle. Es ist daher unerheblich, wofür die Sätze „p" und „q" inhaltlich stehen. Ist ihr Wahrheitswert bekannt, dann lassen sich auch die Wahrheitswerte beliebiger Sätze feststellen, die durch „p" und „q" mittels Junktoren zusammengesetzt sind. Ersetzt man beispielsweise in „p ∧ q" den Satz „p" durch einen anderen Satz „r", der denselben Wahrheitswert hat wie „p", dann hat der so entstandene Satz „r ∧ q" stets denselben Wahrheitswert wie „p ∧ q": Ist „p ∧ q" wahr, dann auch „r ∧ q"; ist „p ∧ q" hingegen falsch, dann auch „r ∧ q". Die Substitution extensionsgleicher Sätze, d. h. von Sätzen mit demselben Wahrheitswert, erhält somit in der klassischen nicht-modalen Junktorenlogik stets den Wahrheitswert. Die klassische nicht-modale Junktorenlogik ist daher eine *extensionale* Logik.

Die *Modallogik* ist hingegen *keine extensionale Logik*. Erweitert man die Sprache der klassischen nicht-modalen Junktorenlogik

I.3 Die Modallogik als intensionale Logik

um die Modaloperatoren „□" und „◇", dann sind in der so entstandenen Sprache der *modalen Junktorenlogik* (siehe Kap. II.1) nicht mehr alle logischen Operatoren wahrheitsfunktional. Die Substitution von Sätzen mit demselben Wahrheitswert innerhalb von *Modalaussagen* erhält nicht mehr in jedem Fall den ursprünglichen Wahrheitswert. Stehe etwa A für einen wahren Satz, der einen Sachverhalt beschreibt, der nicht anders hätte sein können, wie etwa für „Wenn Bonn am Rhein liegt, dann liegt Bonn am Rhein" oder „Ein Quadrat hat vier Seiten", dann ist $□A$ ein ebenfalls wahrer Satz. Ersetzt man A in dem Ausdruck „$□A$" durch einen wahren Satz B, dann *kann* der so entstandene Satz $□B$ ebenfalls *wahr* sein (nämlich dann, wenn B auch einen notwendigerweise wahren Satz beschreibt). Die Substitution von A durch B in „$□A$" kann aber auch zu einem *falschen* Satz führen. Dies ist dann der Fall, wenn B einen bestehenden Sachverhalt ausdrückt, der auch hätte anderes sein können – wenn also B z. B. für den wahren, aber nicht logisch wahren Satz „Der Einband dieses Buches ist rot" stünde.

Analoges gilt auch für Sätze mit Möglichkeitsoperatoren: Stehe A für einen *de facto* falschen, jedoch nicht notwendigerweise falschen Satz – ein Satz also, der einen nicht bestehenden Sachverhalt beschreibt, der jedoch auch hätte bestehen können, wie z. B. der Satz „Der Einband dieses Buches ist blau". Somit ist die Möglichkeitsaussage $◇A$ wahr. Ersetzt man nun A in „$◇A$" durch einen Satz B, der ebenso wie A falsch ist, dann *kann* der so entstandene Satz $◇B$ wahr sein, muss es aber nicht. Ist B, ebenso wie A, ein *kontingent falscher* Satz, dann ist $◇B$ *wahr*; ist B hingegen ein *notwendigerweise falscher* Satz, wie der Satz „Ein Quadrat hat fünf Seiten", dann ist $◇B$ falsch.

Durch die Modaloperatoren entsteht somit eine Logik, in der das Extensionalitätsprinzip nicht mehr gilt. Diese Logiken nennt man *intensionale Logiken*. Die in den folgenden Kapiteln dargestellten Modallogiken sind aufgrund der nicht wahrheitsfunktionalen Modaloperatoren der Notwendigkeit und Möglichkeit daher Beispiele für intensionale Logiken. Wie wir nun sehen werden, bedeutet die Aufgabe des Extensionalitätsprinzips durch die Einführung der Modaloperatoren eine signifikante Änderung sowohl der Semantik als auch der Syntax gegenüber der nicht-modalen Logik.

II. Modale Junktorenlogik und Semantik möglicher Welten

[…] um mich jedoch besser verständlich zu machen, möchte ich noch hinzufügen, daß es meiner Ansicht nach unendlich viele verschiedene Arten gab, in denen die Welt, je nach dem Plane, den Gott sich entwarf, geschaffen werden konnte, und daß jede dieser möglichen Welten von bestimmten Hauptabsichten oder Zwecken Gottes, die allein in ihr verwirklicht werden konnten, abhing: das heißt, von ursprünglichen freien Verfügungen, die unter dem Gesichtspunkt der Möglichkeit – *sub ratione possibilitatis* – von Gott erwogen wurden. (Leibniz 1996: 392f., Brief an A. Arnauld vom 14. Juli 1686)

II.1 Die formale Sprache der modalen Junktorenlogik

Die formale Sprache der modalen Junktorenlogik (JML) entsteht aus der Sprache der nicht-modalen Junktorenlogik JL (siehe Brendel ²2020, Kap. II.1), indem zum Alphabet von JL zwei Modaloperatoren – der Notwendigkeitsoperator und der Möglichkeitsoperator – hinzugefügt werden. Die formale Grammatik von JML formuliert Regeln zur Erzeugung von Sätzen der Sprache JML. Die Satzbildungsregeln von JL werden dabei übernommen und auf Sätze von JML angewendet. Zudem enthält die Grammatik von JML noch weitere Satzbildungsregeln zur Generierung bestimmter Sätze, die Notwendigkeits- und Möglichkeitsbehauptungen zum Ausdruck bringen.

Ebenso wie die Sprache JL enthält die Sprache JML als deskriptive Zeichen (abzählbar unendlich viele) Symbole für elementare Sätze, d. h. Sätze, die nicht bereits durch logische Operatoren (Junktoren oder Modaloperatoren) zusammengesetzt sind. Diese elementaren Sätze sollen mit „p", „q", „r" sowie „p_i", „q_i", „r_i" (wobei i eine natürliche Zahl größer 0 ist) symbolisiert werden. Elementare Sätze stehen für atomare Sätze beliebigen Inhalts, die entweder bestehende Sachverhalte ausdrücken – wie z. B.: „Clara Schumann wurde in Leipzig geboren", „37 ist eine Primzahl", „Bonn liegt am Rhein" etc. – oder nicht bestehende Sachverhalte zum Ausdruck bringen – wie z. B. „Donald Trump gewann die Präsidentschaftswahl der USA im Jahr 2020", „42 ist eine ungerade Zahl", „Der Main fließt durch Hamburg", „Der Mond ist aus grünem Käse" etc.

Die Junktoren der Sprache JL sind auch weiterhin logische Operatoren der Sprache JML: Das Zeichen „¬" steht für die *Negation*. Die logische *Konjunktion* wird durch „∧" symbolisiert und die logische *Adjunktion* durch „∨". Die *Implikation* wird durch das Zeichen „→" ausgedrückt, und der Doppelpfeil „↔" steht für die *Äquivalenz*. Die Konjunktion lässt sich natürlichsprachlich durch „und" zum Ausdruck bringen, die Adjunktion durch ein einschließendes „oder" bzw. „oder auch", die Implikation durch „wenn – dann" und die Äquivalenz durch „genau dann – wenn".[2] Neben den Junktoren enthält die Sprache JML zwei weitere logische Operatoren: den *Notwendigkeitsoperator*, der durch das Zeichen „□" symbolisiert wird, und eine auf die Spitze gestellte Raute „◊", die für den Möglichkeitsoperator steht. Des Weiteren enthält die Sprache JML öffnende und schließende runde Klammern als Hilfszeichen.

Die Menge aller in JML zur Verfügung stehenden Zeichen kann somit wie folgt angegeben werden:

<u>Die formale Sprache der modalen Junktorenlogik JML</u>
1. Alphabet:
    i. <u>Elementare (atomare) Sätze:</u> „p", „q", „r", „p_1", „p_2", „p_3", … , „q_1", „q_2", „q_3", … , „r_1", „r_2", „r_3", …
    ii. <u>Junktoren:</u> „¬", „∧", „∨", „→", „↔"
    iii. <u>Modaloperatoren:</u> „□", „◊"
    iv. <u>Klammern:</u> „(", „)"

Nur die Zeichen, die in i.–iv. angegeben sind, sind Zeichen der Sprache JML.

In der Grammatik der Sprache JML werden die Regeln zur Bildung von Sätzen dieser Sprache folgendermaßen formuliert:

---

[2] Aus Einfachheitsgründen soll die *Kontravalenz*, d. h. das ausschließende „entweder-oder", nicht durch ein eigenes Zeichen in der Sprache JML ausgedrückt werden. Logisch gesehen ist die Kontravalenz die Negation der Äquivalenz und wird daher oftmals mit „↮" symbolisiert – siehe Brendel ²2020, Kap. II.1.

II.1 Die formale Sprache der modalen Junktorenlogik

Die formale Sprache der modalen Junktorenlogik JML
2. Grammatik:
   i. Alle elementaren Sätze von JML sind Sätze der Sprache JML.
   ii. Sind A und B Sätze von JML, dann sind auch $\neg A$, $(A \land B)$, $(A \lor B)$, $(A \to B)$ und $(A \leftrightarrow B)$ Sätze von JML.
   iii. Ist A ein Satz von JML, dann sind auch $\Box A$ und $\Diamond A$ Sätze von JML.

Nur die durch die Regeln i., ii. und iii. gebildeten Sätze sind Sätze der Sprache JML.[3]

Der Notwendigkeitsoperator „□" und der Möglichkeitsoperator „◇" sind somit *einstellige Satzoperatoren*, ebenso wie auch der Negationsoperator „¬". Wendet man sie auf einen Satz an, d. h. schreibt man „□" oder „◇" vor einen Satz A von JML, so erhält man wiederum einen Satz von JML. Ein Satz der Form $\Box A$ drückt aus, dass es notwendig ist, dass A, und ein Satz der Form $\Diamond A$ drückt aus, dass es möglich ist, dass A. Selbstverständlich erlauben es obige Regeln, Sätze zu bilden, in denen mehrere Modaloperatoren hintereinanderstehen. Somit sind beispielsweise „□□p", „◇□¬q", „◇□◇(p → q)", „□□◇◇□p" etc. Sätze von JML.

Um unnötige Klammerhäufungen zu vermeiden, sollen auch in JML die üblichen Klammereinsparungsregeln der nicht-modalen Junktorenlogik (siehe Brendel ²2020, Kap. II.1: 30) Anwendung finden. Zusätzlich gilt für Sätze mit Möglichkeits- oder Notwendigkeitsoperatoren, dass diese Modaloperatoren, ebenso wie der Negationsoperator, eng binden:

Klammereinsparungsregeln für Sätze der Sprache JML
a) Die äußeren Klammern können bei Sätzen getilgt werden, die mit einer äußeren linken (öffnenden) Klammer

---

[3] A und B sind *metasprachliche* Variablen für *beliebige* Sätze von JML, wohingegen „p", „q", „r" bzw. „p_i", „q_i" und „r_i" (für natürliche Zahlen i > 0) für konkrete elementare *objektsprachliche* Sätze von JML stehen.

beginnen und einer äußeren rechten (schließenden) Klammer enden.
b) Das Negationszeichen sowie das Notwendigkeits- und Möglichkeitszeichen binden eng.
c) Das Konjunktionszeichen und das Adjunktionszeichen binden gleich stark. Das Implikationszeichen und das Äquivalenzzeichen binden ebenfalls gleich stark.
d) Das Konjunktionszeichen und das Adjunktionszeichen binden enger als das Implikations- und das Äquivalenzzeichen.

Somit steht etwa der Satz „□p ∧ q" für eine Konjunktion von „□p" mit „q" – und nicht für einen Satz, der die Notwendigkeit von „p ∧ q" ausdrückt. Der Notwendigkeitsoperator bindet nämlich eng, d. h. er bezieht sich unmittelbar auf den Satz, der auf ihn folgt. Will man ausdrücken, dass die gesamte Konjunktion „p ∧ q" notwendig ist, dann müssen um „p ∧ q" Klammern gesetzt werden und diesem Klammerausdruck dann der Notwendigkeitsoperator vorangestellt werden: „□(p ∧ q)".

Nach den Klammereinsparungsregeln ist „□p → ◊q ∨ r" zu lesen als: „Wenn es notwendig ist, dass p, dann ist q möglich oder r". Dieser Satz drückt also eine Implikation aus, deren Antezedens „□p" ist und deren Konsequens aus der Adjunktion von „◊q" und „r" besteht. „□p → ◊(q ∨ r)" ist nicht mit „□p → ◊q ∨ r" äquivalent. „□p → ◊(q ∨ r)" besagt: Wenn p notwendig ist, dann ist es möglich, dass q oder r gilt.[4]

---

[4] „□p → ◊q ∨ r" und „□p → ◊(q ∨ r)" sind nicht gleichbedeutend, da sie verschiedene Wahrheitswerte haben können: Sei „p" ein notwendigerweise wahrer Satz (wie „Ein Quadrat hat vier Seiten"), „q" ein Satz, der unmöglich wahr sein kann (wie „Ein Quadrat hat fünf Seiten") und „r" ein kontingenterweise falscher Satz (wie „Dieses Buch hat einen blauen Einband"). „□p → ◊q ∨ r" ist dann falsch, da das Antezedens der Implikation wahr, das Konsequens aber falsch ist. „□p → ◊(q ∨ r)" ist hingegen wahr. Antezedens und Konsequens dieser Implikation sind beide wahr.

II.2 Natürliche Sprache und modale Junktorenlogik

Um ein wenig einzuüben, wie natürlichsprachliche Sätze in die formale Sprache JML zu übersetzen sind, betrachten wir die beiden elementaren Sätze „p" und „q"; „p" stehe für „Bonn liegt am Rhein" und „q" für „Bonn liegt an einem Fluss". In der folgenden Tabelle stehen in der linken Spalte jeweils natürlichsprachliche Sätze und in der rechten Spalte deren Übersetzungen in JML:

Natürlichsprachliche Sätze	*Übersetzung in JML*
Bonn liegt am Rhein.	p
Bonn liegt an einem Fluss.	q
Es ist notwendig, dass Bonn am Rhein liegt.	□p
Es ist möglich, dass Bonn an einem Fluss liegt.	◊q
Es ist notwendig, dass, wenn Bonn am Rhein liegt, Bonn dann auch an einem Fluss liegt.	□(p → q)
Wenn es notwendig ist, dass Bonn am Rhein liegt, dann ist es nicht möglich, dass Bonn nicht an einem Fluss liegt.	□p → ¬◊¬q
Es ist möglich, jedoch nicht notwendigerweise möglich, dass Bonn am Rhein liegt.	◊p ∧ ¬□◊p
Es ist weder notwendig noch möglich, dass Bonn an einem Fluss liegt.	¬□q ∧ ¬◊q
Es ist möglicherweise notwendig, dass Bonn am Rhein liegt.	◊□p
Es ist nur dann möglich, dass Bonn am Rhein liegt, wenn es nicht unmöglich ist, dass Bonn an einem Fluss liegt.	◊p → ¬¬◊q (d. h. ◊p → ◊q)
Wenn es notwendig oder möglich ist, dass Bonn am Rhein liegt, dann ist es auch notwendig oder möglich, dass Bonn an einem Fluss liegt.	□p ∨ ◊p → □q ∨ ◊q

II.3 Mögliche Welten und Semantik der Modallogik

Wie bereits in Kap. I.3 gezeigt wurde, zählt die um die Modaloperatoren erweiterte Junktorenlogik zu den *intensionalen* Logiken. Die Substitution von Sätzen mit gleichen Wahrheitswerten in modalen Kontexten erhält nämlich nicht immer den Wahrheitswert, da die Modaloperatoren, im Unterschied zu den Junktoren, *nicht wahrheitsfunktional* sind. Um zu entscheiden, ob ein Satz der Form □A bzw. ein Satz der Form ◊A wahr oder falsch ist, reicht es nicht immer aus, den Wahrheitswert von A zu kennen. Damit □A wahr ist, muss A einen Sachverhalt beschreiben, der mit Notwendigkeit besteht, der somit nicht nur *de facto* besteht, sondern auch bestehen würde, wenn die Welt anders verlaufen wäre – ein Sachverhalt also, der in allen *möglichen Welten* ebenfalls bestünde. Und ein Satz der Form ◊A kann nur dann falsch sein, wenn A einen Satz beschreibt, der einen unmöglichen Sachverhalt ausdrückt, d. h. einen Sachverhalt, der in *keiner möglichen Welt* bestehen kann. Um die Wahrheitswerte *aller* Sätze von JML bestimmen zu können, müssen wir somit auch wissen, welche Wahrheitswerte bestimmte Sätze nicht nur in der aktualen, sondern auch in nicht aktualen möglichen Welten besitzen.

Die Idee von möglichen Welten als verschiedene Weisen, in denen die Welt existieren könnte, sowie die Vorstellung der notwendigen Wahrheit als Wahrheit in allen möglichen Welten geht vor allem auf Gottfried Wilhelm Leibniz zurück (siehe etwa das Eingangszitat zu diesem Kapitel). Im 20. Jahrhundert war es dann insbesondere Rudolf Carnap, der Leibniz' Begriff der möglichen Welt in Form des Begriffs der *Zustandsbeschreibung* (*state-description*) auf die Semantik von Systemen der modalen Logik anwendete. Der aktuale Zustand des Universums wird nach Carnap durch genau eine Zustandsbeschreibung ausgedrückt, die alle aktual bestehenden Sachverhalte erfasst. Die Menge aller Zustandsbeschreibungen enthält dann eine vollständige Beschreibung aller möglichen Zustände des Universums (siehe Carnap ^{2}1956: §2). Ein Satz ist nach Carnap genau dann *logisch wahr* (L-wahr), wenn er in allen Zustandsbeschreibungen gilt. Der metasprachlich-semantische Begriff der logischen Wahrheit (sowie auch der Analytizität) findet nach Carnap daher seine objektsprachliche Entsprechung in dem Notwendigkeitsoperator der Sprache der Modallogik (siehe Carnap 1946: 34).

Für die Entwicklung formaler Systeme der Modallogik war im 20. Jahrhundert zudem vor allem Clarence I. Lewis richtungsweisend. Im Anhang zu seinem gemeinsam mit Cooper H. Langford verfassten, erstmals 1932 erschienenen Werk *Symbolic Logic* (siehe Lewis und Langford 1932) werden fünf logische Systeme mit jeweils unterschiedlichen modallogischen Axiomen formuliert. Diese Systeme wurden mit den Abkürzungen S1 bis S5 durchnummeriert. Diese Bezeichnungen für die modallogischen Systeme werden auch heute noch in den meisten Arbeiten zur Modallogik verwendet. Vor allem die Systeme S4 und S5 spielen eine zentrale Rolle bei der Formalisierung von bestimmten Formen logischer Notwendigkeit, wie wir im Laufe dieses Buches noch näher sehen werden.

Neben Carnap waren es vor allem (unabhängig voneinander) Stig Kanger und Saul A. Kripke, die für die formallogischen Systeme von Lewis und Langford eine semantische Interpretation im Sinne der möglichen Welten entwickelten (siehe Kanger 1957, Kripke 1963a, 1963b, 1965).[5] Die semantische Grundlegung modallogischer Systeme im Sinne der Semantik möglicher Welten zählt auch heute noch zur Standardsemantik der Modallogik. Im Folgenden soll diese Semantik zunächst für zentrale Modelle der modalen Junktorenlogik entwickelt werden. Die semantische Grundlegung der modalen Quantorenlogik durch eine Semantik möglicher Welten erfolgt dann im Kapitel IV dieses Buches.

II.4 Wahrheit und Falschheit von Sätzen der Sprache JML

Wir haben bereits gesehen, dass die Bestimmung der Wahrheit bzw. Falschheit der Sätze von JML es erforderlich machen kann, den Wahrheitswert von Sätzen nicht bloß in der aktualen Welt zu kennen, sondern darüber hinaus auch zu wissen, welche Wahr-

---

[5] Die modallogischen Arbeiten von Stig Kanger sind jedoch weit weniger bekannt als die von Kripke. In den meisten Schriften zur Modallogik wird daher lediglich von der „Kripke-Semantik" gesprochen, wenn von der Semantik möglicher Welten die Rede ist. Die Bezeichnung „Kanger-Kripke" Semantik wäre hier jedoch angemessener.

heitswerte die Sätze in von unserer Welt verschiedenen möglichen Welten haben. Die zentralen semantischen Begriffe der modalen Junktorenlogik, wie die Begriffe der *Wahrheit* und *Falschheit* sowie der *logischen Folgerung* und *Gültigkeit*, werden nun mit Hilfe des Begriffs eines *Modells* für die Sprache JML bestimmt:

<u>Modell für die modale Junktorenlogik (M-JM)</u>
M-JM = <W, R, V_{wi}> ist genau dann ein *Modell für die modale Junktorenlogik*, wenn gilt:
- W ist eine nicht leere Menge von möglichen Welten w_i (mit i > 0).
- R ist eine zweistellige Relation zwischen möglichen Welten: $R \subseteq W \times W$.[6]
- „$w_i R w_k$" (für w_i, $w_k \in W$ mit i, k > 0) soll dabei ausdrücken, dass w_k eine zu w_i *alternative mögliche Welt* darstellt bzw. dass von w_i aus betrachtet die Welt w_k *zugänglich* ist.
- V_{wi} ist eine Funktion, die jedem Satz von JML in jeder möglichen Welt w_i ($w_i \in W$) genau einen der Wahrheitswerte aus der Menge {1, 0} zuordnet.
„$V_{wi}(A) = 1$" drückt dabei aus, dass A in der Welt w_i im Modell M-JM *wahr* ist; $V_{wi}(A) = 0$ bedeutet hingegen, dass A in der Welt w_i im Modell M-JM *falsch* ist (für beliebige Sätze A von JML).

Die modale Junktorenlogik, die wir hier betrachten, soll zentralen Prinzipien der klassischen nicht-modalen Junktorenlogik genügen, wie insbesondere dem *Bivalenzprinzip* und der *Wahrheitsfunktionalität der Junktoren* (siehe Brendel ²2020, Kap. II.3). Jeder Satz der Sprache JML ist daher *entweder wahr oder falsch*. Einen Satz, der *weder wahr noch falsch* oder *wahr und falsch* zugleich ist, gibt es in JML nicht. Die wahrheitsfunktionale Deutung der Junktoren und deren Wahrheitsbedingungen, wie wir sie aus der klassischen nicht-modalen Junktorenlogik kennen, sollen zudem auch in der moda-

---

[6] „×" steht hier für das sogenannte *kartesische Produkt*. Dies bedeutet, dass W × W die Menge aller geordneten Paare <w_i, w_k> mit $w_i \in W$ und $w_k \in W$ (i, k > 0) ist. R ist somit eine (echte oder unechte) Teilmenge dieser Menge aller geordneten Paare und beschreibt eine Relation, die jeweils zwischen zwei möglichen Welten besteht.

len Junktorenlogik gelten. Im Unterschied zur nicht-modalen Junktorenlogik sind jedoch *Wahrheit* und *Falschheit* in JML Begriffe, die stets auf mögliche Welten in Modellen relativiert werden. Ein Satz der Sprache JML ist wahr oder falsch immer in Bezug auf eine bestimmte Welt (im vorgegebenen Modell). In einer möglichen Welt w_i, wie etwa in unserer aktualen Welt, ist der Satz „Bayern München ist im Jahr 2020 Deutscher Fußballmeister der Männer" wahr, in einer anderen möglichen Welt w_k kann dieser Satz hingegen falsch sein, z. B. weil in w_k Borussia Dortmund 2020 Deutscher Fußballmeister ist, oder weil es in dieser Welt keine Männerfußball-Bundesliga gibt.

Die Wahrheitsbedingungen für *atomare* sowie *durch Junktoren verknüpfte Sätze* der Sprache JML lassen sich folgendermaßen festlegen:

<u>Wahrheit und Falschheit von Sätzen der Sprache JML im Modell M-JM (Teil 1)</u>
Sei M-JM = <W, R, V_{wi}> ein *Modell für die modale Junktorenlogik*, dann gilt:

Für beliebige *atomare* Sätze A von JML und Welten $w_i \in W$ gilt:
- Entweder $V_{wi}(A) = 1$ oder $V_{wi}(A) = 0$.

Für beliebige Sätze A und B von JML und Welten $w_i \in W$ gilt:
- $V_{wi}(\neg A) = 1$ genau dann, wenn (gdw.) $V_{wi}(A) = 0$.
- $V_{wi}(A \land B) = 1$ gdw. $V_{wi}(A) = 1$ und $V_{wi}(B) = 1$.
- $V_{wi}(A \lor B) = 1$ gdw. $V_{wi}(A) = 1$ oder $V_{wi}(B) = 1$.
- $V_{wi}(A \to B) = 1$ gdw. $V_{wi}(A) = 0$ oder $V_{wi}(B) = 1$.[7]
- $V_{wi}(A \leftrightarrow B) = 1$ gdw. $V_{wi}(A) = V_{wi}(B)$.

Betrachten wir ein konkretes Modell M-JM = <W, R, V_{wi}> mit nur drei möglichen Welten w_1, w_2, $w_3 \in W$. In diesem Modell sollen für die atomaren Sätze „p" und „q" die folgenden Wahrheitswerte in w_1, w_2 und w_3 gelten:

$V_{w1}(p) = 1, V_{w1}(q) = 0,$
$V_{w2}(p) = 1, V_{w2}(q) = 1,$

---

[7] Der Ausdruck „oder" steht jeweils für das einschließende „oder (auch)" – und nicht für das ausschließende „entweder oder".

$V_{w3}(p) = 0$, $V_{w3}(q) = 0$.[8]

Somit ergeben sich in diesem Modell z. B. für die Sätze „¬p", „p ∧ q", „p ∨ q", „p → q" und „p ↔ q" in den Welten w_1, w_2 und w_3 folgende Wahrheitswerte:

$V_{w1}(¬p) = 0$, $V_{w1}(p ∧ q) = 0$, $V_{w1}(p ∨ q) = 1$, $V_{w1}(p → q) = 0$,
$V_{w1}(p ↔ q) = 0$,
$V_{w2}(¬p) = 0$, $V_{w2}(p ∧ q) = 1$, $V_{w2}(p ∨ q) = 1$, $V_{w2}(p → q) = 1$,
$V_{w2}(p ↔ q) = 1$,
$V_{w3}(¬p) = 1$, $V_{w3}(p ∧ q) = 0$, $V_{w3}(p ∨ q) = 0$, $V_{w3}(p → q) = 1$,
$V_{w3}(p ↔ q) = 1$.

Eine Notwendigkeitsaussage der Form □A soll nun (in Anlehnung an die Leibniz'sche Idee von notwendiger Wahrheit als Wahrheit in allen möglichen Welten) in einem Modell M-JM als wahr in einer Welt w_i ausgezeichnet werden, wenn sich A in allen von w_i aus betrachtet zugänglichen *Alternativwelten* w_k als wahr erweist. Eine Aussage der Form ◊A ist entsprechend genau dann wahr, wenn A in mindestens einer von w_i aus zugänglichen Welt w_k wahr ist:

<u>Wahrheit und Falschheit von Sätzen der Sprache JML im Modell M-JM (Teil 2)</u>
Sei M-JM = <W, R, V_{wi}> ein *Modell für die modale Junktorenlogik*, dann gilt:

Für beliebige Sätze A von JML und Welten $w_i \in W$ gilt:
- $V_{wi}(□A) = 1$ gdw. für *jede* Welt $w_k \in W$ mit $w_i R w_k$ gilt: $V_{wk}(A) = 1$.

---

[8] Da die Ausdrücke für atomare objektsprachliche Sätze „p" und „q" *erwähnt* werden, wenn ihnen in den möglichen Welten ihre Wahrheitswerte zugeordnet werden, müssten um diese Ausdrücke genau genommen *Anführungszeichen* gesetzt werden. Es müsste also etwa geschrieben werden: „V_{w1}(„p") = 1", „V_{w2}(„p ∧ q") = 1" etc. Aus Einfachheitsgründen sollen diese Anführungszeichen hier wie im Folgenden jedoch innerhalb der Funktion V_{wi} weggelassen werden.

- $V_{wi}(\Diamond A) = 1$ gdw. für *mindestens eine* Welt $w_k \in W$ mit w_iRw_k gilt: $V_{wk}(A) = 1$.

Betrachten wir ein weiteres Beispielmodell M-JM = <W, R, V_{wi}> mit nur drei möglichen Welten: W = {w_1, w_2, w_3}. Für die atomaren Sätze „p", „q" und „r" gelten für dieses Modell die folgenden Wahrheitswerte in w_1, w_2 und w_3:

$V_{w1}(p) = 1, V_{w1}(q) = 0$
$V_{w2}(p) = 1, V_{w2}(q) = 1$
$V_{w3}(p) = 0, V_{w3}(q) = 1$.

Ferner sei die Relation R in diesem Modell folgendermaßen bestimmt:

$w_1Rw_1, w_1Rw_2, w_1Rw_3, w_2Rw_3, w_3Rw_1, w_3Rw_2$.

Das bedeutet, dass von der Welt w_1 aus betrachtet die Welten w_1, w_2 und w_3 zugänglich sind, während von der Welt w_2 aus betrachtet nur die Welt w_3 zugänglich ist, nicht aber w_1 oder w_2. Von der Welt w_3 aus betrachtet sind die Welten w_1 und w_2 zugänglich, nicht aber die Welt w_3 selbst. Als Menge geordneter Paare von möglichen Welten lässt sich R so formulieren:

R = {<w_1, w_1>, <w_1, w_2>, <w_1, w_3>, <w_2, w_3>, <w_3, w_1>, <w_3, w_2>}.

Graphisch lässt sich R auch durch die folgende Abbildung darstellen:

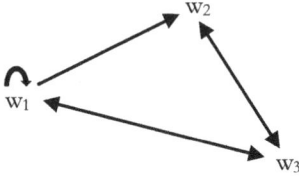

Hierbei symbolisieren die Pfeile die Richtung der durch R ausgedrückten Zugänglichkeitsrelation. Führt ein Pfeil von einer Welt w_i zu einer Welt w_k, dann gilt w_iRw_k; führt ein Pfeil von einer Welt

34 II. Modale Junktorenlogik und Semantik möglicher Welten

w_i zu sich selbst, dann gilt w_iRw_i, und führt ein Pfeil von einer Welt w_i zu einer anderen Welt w_k und wieder zurück, dann gilt w_iRw_k und w_kRw_i.

In diesem Modell gilt z. B. $V_{w1}(\Box p) = 0$, denn nicht in allen Welten w_k, die zu w_1 in der Relation R stehen, gilt $V_{wk}(p) = 1$. Es gilt nämlich, dass w_1Rw_3, d. h. von Welt w_1 aus ist w_3 zugänglich, und in dieser Welt w_3 ist „p" falsch ($V_{w3}(p) = 0$). Jedoch ist $V_{w1}(\Diamond p) = 1$, denn es gibt von w_1 aus zugängliche Welten (nämlich w_1 selbst und w_2), in denen „p" wahr ist. Auch gilt $V_{w1}(\Diamond q) = 1$. „q" ist zwar in w_1 falsch, jedoch in den von w_1 aus zugänglichen Welten w_2 und w_3 wahr. Weiterhin gilt in diesem Modell beispielsweise $V_{w2}(\Box p) = 0$, ebenso gilt $V_{w2}(\Diamond p) = 0$. Die einzige von w_2 aus zugängliche Welt ist w_3 – und dort ist „p" falsch.

Aus der Perspektive von Welt w_3 gilt: $V_{w3}(\Box p) = 1$. Alle Alternativwelten zu w_3, d. h. alle Welten, die zu w_3 in der Relation R stehen, sind die Welten w_1 und w_2 – und dort ist „p" jeweils wahr. Hingegen ist $V_{w3}(\Box q) = 0$, denn es gilt w_3Rw_1 und $V_{w1}(q) = 0$.

Beispiele für weitere Wahrheitswerte von Sätzen in diesem Modell sind:

$V_{w1}(\Box \neg p) = 0$, $V_{w1}(\Diamond \neg q) = 1$, $V_{w1}(\Diamond(p \land q)) = 1$,
$V_{w1}(\Box(p \to q)) = 0$, $V_{w1}(\Box p \leftrightarrow \neg \Diamond \neg p) = 1$,
$V_{w2}(\Box \neg p) = 1$, $V_{w2}(\Box(p \to q)) = 1$, $V_{w2}(\Diamond(p \lor \neg q)) = 0$,
$V_{w2}(\Box p \to q) = 1$, $V_{w2}(\Diamond(p \leftrightarrow q)) = 0$,
$V_{w3}(\Box \neg p) = 0$, $V_{w3}(\Box p \land \Diamond q) = 1$, $V_{w3}(p \to \Box p) = 1$,
$V_{w3}(\Box p \to p) = 0$, $V_{w3}(\Box \Diamond (p \lor q)) = 1$.

Einige dieser Wahrheitswerte seien im Folgenden kurz erläutert: $V_{w1}(\Box \neg p) = 0$, da es mindestens eine von w_1 aus zugängliche Welt gibt, nämlich w_1 selbst (oder auch w_2), in der „p" wahr ist. Somit ist es falsch, dass notwendigerweise „$\neg$p" der Fall ist. Hingegen ist $V_{w2}(\Box \neg p) = 1$, da in der einzigen Welt, die von w_2 aus zugänglich ist (nämlich in w_3) „$\neg$p" wahr ist. In w_3 ist „$\Box \neg$p" wiederum falsch, d. h. $V_{w3}(\Box \neg p) = 0$. Hier ist „p" sogar in allen von w_3 aus zugänglichen Welten (d. h. in w_1 und w_2) wahr. $V_{w1}(\Diamond \neg q) = 1$, da es eine von w_1 aus zugängliche Welt gibt, nämlich w_1 selbst, in der „$\neg$q" wahr ist. $V_{w1}(\Diamond(p \land q)) = 1$, da in der von w_1 aus zugänglichen Welt w_2 sowohl „p" als auch „q" wahr sind. $V_{w1}(\Box(p \rightarrow q)) = 0$, denn es gilt: $V_{w1}(p \rightarrow q) = 0$ sowie $w_1 R w_1$. In w_2 gilt hingegen: $V_{w2}(\Box(p \rightarrow q)) = 1$, da $V_{w3}(p \rightarrow q) = 1$, und w_3 ist die einzige von w_2 aus zugängliche Welt. $V_{w2}(\Box p \rightarrow q) = 1$ und $V_{w3}(p \rightarrow \Box p) = 1$, da das jeweilige Antezedens der Implikation bereits falsch ist: $V_{w2}(\Box p) = 0$ und $V_{w3}(p) = 0$. Zudem gilt $V_{w3}(\Box p \rightarrow p) = 0$, denn, wie wir bereits gesehen haben, ist $V_{w3}(\Box p) = 1$, hingegen ist „p" in w_3 selbst falsch.[9]

II.5 Vorstellbarkeit, mögliche Welten und Widersprüche

Die genaue inhaltliche Deutung der Relation R hängt davon ab, welche philosophischen Auffassungen man hinsichtlich des ontologischen und erkenntnistheoretischen Status von möglichen Welten vertritt und wie man die Beziehung der Zugänglichkeit von Welten versteht.

Die *gegenwärtig aktuale Welt* ist eine mögliche Welt. Diese Welt ist zum Zeitpunkt, an dem ich diese Zeilen schreibe, die Welt, wie sie an einem Tag im Sommer 2020 *de facto* vorliegt. Teil dieser Welt sind somit alle Sachverhalte, die zum aktualen Zeitpunkt bestehen. An diesem Tag ist es z. B. eine Tatsache, dass Angela Merkel deutsche Bundeskanzlerin ist, dass Bayern München deutscher Fußballmeister der Männer ist und in der Welt eine verheerende Corona-Pandemie herrscht. Zu dieser Welt zählen aber auch Tatsachen wie die, dass Bonn am Rhein liegt, dass 5 + 7 =

---

[9] Es sei hier erwähnt, dass in manchen Arbeiten zur Semantik der Modallogik *eine feste Welt* als *die aktuale Welt* ausgezeichnet wird. Die Wahrheitswerte von Sätzen A ohne Modaloperatoren sind dann einfach die Wahrheitswerte, die A in dieser fest gewählten aktualen Welt hat. Die Wahrheitswerte von Aussagen der Form $\Box A$ werden so bestimmt, dass sie genau dann wahr sind, wenn A in allen Welten, die von dieser fest vorgegeben aktualen Welt zugänglich sind, wahr ist (und entsprechend ist eine Aussage der Form $\Diamond A$ genau dann wahr, wenn in mindestens einer zur aktualen Welt zugänglichen Welt A wahr ist) – siehe z. B. Stuhlmann-Laeisz 2002. In dieser hier zugrunde gelegten Semantik für die Modallogik soll es jedoch keine von vornherein festgelegte aktuale Welt geben. Je nach Perspektive kann jede Welt als gerade aktuale Welt verstanden werden.

12, dass ein Quadrat vier Seiten hat, dass alle Menschen sterblich sind und der Mond nicht aus grünem Käse besteht.

Wir, als die Bewohnerinnen dieser Welt, können uns nun mögliche Welten vorstellen, in denen Dinge ganz anders sind als in der aktualen Welt. Wir können uns z. B. Welten vorstellen, in denen Mainz 05 im Jahr 2020 deutscher Fußballmeister der Männer wurde. Wir können uns wohl auch vorstellen, dass man den Rhein um die Stadt Bonn herumgeleitet hat und Bonn an keinem Fluss liegt. Auch können wir unsere Phantasie spielen lassen und Welten imaginieren, in denen der Mond aus grünem Käse besteht, es Einhörner gibt und Elfen auf rosa Delfinen in der Südsee reiten. Welten, die uns in diesem Sinne *zugänglich* sind und die wir uns in gewisser Weise *vorstellen* können, sind Welten, die von der gegebenen Welt aus betrachtet *Alternativwelten* darstellen. Die Relation R soll nun diese Relation der Zugänglichkeit symbolisieren. Sei also w_i die aktuale Welt zum jetzigen Zeitpunkt an einem Tag im Sommer 2020 und sei w_j eine Welt, in der Mainz 05 gegenwärtiger deutscher Fußballmeister der Männer ist. Diese Welt w_j ist von der aktualen Welt w_i aus zugänglich. Es gilt somit w_iRw_j. Auch die Phantasiewelt w_k, in der es Einhörner gibt und Elfen auf rosa Delfinen in der Südsee reiten, wäre zwar eine Welt, die von w_i radikal verschieden ist, die aber dennoch eine von w_i aus zugängliche Welt darstellt. Es gilt daher auch hier: w_iRw_k.

Wie bereits in Kapitel 1 erläutert, hat jedoch unsere Vorstellungskraft Grenzen. Nach klassischer Auffassung können wir uns zwar Welten vorstellen, die gegen Naturgesetze verstoßen, jedoch keine Welten, die logische oder begriffliche Widersprüche enthalten. So können wir uns z. B. vorstellen, dass eine schwere Eisenkugel, die wir in Erdnähe ungehindert fallen lassen, nach oben schwebt. Dass so etwas in unserer Welt nicht geschehen kann, ist eine naturgesetzliche Tatsache, die jedoch (anderes als logisch Widersprüchliches) nicht auf apriorischem Wege, d. h. unabhängig von der Erfahrung, erkannt werden kann. In diesem Sinne schreibt der berühmte schottische Philosoph des Empirismus und der Aufklärung David Hume (1711–1776):

> Kann ich mir nicht klar und deutlich vorstellen, daß ein Körper, der aus den Wolken fällt und in jeder anderen Hinsicht dem Schnee ähnlich ist, doch wie Salz schmeckt oder sich wie Feuer

anfühlt? Gibt es einen verständlicheren Satz als die Behauptung, daß alle Bäume im Dezember und Januar blühen und im Mai und Juni welken werden? Nun enthält aber das, was verständlich ist und sich deutlich vorstellen läßt, keinen Widerspruch und kann durch keinerlei demonstrative Begründung oder abstrakten Gedankengang a priori je als falsch bewiesen werden. (Hume 1748, zitiert aus Hume 1993: 46)

Es gibt zwar mögliche Welten, in denen eine Eisenkugel, die man in Erdnähe fallen lässt, in die Luft schwebt. Dies kann ich mir nach Hume „klar und deutlich vorstellen". Es gibt aber keine möglichen Welten, in denen diese Eisenkugel sowohl in die Luft schwebt als auch nicht, da man sich, so die klassische Auffassung, logische Widersprüche unmöglich vorstellen kann.

Die klassische Auffassung, dass Widersprüchliches nicht vorstellbar ist und es daher keine möglichen Welten geben kann, in denen widersprüchliche Sachverhalte gelten, ist jedoch umstritten. Graham Priest, ein prominenter Vertreter des sogenannten *Dialetheismus* – eine metaphysische Position, die sogar davon ausgeht, dass es in der aktualen Welt widersprüchliche Tatsachen, d. h. *wahre Widersprüche*, gibt – hält es beispielsweise für möglich, dass wir Widersprüche in gewisser Weise erfahren können. Beispiele für wahre Widersprüche (so genannte *dialetheias*) sind für Priest in erster Linie diejenigen Widersprüche, die durch bestimmte logische und semantische Paradoxien entstehen. So wird etwa die berühmte *Lügner-Antinomie* (siehe z. B. Brendel 1992) durch einen Satz erzeugt, der seine eigene Falschheit zum Ausdruck bringt: „Dieser Satz ist falsch". Dieser Satz erweist sich als *sowohl wahr als auch falsch*. Anstatt die Lügner-Antinomie aufgrund ihrer Widersprüchlichkeit durch logische und semantische Einschränkungen der Sprache zu verhindern, hält Priest diese Antinomie für einen wahren Widerspruch, der in unserer aktualen Welt eine Tatsache – eine widersprüchliche Tatsache – zum Ausdruck bringt. Man kann die widersprüchliche Tatsache, die der Lügner-Satz ausdrückt, natürlich nicht auf empirischem Wege erkennen. Wir können jedoch nach Priest den wahren Widerspruch der Lügner-Antinomie logisch erschließen und argumentativ begründen. In diesem Sinne (durch Logik und rationales Argumentieren) können uns Widersprüche, die durch logisch-semantische Paradoxien erzeugt werden, durchaus *kognitiv zugänglich* sein. Für Priest gibt es jedoch auch Widersprüche, die auf empirischem Wege erkennbar sind. So kann nach Priest etwa in Momenten der Zustandsveränderung von Objekten durch Bewegung ein widersprüchlicher Zustand entstehen. Stellen wir uns z. B. vor, dass ich mit einem Bleistift Notizen in ein Heft schreibe. Während ich schreibe, berührt der Bleistift die Seite des Heftes. Wenn ich den Bleistift anhebe und er sich vom Papier löst, gibt es nach Priest einen Augenblick, indem sich der Bleistift sowohl auf dem Papier befindet als auch nicht (siehe Priest ²2006: 160). Auch wenn dieses Beispiel im Unterschied zu den logisch-semantischen Paradoxien nach Priest ein Beispiel für eine „widersprüchliche Tatsache" aus der *empirischen* Welt darstellt, so scheint dieser Widerspruch dennoch nicht unmittelbar beobachtbar zu sein: Was wir beobachten, ist entweder der Zustand, an dem der Stift auf dem Papier ist, oder der Zustand, an dem er sich nicht mehr auf dem Papier befindet. Ähnliches gilt auch für sogenannte *Vexier- oder Kippbilder*, wie etwa den berühmten *Hase-Enten-Kopf* (siehe Wittgenstein 1977: *Philosophische Untersuchungen* IIxi, S. 309):

Es scheint so, dass wir hier die Zeichnung entweder als Abbild eines Hasenkopfes oder als Abbild eines Entenkopfes wahrnehmen, nicht aber zugleich als Abbild eines Hasen- und Entenkopfes.

Priest ist allerdings der Meinung, dass es einige wenige Beispiele von Darstellungen „unmöglicher Objekte" gibt, bei denen wir tatsächlich die dargestellten Widersprüche ganz unmittelbar wahrnehmen können. Ein Beispiel dafür ist die *Penrose-Treppe*, eine schematische Zeichnung einer Treppe, die die Illusion erzeugt, dass diese Treppe gleichzeitig sowohl nach unten als auch nach oben führt:

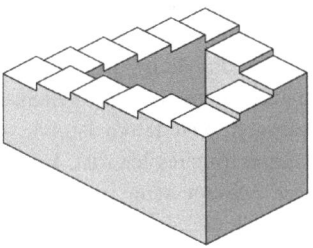

Penrose-Treppe

Ähnliche „unmögliche Figuren" finden sich vor allem im grafischen Werk von Maurits Cornelis Escher. Für Priest zeigen Beispiele wie die Penrose-Treppe, dass wir Wahrnehmungserfahrungen mit widersprüchlichem Inhalt haben können (siehe Priest 1999: 443). Priest ist also der Meinung, dass wir im Unterschied zu den Vexierbildern hier tatsächlich in einer *einzigen* Wahrnehmung etwas Widersprüchliches erfahren. Wenn wir z. B. die Stufe betrachten, die uns am nächsten zugewandt erscheint, dann nehmen wir dabei, so Priest, den widersprüchlichen Umstand wahr, dass diese Stufe höher als sie selbst ist (siehe Priest 1999: 440). Auch erscheint etwa die äußere linke Stufe höher und zugleich tiefer als die äußere rechte Stufe. Unmögliches ist daher für Priest nicht nur bloß vorstellbar oder durch rationale Überlegungen erschließbar, sondern auch (in einigen wenigen Fällen) visuell wahrnehmbar.

Trotz dieser Überlegungen zur Vorstellbarkeit von Widersprüchlichem und der Möglichkeit von wahren Widersprüchen soll in diesem Kapitel zunächst der klassischen Auffassung gefolgt werden und logisch Widersprüchliches als grundsätzlich unmöglich aufgefasst werden. Im Kapitel IV.10 soll jedoch im Rahmen der Quantorenlogik ein kurzer Ausblick auf die Semantik von Welten mit „widersprüchlichen Objekten" gegeben werden.

II.6 Das T-Modell für die modale Junktorenlogik

Das bisher betrachtete basale Modell M-JM enthält bereits wichtige Komponenten der Begriffe der Notwendigkeit und Möglichkeit im Rahmen einer Semantik der möglichen Welten. Allerdings werden durch dieses Modell einige zentrale Eigenschaften und logische Beziehungen von Modalaussagen nicht angemessen erfasst. So gilt etwa, wie bereits in Kap. I.2 erwähnt, dass das Notwendige stets auch das Aktuale ist. Etwas, das notwendigerweise der Fall ist, muss natürlich auch *de facto* gelten. Eine Aussage, die in unserer gegenwärtigen Welt falsch ist, wie z. B. die Aussage, dass der Einband dieses Buches blau ist, kann niemals eine notwendigerweise wahre Aussage sein. In einer modelltheoretischen Semantik für die Modallogik, die diese wichtige Eigenschaft des Notwendigkeitsbegriffs einfängt, sollte für beliebige Modelle und beliebige Sätze A von JML gelten, dass $\Box A \to A$ in allen Welten wahr ist.

Es gibt jedoch Modelle M-JM, in denen diese Implikation für manche ihrer Welten falsch ist. In dem in Kap. II.4 zuletzt betrachteten Beispielmodell gilt etwa, dass $V_{w3}(\Box p \to p) = 0$. In der Welt w_3 ist „$\Box p$" *wahr*, da „p" in jeder von w_3 aus zugänglichen Welt wahr ist. Die von w_3 aus zugänglichen Welten sind nämlich w_1 und w_2. Für diese Welten gilt: $V_{w1}(p) = 1$ und $V_{w2}(p) = 1$. In der Welt w_3 ist p selbst jedoch *falsch*, d. h. $V_{w3}(p) = 0$. Somit hat die Implikation „$\Box p \to p$" in der Welt w_3 ein wahres Antezedens, jedoch ein falsches Konsequens. Diese Implikation ist daher in w_3 falsch.

Des Weiteren ist es für den Möglichkeitsbegriff zentral, dass dasjenige, was aktual der Fall ist, auch möglicherweise der Fall sein könnte. Das Aktuale schließt also, wie bereits in Kap. I.2 erörtert, das Mögliche mit ein. Dies bedeutet, dass in einer für die Modallogik angemessenen Semantik in allen Modellen und für alle Sätze A der Sprache JML gelten sollte, dass $A \to \Diamond A$ in jeder Welt wahr ist.

Man kann sich jedoch leicht klarmachen, dass es Modelle M-JM gibt, in denen diese Implikation für bestimmte Sätze A in bestimmten ihrer Welten falsch ist. Betrachten wir hierzu etwa ein konkretes Modell M-JM = <W, R, V_{wi}>, in dem in der Welt w_1 der Satz „p" wahr ist: $V_{w1}(p) = 1$. Sei nun eine von w_1 verschiedene Welt w_2 die einzige Welt, die von w_1 aus zugänglich ist. Es gilt also w_1Rw_2, und es gibt *keine* von w_2 verschiedene Welt $w_k \in W$, für die gilt: w_1Rw_k. Weiterhin gelte, dass $V_{w2}(p) = 0$. In jeder von w_1 aus erreichbaren Welt ist deshalb „p" falsch. Es gilt somit: $V_{w1}(\Diamond p) = 0$. Daher ist $V_{w1}(p \to \Diamond p) = 0$.

II.6 Das T-Modell für die modale Junktorenlogik

Der Grund dafür, dass es Modelle M-JM = <W, R, V_{wi}> mit Welten $w_i \in W$ und Sätzen A aus JML geben kann, für die $V_{wi}(\Box A \rightarrow A) = 0$ und $V_{wi}(A \rightarrow \Diamond A) = 0$, liegt darin, dass die Zugänglichkeitsrelation R zwischen möglichen Welten in M-JM nicht näher spezifiziert ist. Es ist daher insbesondere nicht ausgeschlossenen, dass es Welten w_i geben kann, die zu sich selbst nicht in der Relation der Zugänglichkeit R stehen, für die also w_iRw_i *nicht* gilt. Die Relation R ist also, formal betrachtet, *keine* stets *reflexive* Relation.

Ein Modell für die modale Junktorenlogik mit einer *reflexiven* Relation R ist das *T-Modell* (siehe z. B. auch Hughes/Cresswell 1978: 55f. oder Stuhlmann-Laeisz 2002: 25), das wie folgt bestimmt werden kann:

<u>T-Modell für die modale Junktorenlogik (M-JMT)</u>
M-JMT = <W, R, V_{wi}> ist genau dann ein *T-Modell für die modale Junktorenlogik*, wenn gilt:
- M-JMT ist ein Modell M-JM für die modale Junktorenlogik, und
- R ist eine *reflexive* Relation, d. h. für alle Welten $w_i \in W$ gilt: w_iRw_i.

Die Definitionen der Wahrheit und Falschheit von Sätzen der Sprache JML im Modell M-JM können für das T-Modell übernommen werden. Man ersetze in diesen Definitionen somit lediglich den Ausdruck „M-JM" durch „M-JMT".

Es soll nun analog zum Begriff der *logischen Folgerung* der nichtmodalen Junktorenlogik (siehe Brendel ²2020, Kap. II.9) der Begriff der logischen Folgerung für das T-Modell der modalen Junktorenlogik definiert werden:

<u>Logische Folgerung im T-Modell der modalen Junktorenlogik</u>
Für beliebige Satzmengen M und Sätze B aus JML gilt:
B folgt genau dann *logisch* aus M in M-JMT – symbolisch: M ⊨$_{\text{M-JMT}}$ B –, wenn für alle T-Modelle M-JMT = <W, R, V_{wi}> und alle Welten $w_i \in W$ gilt: Wenn $V_{wi}(A) = 1$ für alle $A \in M$, dann auch $V_{wi}(B) = 1$.

Ist B in M-JMT eine logische Folgerung aus einem einzelnen Satz A (für Sätze A und B der Sprache JML), dann lassen wir im Folgenden die Mengenklammern um die Einermenge bestehend aus A weg und schreiben einfach „$A \vDash_{\text{M-JMT}} B$". Besteht zwischen zwei Sätzen A und B eine *wechselseitige* logische Folgerungsbeziehung im T-Modell, gilt also $A \vDash_{\text{M-JMT}} B$ und $B \vDash_{\text{M-JMT}} A$, dann schreiben wir „$A \;_{\text{M-JMT}}\!\dashv\vDash_{\text{M-JMT}} B$".

Sätze B, die aus der leeren Prämissenmenge in M-JMT logisch folgen, die also bedingungslos in allen Welten jedes T-Modells wahr sind, sind Sätze, die im T-Modell *logisch wahr* sind.[10] Diese Sätze sollen nun als *T-gültig* bezeichnet werden:

<u>T-Gültigkeit in der modalen Junktorenlogik</u>
Ein Satz B aus JML ist genau dann *T-gültig*, wenn gilt:
$\emptyset \vDash_{\text{M-JMT}} B$ oder kürzer $\vDash_{\text{M-JMT}} B$, wenn also für alle T-Modelle M-JMT = <W, R, V_{wi}> und alle Welten $w_i \in W$ gilt: $V_{wi}(B) = 1$.[11]

Alle logischen Folgerungen in dem Basismodell M-JM sind auch logische Folgerungen im Modell M-JMT, und alle in M-JM gültigen Sätze sind auch T-gültig.[12] Das Umgekehrte gilt hingegen nicht: Es gibt logische Folgerungen in M-JMT, die keine logischen Folgerungen in M-JM sind, und es gibt T-gültige Sätze, die nicht in M-JM gültig sind. Hierzu zählen insbesondere Sätze der Form $\Box A \rightarrow A$ sowie $A \rightarrow \Diamond A$. Wie wir oben bereits gesehen haben, sind Sätze dieser Form nicht in M-JM gültig, da es M-JM-Modelle und Sätze A gibt, in denen diese Implikationen für manche Welten falsch sind. Mit einfachen Überlegungen kann man sich jedoch klarmachen, dass $\Box A \rightarrow A$ und $A \rightarrow \Diamond A$ *T-gültig* sind (bzw. dass A eine logische Folgerung aus $\Box A$ und $\Diamond A$ eine logische Folgerung aus A in M-JMT sind):

---

[10] Zum Begriff der *logischen Wahrheit* oder *Tautologie* für Sätze der nichtmodalen Junktorenlogik siehe Brendel ²2020, Kap. II.9.

[11] Das Zeichen „$\emptyset$" steht hier für die leere Menge.

[12] Die Definitionen der logischen Folgerung und Gültigkeit in M-JM ergeben sich hierbei aus den Definitionen der logischen Folgerung des T-Modells und der T-Gültigkeit, indem man jeweils „M-JM" durch „M-JMT" ersetzt.

II.6 Das T-Modell für die modale Junktorenlogik

Satz II-1: $\Box A \vDash_{\text{M-JMT}} A$
                $\Box A \rightarrow A$ ist T-gültig

Beweis:
Sei $V_{wi}(\Box A) = 1$ für einen beliebigen Satz A aus JML, ein beliebiges T-Modell M-JMT = <W, R, V_{wi}> und eine beliebige Welt $w_i \in W$. Somit ist $V_{wk}(A) = 1$ für jede Welt $w_k \in W$ mit $w_i R w_k$. Da R in M-JMT reflexiv ist, gilt insbesondere, dass $w_i R w_i$ – und daher $V_{wi}(A) = 1$. Somit gilt: $V_{wi}(\Box A \rightarrow A) = 1$. Da die Welt w_i und das T-Modell beliebig gewählt wurden, gilt $V_{wi}(\Box A \rightarrow A) = 1$ für alle T-Modelle M-JMT = <W, R, V_{wi}> und alle Welten $w_i \in W$. Somit ist $\Box A \rightarrow A$ *T-gültig* ist.

Aufgrund von Satz II-1 sind somit auch Sätze der Form $\Box\Box A \rightarrow \Box A$, $\Box\Box\Box A \rightarrow \Box\Box A$ etc. T-gültig.

Satz II-2: $A \vDash_{\text{M-JMT}} \Diamond A$
                $A \rightarrow \Diamond A$ ist T-gültig

Beweis:
Sei $V_{wi}(A) = 1$ für einen beliebigen Satz A aus JML, ein beliebiges T-Modell M-JMT = <W, R, V_{wi}> und eine beliebige Welt $w_i \in W$. Da R in M-JMT reflexiv ist, gilt: $w_i R w_i$. Es gibt daher mindestens eine Welt $w_k \in W$ (nämlich w_i) mit $w_i R w_k$, in der $V_{wk}(A) = 1$. Daher ist $V_{wi}(\Diamond A) = 1$. Somit ist auch die Implikation $A \rightarrow \Diamond A$ in w_i wahr, d. h. $V_{wi}(A \rightarrow \Diamond A) = 1$. Aufgrund der angenommenen Beliebigkeit des T-Modells und der Welt w_i gilt, dass $A \rightarrow \Diamond A$ *T-gültig* ist.

Die Beweise der Sätze II-1 und II-2 machen deutlich, dass erst die zusätzliche Forderung der *Reflexivität* der Relation R im T-Modell die Gültigkeit von $\Box A \rightarrow A$ und $A \rightarrow \Diamond A$ gewährleistet. Erst durch ein T-Modell wird somit wichtigen Eigenschaften von Notwendigkeit und Möglichkeit Rechnung getragen, die durch diese Implikationen zum Ausdruck gebracht werden.

Im Folgenden sollen einige weitere wichtige logische Folgerungen im T-Modell (bzw. T-gültige Sätze) erörtert werden. Ein *Dis-*

tributivgesetz des Notwendigkeitsoperators in Bezug auf Implikationen wird durch den folgenden Satz II-3 zum Ausdruck gebracht:

Satz II-3: $\Box(A \to B) \vDash_{\text{M-JMT}} \Box A \to \Box B$

Beweis:
Sei $V_{wi}(\Box(A \to B)) = 1$ für beliebige Sätze A und B aus JML, ein beliebiges T-Modell M-JMT = <W, R, V_{wi}> und eine beliebige Welt $w_i \in W$. Somit ist $V_{wk}(A \to B) = 1$ für jede Welt $w_k \in W$ mit $w_i R w_k$, d. h. für jede Welt $w_k \in W$ mit $w_i R w_k$ ist $V_{wk}(A) = 0$ oder $V_{wk}(B) = 1$. Gelte nun $V_{wi}(\Box A) = 1$, d. h. $V_{wk}(A) = 1$ für jede Welt $w_k \in W$ mit $w_i R w_k$. Da jedoch für alle diese Welten w_k gilt, dass $V_{wk}(A) = 0$ oder $V_{wk}(B) = 1$, muss die zweite Alternative $V_{wk}(B) = 1$ für alle $w_k \in W$ mit $w_i R w_k$ gelten – und daher ist $V_{wi}(\Box B) = 1$. Somit gilt $V_{wi}(\Box A \to \Box B) = 1$.[13]

Die umgekehrte Richtung der logischen Folgerungsbeziehung von Satz II-3 gilt hingegen nicht: $\Box A \to \Box B \nvDash_{\text{M-JMT}} \Box(A \to B)$. Dies kann man sich inhaltlich leicht etwa anhand des folgenden Beispiels klarmachen: Stehe „p" für „Bayern München ist Deutscher Fußballmeister der Männer 2020" und stehe „q" für „Borussia Dortmund ist Deutscher Fußballmeister der Männer 2020". Auch wenn „p" in unserer Welt wahr ist, so ist „p" doch nicht notwendigerweise wahr. „$\Box$p $\to$ $\Box$q" ist somit in unserer Welt eine *wahre* Implikation, da ihr Antezedens falsch ist. *Falsch* hingegen ist die Aussage „$\Box$(p $\to$ q)". Natürlich ist es nicht notwendig (nach der offiziellen Spielordnung der DFL ist es sogar unmöglich), dass, wenn Bayern München deutscher Fußballmeister 2020 der Männer ist, dann Borussia Dortmund ebenfalls den Meistertitel in diesem Jahr erhält. Ein Modell, das im Sinne dieses Beispiels zeigt, dass $\Box A \to \Box B \nvDash_{\text{M-JMT}} \Box(A \to B)$ wäre etwa das folgende T-Modell M-JMT = <W, R, V_{wi}> mit den Welten w_1 und $w_2 \in W$. Hierbei symbolisiere w_1 „unsere Welt", in der somit gilt: $V_{w1}(p) = 1$ und $V_{w1}(q) = 0$; w_2 sei eine Welt mit $V_{w2}(p) = 0$ und $V_{w2}(q) = 1$.

---

[13] Der Beweis zeigt, dass die in Satz II-3 formulierte logische Folgerungsbeziehung auch schon eine logische Folgerung im Basismodell M-JM ist, da die Reflexivität von R nicht vorausgesetzt wurde.

Ferner gelte für die Relation R u. a., dass w_1Rw_2. In diesem Modell gilt $V_{w1}(\Box p \to \Box q) = 1$, jedoch $V_{w1}(\Box(p \to q)) = 0$.

Eine wichtige und unmittelbar einleuchtende Beziehung zwischen Notwendigkeits- und Möglichkeitsoperator formuliert der folgende Satz II-4:

Satz II-4: $\Box \mathcal{A}$ ${}_{\text{M-JMT}}\dashv\vDash_{\text{M-JMT}}$ $\neg \Diamond \neg \mathcal{A}$

$\Box \mathcal{A} \leftrightarrow \neg \Diamond \neg \mathcal{A}$ ist T-gültig

Ein Satz der Form $\Box \mathcal{A}$ ist also mit einem Satz der Form $\neg \Diamond \neg \mathcal{A}$ in einem T-Modell (und auch bereits in einem Modell M-JM) *logisch äquivalent*. Ein Satz ist genau dann notwendigerweise wahr, wenn es nicht möglich ist, dass er falsch ist.

Beweis:

„$\vDash$": Sei $V_{wi}(\Box \mathcal{A}) = 1$ für einen beliebigen Satz $\mathcal{A}$ aus JML, ein beliebiges T-Modell M-JMT = <W, R, V_{wi}> und eine beliebige Welt $w_i \in W$. Somit ist $V_{wk}(\mathcal{A}) = 1$ für jede Welt $w_k \in W$ mit w_iRw_k. Sei darüber hinaus $V_{wi}(\Diamond \neg \mathcal{A}) = 1$ – also $V_{wj}(\neg \mathcal{A}) = 1$ und damit $V_{wj}(\mathcal{A}) = 0$ für mindestens eine Welt $w_j \in W$ mit w_iRw_j. Dies steht im Widerspruch zur Aussage, dass $V_{wk}(\mathcal{A}) = 1$ für *jede* Welt $w_k \in W$ mit w_iRw_k. Somit ist die Annahme, dass $V_{wi}(\Diamond \neg \mathcal{A}) = 1$ widerlegt. Es muss daher gelten: $V_{wi}(\Diamond \neg \mathcal{A}) = 0$ – und somit $V_{wi}(\neg \Diamond \neg \mathcal{A}) = 1$.

„$\dashv$": analog zur Beweisrichtung „$\vDash$".

So wie man also einen Satz der Form $\Box \mathcal{A}$ in logisch äquivalenter Weise durch einen Satz der Form $\neg \Diamond \neg \mathcal{A}$ ausdrücken kann, so lässt sich auch ein Satz der Form $\Diamond \mathcal{A}$ durch den logisch äquivalenten Satz $\neg \Box \neg \mathcal{A}$ darstellen. Ein Satz ist genau dann möglich, wenn es nicht notwendig ist, dass er nicht gilt:[14]

Satz II-5: $\Diamond \mathcal{A}$ ${}_{\text{M-JMT}}\dashv\vDash_{\text{M-JMT}}$ $\neg \Box \neg \mathcal{A}$

$\Diamond \mathcal{A} \leftrightarrow \neg \Box \neg \mathcal{A}$ ist T-gültig

---

[14] Zum Beweis von Satz II-5 siehe Übung II.3 a).

II.7 Die „Paradoxien der notwendigen Implikation"

Aufgrund der *wahrheitsfunktionalen* Interpretation der *materialen Implikation* der klassischen Logik ist eine Implikation der Form $A \to B$ genau dann wahr, wenn A falsch oder B wahr ist. Dies hat zur Folge, dass eine Implikation mit wahrem Konsequens ganz unabhängig vom Inhalt und Wahrheitswert ihres Antezedens wahr ist. Zudem ist eine Implikation mit falschem Antezedens (oder gar einem widersprüchlichen Antezedens) stets wahr, was auch immer ihr Konsequens aussagt. Diese sogenannten „Paradoxien der materialen Implikation" (siehe Brendel [2]2020, Kap. II.10) finden ihre syntaktische Entsprechung in den Schlussregeln *verum ex quolibet* (VQ) und *ex falso quodlibet* (EX) (siehe Kap. III.1) der klassischen Junktorenlogik. Die zweite Schlussregel ist auch unter der Bezeichnung *Explosionsprinzip* bekannt. Diese von vielen als kontraintuitiv empfundenen Schlussprinzipien gelten natürlich auch als logische Folgerungsbeziehungen in der klassischen modalen Junktorenlogik. Bereits im Basismodell M-JM (und damit auch im T-Modell M-JMT) gilt für beliebige Sätze A und B aus JML:

$A \vDash_{\text{M-JM}} B \to A$

$A \vDash_{\text{M-JM}} \neg A \to B$

$\neg A \vDash_{\text{M-JM}} A \to B.$

So lässt sich z. B. aus der (wahren) Aussage „Ludwig van Beethoven wurde in Bonn geboren" die Implikation „Wenn der Mond aus grünem Käse ist, dann wurde Beethoven in Bonn geboren" logisch folgern. Aus der Aussage „Ludwig van Beethoven wurde in Bonn geboren" folgt z. B. auch die Implikation „Wenn Beethoven nicht in Bonn geboren wurde, dann ist der Mond aus grünem Käse. Aus der Aussage „Ludwig van Beethoven wurde nicht in Bonn geboren" lässt sich zudem beispielsweise die Implikation „Wenn Beethoven in Bonn geboren wurde, dann ist der Mond aus grünem Käse" logisch folgern.

Da in der Modallogik nun jedoch auch zur aktualen Welt verschiedene mögliche Welten betrachtet werden, wie z. B. mögliche (wenngleich nicht aktuale) Welten, in denen Beethoven nicht in Bonn geboren wurde, folgt aus der aktualen Wahrheit, dass Beethoven in Bonn geboren wurde, *nicht* die *Notwendigkeit* der oben genannten Implikationen. Es gilt also in M-JMT (und somit auch in M-JM):

$A \not\vDash_{\text{M-JMT}} \Box(B \to A)$
$A \not\vDash_{\text{M-JMT}} \Box(\neg A \to B)$.
$\neg A \not\vDash_{\text{M-JMT}} \Box(A \to B)$

Exemplarisch soll die erste der obigen Aussagen $A \not\vDash_{\text{M-JMT}} \Box(B \to A)$ bewiesen werden.[15] Hierzu müssen wir ein Modell M-JMT angeben, in dem für konkrete Sätze aus JML (z. B. für „p" und „q") und für eine konkrete Welt des Modells der Satz „p" wahr, „$\Box(q \to p)$" jedoch falsch ist. Ein solches Modell ist beispielsweise das folgende Modell M-JMT = <W, R, V_{wi}> mit w_1, $w_2 \in$ W. Für einen konkreten Satz „p", der z. B. für die Aussage stehen soll, dass Beethoven in Bonn geboren wurde, gilt: $V_{w1}(p) = 1$ und $V_{w2}(p) = 0$. Für einen anderen konkreten Satz „q", der z. B. die Aussage „Der Mond ist aus grünem Käse" symbolisiert, gilt: $V_{w1}(q) = 0$ und $V_{w2}(q) = 1$. Es gelte ferner für die Relation R u. a.: $w_1 R w_2$. Die Welt w_1 könnte also etwa unsere aktuale Welt sein, während w_2 eine von w_1 aus zugängliche Welt ist, in der Beethoven nicht in Bonn geboren wurde und der Mond aus grünem Käse besteht. Zwar gilt $V_{w1}(p) = 1$ (und damit natürlich auch $V_{w1}(q \to p) = 1$). Jedoch gilt *nicht*, dass in w_1 die Implikation „q → p" *notwendigerweise wahr* ist. Es gibt nämlich eine von w_1 aus zugängliche Welt, w_2, in der „q" wahr, „p" jedoch falsch ist – und daher $V_{w2}(q \to p) = 0$. Es gilt also $V_{w1}(p) = 1$ sowie $V_{w1}(\Box(q \to p)) = 0$ und somit: $A \not\vDash_{\text{M-JMT}} \Box(B \to A)$.

Auch wenn die Implikationen $B \to A$ und $\neg A \to B$ *nicht mit Notwendigkeit* aus einem *beliebigen* Satz A (und für beliebige Sätze B) logisch folgen, so ist damit das Problem der Paradoxien der materialen Implikation in der modalen Junktorenlogik nicht überwunden. Schränkt man die obigen Sätze A auf *logisch wahre* bzw. *logisch falsche* Sätze ein, d. h. auf Sätze, die *notwendigerweise wahr* bzw. *unmöglich wahr* sind, dann ergeben sich ganz ähnliche „Paradoxien": Logisch Notwendiges wird dann nämlich mit Notwendigkeit von

---

[15] Für den Beweis der dritten Aussage $\neg A \not\vDash_{\text{M-JMT}} \Box(A \to B)$ siehe Übung II.3 d).

Beliebigem impliziert, und logisch Unmögliches impliziert Beliebiges mit Notwendigkeit. Aus der notwendigerweise wahren Aussage „2 + 2 = 4" lässt sich somit beispielsweise logisch folgern, dass es *notwendig* ist, dass, wenn der Mond aus grünem Käse besteht, dann 2 + 2 = 4 ist. Und aus der notwendigerweise falschen Aussage „Ein Quadrat hat fünf Seiten" folgt z. B. logisch, dass die Implikation „Wenn ein Quadrat fünf Seiten hat, dann ist der Mond aus grünem Käse" *mit Notwendigkeit* gilt. Diese paradoxal anmutenden logischen Folgerungsbeziehungen sind die sogenannten „Paradoxien der notwendigen Implikation":[16]

Satz II-6 („Paradoxien der notwendigen Implikation"):

$\Box A \vDash_{\text{M-JMT}} \Box(B \to A)$

$\Box A \vDash_{\text{M-JMT}} \Box(\neg A \to B)$

$\Box \neg A \vDash_{\text{M-JMT}} \Box(A \to B)$

Zum Beweis der ersten Variante von Satz II-6 nehmen wir an, dass $\Box A$ in einem T-Modell wahr ist. Sei also $V_{wi}(\Box A) = 1$ für einen beliebigen Satz A aus JML, ein beliebiges T-Modell M-JMT $= \langle W, R, V_{wi}\rangle$ und eine beliebige Welt $w_i \in W$. Somit ist $V_{wk}(A) = 1$ für jede Welt $w_k \in W$ mit $w_i R w_k$ und daher auch $V_{wk}(B \to A) = 1$ für jede Welt $w_k \in W$ mit $w_i R w_k$, d. h. $V_{wi}(\Box(B \to A)) = 1$.[17]

II.8 Das S4-Modell für die modale Junktorenlogik

Im T-Modell konnten bereits einige wesentliche Eigenschaften des Notwendigkeits- und Möglichkeitsbegriffs semantisch repräsentiert werden. Für den *logischen* Notwendigkeits- bzw. Möglichkeitsbegriff gibt es jedoch weitere zentrale Eigenschaften, die ein

---

[16] Clarence Irving Lewis hat eine gegenüber der materialen Implikation logisch restriktivere Implikation, die sogenannte „strikte Implikation" (siehe Lewis 1912), entwickelt. Ein Satz B wird dabei von einem Satz A genau dann strikt impliziert, symbolisch „$A \dashv B$", wenn es nicht möglich ist, dass A und nicht B, d. h. $\neg \Diamond (A \land \neg B)$ und somit $\Box(A \to B)$. Die Paradoxien der notwendigen Implikation werden daher oftmals auch als „Paradoxien der strikten Implikation" bezeichnet.

[17] Auch hier zeigt der Beweis, dass der Satz II-6 bereits im Basismodell M-JM gilt.

II.8 Das S4-Modell für die modale Junktorenlogik

T-Modell nicht in angemessener Weise berücksichtigen kann. Versteht man den Operator „□" als Symbol für die *logische* Notwendigkeit, dann ist es beispielsweise äußerst wünschenswert, dass eine Implikation der Form □A → □□A sich in einem modallogischen Modell als gültig erweist, bzw. dass □□A in einem solchen Modell eine logische Folgerung aus □A darstellt. Steht „□" für die logische Notwendigkeit, dann ist ein Satz der Form □A genau dann wahr, wenn die Wahrheit von A sich alleine aus logischen bzw. begrifflich-definitorischen Gründen ergibt (siehe hierzu auch Kap. I.2). Würde man also für A die Sätze „p ∨ ¬p", „p → p", „Ein Quadrat hat vier Seiten", „5 + 7 = 12" etc. einsetzen, dann wäre die Aussage □A (für einen Operator „□" der logischen Notwendigkeit) wahr. Die Wahrheit □A ergibt sich hierbei alleine aus logischen bzw. begrifflichen Regeln. □A ist daher selber logisch notwendig im Sinne des in Kap. I.1 besprochenen Begriffs einer erweiterten logischen Notwendigkeit, der logische, mathematische sowie begrifflich-definitorische Notwendigkeit umfasst.

Dieser Begriff einer erweiterten logischen Notwendigkeit (bzw. Möglichkeit) ist hier und im Folgenden immer gemeint, wenn von logischer Notwendigkeit (bzw. Möglichkeit) gesprochen wird. Es zeigt sich allerdings, dass □A → □□A *nicht T-gültig* ist und somit auch □□A nicht aus □A im T-Modell logisch folgt:

□A ⊭$_{M\text{-}JMT}$ □□A.

□A → □□A ist nicht T-gültig,

Es gibt nämlich T-Modelle M-JMT = <W, R, V_{wi}> für die gilt: V_{wi}(□A → □□A) = 0 für Welten w_i ∈ W.

Ein solches Modell ist beispielsweise das folgende T-Modell mit W = {w_1, w_2, w_3} und den folgenden Wahrheitswerten für den Satz „p" in diesen Welten: V_{w1}(p) = 1, V_{w2}(p) = 1, V_{w3}(p) = 0. Da die Relation R in einem T-Modell stets reflexiv ist, gilt somit w_1Rw_1, w_2Rw_2 und w_3Rw_3. Zusätzlich soll für R gelten: w_1Rw_2 und w_2Rw_3. Damit sei R vollständig bestimmt. Die Relation R kann somit als Menge geordneter Paar von möglichen Welten aus W folgendermaßen dargestellt werden:

R = {<w₁, w₁>, <w₂, w₂>, <w₃, w₃>, <w₁, w₂>, <w₂, w₃>}.

Graphisch hat dieses T-Modell die folgende Gestalt:

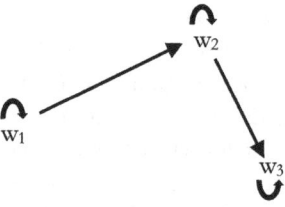

In diesem Modell gilt: $V_{w1}(\Box p) = 1$, da „p" in allen von w_1 aus zugänglichen Welten, dies sind w_1 selbst und w_2, wahr ist. Hingegen gilt: $V_{w1}(\Box\Box p) = 0$, da nicht in allen von w_1 aus zugänglichen Welten „$\Box p$" wahr ist. In w_2 gilt nämlich $V_{w2}(\Box p) = 0$, da es eine von w_2 aus zugängliche Welt gibt, nämlich w_3, in der „p" falsch ist. Somit ist in diesem Modell $V_{w1}(\Box p \rightarrow \Box\Box p) = 0$. Dies bedeutet, dass ein Satz der Form $\Box A \rightarrow \Box\Box A$ nicht T-gültig ist.

Damit neben den bereits im T-Modell gültigen Sätzen zusätzlich auch $\Box A \rightarrow \Box\Box A$ sich als gültig erweist, muss an die Relation R eine weitere Bedingung gestellt werden. Dies ist die Bedingung der *Transitivität* von R. Ein Modell der modalen Junktorenlogik, das alle Forderungen an ein T-Modell erfüllt, dessen Relation R jedoch zusätzlich zur Reflexivität auch noch *transitiv* ist, ist das sogenannte „S4-Modell", das sich wie folgt bestimmen lässt:

<u>S4-Modell für die modale Junktorenlogik (M-JMS4)</u>
M-JMS4 = $<W, R, V_{wi}>$ ist genau dann ein *S4-Modell für die modale Junktorenlogik*, wenn gilt:
- M-JMS4 ist ein T-Modell für die modale Junktorenlogik, und
- R ist eine *transitive* Relation, d. h. für alle Welten w_i, w_j und $w_k \in W$ gilt: Wenn w_iRw_j und w_jRw_k, dann w_iRw_k.

Aufgrund der zuletzt genannten Bedingung ist in einem S4-Modell sichergestellt: Wenn von einer ersten Welt aus eine zweite Welt

II.8 Das S4-Modell für die modale Junktorenlogik

und von dieser wiederum eine dritte Welt zugänglich ist, dann ist die dritte Welt auch von der ersten Welt aus zugänglich.

Ein Satz, der für alle S4-Modelle M-JMS4 = <W, R, V_{wi}> und alle Welten w_i ∈ W wahr ist, ist entsprechend *S4-gültig*. Der Begriff der *logischen Folgerung in einem S4-Modell* (symbolisch „⊨$_{\text{M-JMS4}}$") ergibt sich aus der obigen Definition des Begriffs der logischen Folgerung in einem T-Modell, indem man „M-JMT" durch „M-JMS4" ersetzt.

Es lässt sich nun zeigen, dass ein Satz der Form $\Box A \to \Box\Box A$ (für beliebige Sätze A aus JML) S4-gültig ist (bzw. dass $\Box\Box A$ eine logische Folgerung aus $\Box A$ im S4-Modell ist):

Satz II-7: $\Box A \vDash_{\text{M-JMS4}} \Box\Box A$
               $\Box A \to \Box\Box A$ ist S4-gültig

Beweis:
Sei $V_{wi}(\Box A) = 1$ für einen beliebigen Satz A aus JML, ein beliebiges S4-Modell M-JMS4 = <W, R, V_{wi}> und eine beliebige Welt w_i ∈ W. Somit ist $V_{wk}(A) = 1$ für jede Welt w_k ∈ W mit w_iRw_k. Es sei nun angenommen, dass $V_{wi}(\Box\Box A) = 0$ gelte, d. h. es gibt eine Welt w_j ∈ W mit w_iRw_j, für die gilt: $V_{wj}(\Box A) = 0$ – und somit eine Welt w_l ∈ W mit w_jRw_l, in der A falsch ist: $V_{wl}(A) = 0$. Da R in einem S4-Modell transitiv ist, gilt wegen w_iRw_j und w_jRw_l, dass w_iRw_l. Da nun aber für jede Welt w_k ∈ W mit w_iRw_k $V_{wk}(A) = 1$ gilt, muss folglich auch für w_l gelten, dass $V_{wl}(A) = 1$. Dies steht jedoch im Widerspruch zu $V_{wl}(A) = 0$. Somit ist die Annahme $V_{wi}(\Box\Box A) = 0$ widerlegt. Es muss daher $V_{wi}(\Box\Box A) = 1$ gelten – und folglich $V_{wi}(\Box A \to \Box\Box A) = 1$. $\Box A \to \Box\Box A$ ist somit S4-gültig.

Um unser obiges Beispielmodell in ein S4-Modell zu transformieren, könnte man z. B. für R noch zusätzlich fordern, dass auch w_1Rw_3 gilt. Mit dieser weiteren Bedingung wäre die Relation R insgesamt transitiv. Das so entstandene Modell lässt sich graphisch dann folgendermaßen darstellen:

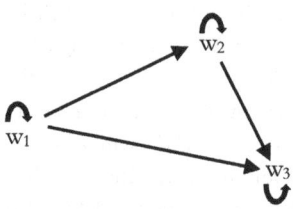

In diesem Modell ist nun insbesondere für jede der drei Welten w_1, w_2, w_3 der Satz „□p → □□p" wahr. Es gilt V_{w1}(□p → □□p) = 1, da hier bereits das Antezedens „□p" der Implikation für w_1 falsch ist. Es gibt jetzt nämlich eine von w_1 aus zugängliche Welt, die Welt w_3, in der $V_{w3}(p) = 0$. Auch für w_2 gilt: V_{w2}(□p → □□p) = 1, da es eine von w_2 aus zugängliche Welt gibt, nämlich die Welt w_3, in der „p" falsch ist. Folglich ist „□p" in w_2 falsch und daher V_{w2}(□p → □□p) = 1. In w_3 gibt es nur eine von dieser Welt aus zugängliche Welt, dies ist w_3 selbst, und dort ist „p" falsch, d. h. auch für w_3 gilt $V_{w3}(p) = 0$ und somit V_{w3}(□p → □□p) = 1.

Satz II-7 besagt, dass in einem S4-Modell der Notwendigkeitsoperator „□" in einem Satz der Form □A beliebig oft iterierbar ist: Aus □A folgt logisch □□A, woraus sich wiederum □□□A folgern lässt. Hieraus folgt dann □□□□A usw. In S4 lassen sich also für „□" in einem Satz der Form □A beliebig viele hintereinander folgende Notwendigkeitsoperatoren einsetzen, ohne dass sich der Wahrheitswert von □A dabei ändert.

Da jedes S4-Modell auch ein T-Modell ist, sind alle T-gültigen Aussagen auch S4-gültige Aussagen sowie alle logischen Folgerungen in M-JMT auch logische Folgerungen in M-JMS4. Da die Rückrichtung der in Satz II-7 formulierten logischen Folgerungsbeziehung bereits eine logische Folgerungsbeziehung im T-Modell ist (siehe Satz II-1), gilt im S4-Modell: □□A ⊨$_{\text{M-JMS4}}$ □A. In einem S4-Modell ist daher □A mit □□A logisch äquivalent:

Satz II-8: □A ⊨⊨$_{\text{M-JMS4}}$ □□A

□A ↔ □□A ist S4-gültig

Im S4-Modell gilt darüber hinaus die logische Äquivalenz von Sätzen der Form ◊A mit ◊◊A:

Satz II-9: $\Diamond A$ ⊨$_{\text{M-JMS4}}$⊣⊨$_{\text{M-JMS4}}$ $\Diamond\Diamond A$
$\Diamond A \leftrightarrow \Diamond\Diamond A$ ist S4-gültig

Die logische Folgerung von $\Diamond\Diamond A$ aus $\Diamond A$ gilt bereits im T-Modell (siehe Satz II-2). Die Rückrichtung ist jedoch nur im S4-Modell und nicht bereits im T-Modell eine logische Folgerungsbeziehung:

Beweis (von Satz II-9):
„⊨": folgt aus Satz II-2 (ersetze „A" durch „$\Diamond A$").
„⊣": Sei $V_{wi}(\Diamond\Diamond A) = 1$ für einen beliebigen Satz A aus JML, ein beliebiges S4-Modell M-JMS4 = <W, R, V_{wi}> und eine beliebige Welt $w_i \in W$. Es gibt dann eine Welt $w_k \in W$ mit w_iRw_k, für die gilt: $V_{wk}(\Diamond A) = 1$. Dies wiederum bedeutet, dass es eine Welt $w_j \in W$ mit w_kRw_j geben muss, in der $V_{wj}(A) = 1$. Da R in einem S4-Modell transitiv ist, gilt wegen w_iRw_k und w_kRw_j, dass w_iRw_j. Es gibt somit eine Welt, die von w_i aus zugänglich ist (nämlich w_j), in der A wahr ist. Daher gilt $V_{wi}(\Diamond A) = 1$.

II.9 Das S5-Modell für die modale Junktorenlogik

Interpretiert man die Zeichen „$\Diamond$" und „$\Box$" als Operatoren der *logischen* Möglichkeit und Notwendigkeit, so erweist sich, wie bereits in Kap. I.2 erörtert, die Implikation $\Diamond A \rightarrow \Box\Diamond A$ (für beliebige Sätze A aus JML) als zutreffend: Ist ein Satz logisch möglich, dann impliziert er keinen logischen Widerspruch. Er ist somit nicht aus logischen Gründen falsch, d. h. er drückt keine Kontradiktion aus. Dass ein Satz logisch möglich und daher nicht kontradiktorisch ist, lässt sich alleine durch logische Überlegungen feststellen. Ist ein Satz logisch möglich, so ist seine logische Möglichkeit selbst eine logische Wahrheit, und er gilt daher mit logischer Notwendigkeit.

Im S4-Modell ist $\Diamond A \rightarrow \Box\Diamond A$ jedoch *nicht gültig* (und damit ebenso wenig in einem T-Modell):

$\Diamond A$ ⊭$_{\text{M-JMS4}}$ $\Box\Diamond A$.
$\Diamond A \rightarrow \Box\Diamond A$ ist nicht S4-gültig,

Die S4-Ungültigkeit von $\Diamond A \to \Box \Diamond A$ lässt sich etwa durch das folgende S4-Beispielmodell M-JMS4 = <W, R, V_{wi}> zeigen, für das gilt: W = {w_1, w_2, w_3}. Die Wahrheitswerte für den Satz „p" in diesen Welten seien die folgenden: $V_{w1}(p) = 0$, $V_{w2}(p) = 1$, $V_{w3}(p) = 0$. Die Relation R sei wie folgt bestimmt: R = {<w_1, w_1>, <w_2, w_2>, <w_3, w_3>, <w_1, w_2>, <w_2, w_3>, <w_1, w_3>}.

R entspricht somit dem zuletzt betrachteten konkreten S4-Modell, das sich graphisch wiederum in folgender Weise darstellen lässt:

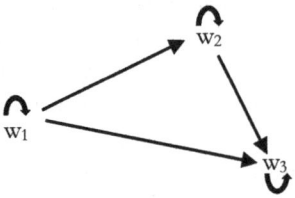

Dieses Modell ist ein S4-Modell. Seine Zugänglichkeitsrelation R ist reflexiv und transitiv. In diesem Modell gilt: $V_{w1}(\Diamond p) = 1$, denn es gibt eine von w_1 aus zugängliche Welt, w_2, in der „p" wahr ist. Allerdings ist $V_{w1}(\Box \Diamond p) = 0$. Nicht in jeder von w_1 aus zugänglichen Welt ist „p" möglich. In w_3 gilt nämlich $V_{w3}(\Diamond p) = 0$, da in allen von w_3 aus zugänglichen Welten, dies ist nur die Welt w_3 selbst, „p" falsch ist. Somit ist $V_{w1}(\Diamond p \to \Box \Diamond p) = 0$ und mithin $\Diamond A \to \Box \Diamond A$ *nicht* S4-gültig.

Ein Modell, bei dem neben den bereits S4-gültigen Aussagen auch die Implikation $\Diamond A \to \Box \Diamond A$ zu den gültigen Aussagen zählt, ist das sogenannte „S5-Modell" der modalen Junktorenlogik. Ein S5-Modell ist ein S4-Modell mit der zusätzlichen Bedingung der *Symmetrie* der Zugänglichkeitsrelation R:

<u>S5-Modell für die modale Junktorenlogik (M-JMS5)</u>
M-JMS5 = <W, R, V_{wi}> ist genau dann ein *S5-Modell für die modale Junktorenlogik*, wenn gilt:
- M-JMS5 ist ein S4-Modell für die modale Junktorenlogik, und
- R ist eine *symmetrische* Relation, d. h. für alle Welten w_i und $w_k \in W$ gilt: Wenn $w_i R w_k$, dann $w_k R w_i$.

II.9 Das S5-Modell für die modale Junktorenlogik

Man kann nun leicht einsehen, dass $\Diamond A \rightarrow \Box \Diamond A$ S5-gültig ist bzw. dass $\Box \Diamond A$ eine logische Folgerung aus $\Diamond A$ im S5-Modell ist:

Satz II-10: $\quad \Diamond A \vDash_{\text{M-JMS5}} \Box \Diamond A$

$\Diamond A \rightarrow \Box \Diamond A$ ist S5-gültig

Beweis:
Sei $V_{wi}(\Diamond A) = 1$ für einen beliebigen Satz A aus JML, ein beliebiges S5-Modell M-JMT = $<W, R, V_{wi}>$ und eine beliebige Welt $w_i \in W$. Somit ist $V_{wm}(A) = 1$ für eine Welt $w_m \in W$ mit $w_i R w_m$. Es sei nun angenommen, dass $V_{wi}(\Box \Diamond A) = 0$ gilt. Daraus folgt, dass es eine Welt w_k mit $w_i R w_k$ gibt, sodass $V_{wk}(\Diamond A) = 0$, d. h. für alle Welten w_l mit $w_k R w_l$ gilt: $V_{wl}(A) = 0$. Da $w_i R w_k$ und R symmetrisch ist, gilt $w_k R w_i$. Wegen $w_i R w_m$ und der Transitivität von R ist $w_k R w_m$. Folglich gilt $V_{wm}(A) = 0$, was im Widerspruch zu $V_{wm}(A) = 1$ steht. Daher ist die Annahme $V_{wi}(\Box \Diamond A) = 0$ widerlegt, und es gilt $V_{wi}(\Box \Diamond A) = 1$. $\Diamond A \rightarrow \Box \Diamond A$ ist also S5-gültig.

Damit unser obiges Beispielmodell zu einem S5-Modell wird, müssten für die Relation R noch die folgenden zusätzlichen Zugänglichkeitsrelationen gelten: $w_2 R w_1$, $w_3 R w_2$ und $w_3 R w_1$.

Graphisch hat das Modell dann die folgende Gestalt:

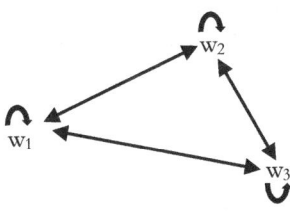

Zur Erinnerung: Es gilt in diesem Modell $V_{w1}(p) = 0$, $V_{w2}(p) = 1$, $V_{w3}(p) = 0$. Nun gilt für jede Welt w_i in diesem Modell (d. h. für w_1, w_2 und w_3), dass $V_{wi}(\Diamond p \rightarrow \Box \Diamond p) = 1$.

Da die Rückrichtung der in Satz II-10 formulierten logischen Folgerungsbeziehung bereits aufgrund von Satz II-1 gilt, kann Satz II-10 zu einer wechselseitigen logischen Folgerungsbeziehung

56 II. Modale Junktorenlogik und Semantik möglicher Welten

von $\Diamond A$ und $\Box \Diamond A$ bzw. zur S5-Gültigkeit der Äquivalenz $\Diamond A \leftrightarrow \Box \Diamond A$ verschärft werden:

Satz II-11: $\Diamond A$ ₘ₋ⱼₘₛ₅⫤⊨ₘ₋ⱼₘₛ₅ $\Box \Diamond A$
$\Diamond A \leftrightarrow \Box \Diamond A$ ist S5-gültig

In einem S5-Modell erweist sich eine weitere wichtige Implikationsbeziehung als gültig:

Satz II-12: $\Diamond \Box A \vDash_{M\text{-JMS5}} \Box A$
$\Diamond \Box A \to \Box A$ ist S5-gültig

Beweis:

Aus Satz II-10 folgt, dass $\Diamond \neg A \to \Box \Diamond \neg A$ S5-gültig ist (ersetze „A" durch „$\neg A$" – die metasprachliche Variable A steht ja für beliebige Sätze aus JML). Bildet man die Kontraposition[18] von $\Diamond \neg A \to \Box \Diamond \neg A$, so erhält man $\neg \Box \Diamond \neg A \to \neg \Diamond \neg A$. Mit den Sätzen II-4 und II-5 folgt hieraus zunächst $\Diamond \neg \Diamond \neg A \to \Box A$. Mit nochmaliger Anwendung von Satz II-4 gelangt man schließlich zu $\Diamond \Box A \to \Box A$. Da nur logisch gültige Transformationen an einer S5-gültigen Aussage durchgeführt wurden, ist die so entstandene Implikation $\Diamond \Box A \to \Box A$ selbst S5-gültig.

Auch für Satz II-12 gilt, dass die dort formulierte Implikation zu einer Äquivalenz verschärft werden kann. Die Rückrichtung der Implikation bzw. der logischen Folgerungsbeziehung folgt mit Satz II-2:

Satz II-13: $\Diamond \Box A$ ₘ₋ⱼₘₛ₅⫤⊨ₘ₋ⱼₘₛ₅ $\Box A$
$\Diamond \Box A \leftrightarrow \Box A$ ist S5-gültig

Im S5-Modell ist auch die Implikation $A \to \Box \Diamond A$ gültig bzw. $\Box \Diamond A$ aus A logisch zu folgern:

---

[18] Die *Kontraposition* einer Implikation der Form $A \to B$ ist die Implikation $\neg B \to \neg A$.

Satz II-14 („Brouwersches Axiom"):

$A \vDash_{\text{M-JMS5}} \square \lozenge A$

$A \to \square \lozenge A$ ist S5-gültig

Ist ein beliebiger Satz A von JML in einem S5-Modell in einer beliebigen Welt w_i wahr, dann ist (aufgrund von Satz II-2) auch $\lozenge A$ in diesem Modell in w_i wahr. Hieraus folgt dann mit Satz II-10, dass $\square \lozenge A$ in w_i wahr sein muss. Die Implikation $A \to \square \lozenge A$ drückt das sogenannte „Brouwersche Axiom" des „Brouwerschen Systems B" der modalen Junktorenlogik aus (nach dem Begründer der intuitionistischen Mathematik Luitzen Egbertus Jan Brouwer). Eine semantische Entsprechung des B-Systems ist das *B-Modell* der modalen Junktorenlogik. Im B-Modell ist die Relation R *symmetrisch* und *reflexiv, nicht aber transitiv*. Ein B-Modell ist somit logisch schwächer als ein S5-Modell. Alle in einem B-Modell gültigen Modelle sind auch S5-gültig, jedoch gilt nicht das Umgekehrte. Das B-Modell ist allerdings weder in einem S4-Modell enthalten noch enthält es das S4-Modell, da seine Relation R im Unterschied zum S4-Modell symmetrisch, nicht jedoch transitiv ist.

II.10 Das S5-Modell und ontologische Gottesbeweise

Die für das S5-Modell spezifischen Implikationen der Sätze II-10 und II-12, so plausibel sie für die Begriffe der logischen Notwendigkeit und Möglichkeit auch sind, besitzen eine gewisse theologische Brisanz, da sie (in impliziter oder expliziter Form) in sogenannten „ontologischen Gottesbeweisen" etwa von Anselm von Canterbury, René Descartes, Leibniz und Kurt Gödel Anwendung finden.[19] Ontologische Gottesbeweise beanspruchen, auf rein apriorischem Wege die Existenz Gottes nachzuweisen. Allein aus dem Begriff Gottes soll nur anhand logischer Überlegungen nachgewiesen werden, dass Gott existieren muss. Die Existenz Gottes hat daher, so die Vorstellung, die den ontologischen Gottesbeweisen zugrunde liegt, einen ähnlichen Status wie eine logische oder

---

[19] Detaillierte Untersuchungen zu den verschiedenen Gottesbeweisen und deren modallogische Rekonstruktionen finden sich z. B. in Löffler 2000 und Bromand/Kreis (Hg.) 2011.

begriffliche Wahrheit und gilt daher mit Notwendigkeit. Gott, so heißt es etwa im zweiten Kapitel des *Proslogions* von Anselm von Canterbury (um 1033–1109), ist „etwas, über das hinaus nichts Größeres gedacht werden kann". Diese Begriffsdefinition Gottes enthält keine gedanklichen Widersprüche. Ja selbst der „Tor", so Anselm, versteht diese Definition Gottes. Sie ist daher „im Verstand".[20]

Nun folgt üblicherweise aus der bloßen Vorstellung eines Wesens nicht zugleich auch seine Existenz. Wenn ich mir ein Objekt vorstellen kann, dessen Eigenschaften in einer möglichen Welt realisiert sind, so bedeutet dies natürlich nicht, dass dann dieses Objekt mit seinen Eigenschaften auch in der aktualen Welt existieren muss. Nichts hindert mich z. B. daran, den Begriff der *Monsteruntertasse* als eine riesige giftgrüne fliegende Untertasse zu definieren, deren Durchmesser 5 km misst und über New York City kreist. Diese Definition birgt keinen *logischen* Widerspruch in sich, und mit ein wenig Phantasie können sich sicherlich auch die Leserinnen eine solche Monsteruntertasse vorstellen. Dennoch folgt aus dem so definierten Begriff der Monsteruntertasse nicht, dass dann auch eine Monsteruntertasse *tatsächlich* existieren muss und gerade giftgrün über New York City schwebt.

Der Grundgedanke des ontologischen Gottesbeweises ist jedoch, dass es sich mit Gott anders verhält als mit einer Monsteruntertasse. Zu den wesentlichen Attributen Gottes zählt, dass Gott ein *maximal großes* Wesen ist – etwas, wie Anselm sagt, über das hinaus nichts Größeres gedacht werden kann. Der Begriff Gottes schließt daher Gottes Notwendigkeit mit ein, d. h. man kann sich Gott nicht anders als notwendigerweise existierend vorstellen. Wenn man sich Gott als maximal großes Wesen vorstellen kann – und dies kann man, laut Anselm –, dann muss dieses Wesen auch notwendigerweise existieren. Oder in der Terminologie der Möglichen-Welten-Semantik ausgedrückt: Ist Gott erst einmal in *einer* möglichen Welt, dann ist er in *allen* möglichen Welten – und existiert daher *notwendigerweise*. In diesem Sinne schreibt auch Leibniz in seiner *Monadologie* von 1714:

---

[20] Für eine nähere Analyse des ontologischen Gottesbeweises von Anselm vgl. z. B. Bromand/Kreis (Hg.) 2011: S. 31ff.

Somit hat Gott (oder das notwendige Wesen) allein dieses Vorrecht, daß er notwendig existiert, wenn er möglich ist. Da nun nichts die Möglichkeit dessen hindern kann, was keine Schranken, keine Verneinung und folglich auch keinen Widerspruch in sich schließt, so ist dies allein schon hinreichend, um die Existenz Gottes a priori zu erkennen. (Leibniz 1954: §45)

Dieser Schluss auf die notwendige Existenz Gottes verwendet implizit eine Instanz des S5-gültigen Satzes II-12. Stehe „p" für den Satz „Gott existiert", dann lautet eine Prämisse des Arguments des ontologischen Gottesbeweises: „$\Diamond \Box p \rightarrow \Box p$". Die Möglichkeit der notwendigen Existenz Gottes impliziert seine notwendige Existenz. Da die notwendige Existenz Gottes möglich ist („$\Diamond \Box p$"), so eine weitere Prämisse des Arguments, folgt daraus mit *modus ponens* die notwendige Existenz Gottes („$\Box p$").

Über die verschiedenen Varianten des ontologischen Gottesbeweises und deren modallogische Rekonstruktionen wurde bereits viel geschrieben und kontrovers diskutiert. Die vorliegende Einführung in die Modallogik ist natürlich nicht der Ort, diese Diskussionen zu rekonstruieren und zu bewerten. Eine genauere Untersuchung der Plausibilität und möglichen Schwächen der ontologischen Gottesbeweise bedarf zudem eines gegenüber der modalen Junktorenlogik präziseren Analysewerkzeugs. Dies ist die *modale Quantorenlogik*, in der zudem der Begriff der *Existenz* als ein bestimmtes Prädikat eingeführt wird.

Mit der modalen Quantorenlogik beschäftigen sich die Kapitel 4 und 5 dieses Buches. Dort werden wir auf den ontologischen Gottesbeweis an gegebener Stelle noch einmal zu sprechen kommen.

II.11 Übungen zu Kapitel II

Übung II.1
Im Folgenden stehe: „p_1" für „Es schneit", „p_2" für „Es ist Winter", „p_3" für „Es ist Sommer", „p_4" für „Calvin baut einen Schneemann" und „p_5" für „Calvin ist glücklich".
Geben Sie die korrekten Übersetzungen der folgenden Aussagen in die Sprache der modalen Junktorenlogik JML an:

a) Obwohl Winter ist, ist es möglich, dass es nicht schneit.
b) Wenn Calvin einen Schneemann baut, dann ist er möglicherweise glücklich.
c) Es ist weder notwendig noch unmöglich, dass es schneit.
d) Wenn kein Winter ist, dann ist es zwar möglich, aber nicht notwendig, dass Sommer ist.
e) Es ist nicht notwendig, dass es genau dann Winter ist, wenn kein Sommer ist.
f) Es ist notwendigerweise notwendig, dass, wenn es Winter ist, dann kein Sommer ist.
g) Ganz egal, ob Winter oder Sommer ist, es ist niemals möglich, dass Calvin nicht glücklich ist.

Übung II.2

Im Folgenden stehe: „q_1" für „Azra ist Single", „q_2" für „Bertha ist Single", „q_3" für „Azra ist alleinstehend", „q_4" für „Bertha ist alleinstehend" und „q_5" für „Azra und Bertha sind ein Paar".
Geben Sie die korrekten natürlichsprachlichen Übersetzungen der folgenden Sätze von JML an:

a) $\Diamond \Box q_5$
b) $\Box(q_1 \leftrightarrow q_3)$
c) $\Diamond q_5 \rightarrow \neg \Box (q_1 \wedge q_2)$
d) $\neg \Diamond (q_2 \wedge q_5)$
e) $\Box (\Diamond q_1 \vee \neg \Diamond q_1)$
f) $\Box (q_3 \wedge q_4) \rightarrow \neg \Diamond q_5$

Übung II.3

Es seien A und B beliebige Sätze von JML, und sei M-JMT ein beliebiges T-Modell. Zeigen Sie, dass Folgendes gilt:

a) $\Diamond A \;_{\text{M-JMT}}\!\dashv\vDash_{\text{M-JMT}} \neg \Box \neg A$
b) $\Box (A \wedge B) \vDash_{\text{M-JMT}} \Box (A \rightarrow B)$
c) Zeigen Sie (durch ein Beispielmodell mit mindestens zwei verschiedenen Welten), dass die Rückrichtung von b) keine logische Folgerung in einem T-Modell ist, d. h., dass gilt:
$\Box (A \rightarrow B) \nvDash_{\text{M-JMT}} \Box (A \wedge B)$

d) Zeigen Sie (durch ein Beispielmodell mit mindestens zwei verschiedenen Welten), dass gilt:

$\neg A \not\vDash_{\text{M-JMT}} \Box(A \to B)$

Übung II.4

Sei M = <W, R, V_{wi}> ein Modell der modalen Junktorenlogik mit W = {w_1, w_2, w_3, w_4}, R = {<w_1, w_1>, <w_1, w_2>, <w_1, w_3>, <w_1, w_4>, <w_2, w_2>, <w_3, w_3>, <w_3, w_4>, <w_4, w_4>, <w_4, w_3>} und den folgenden Wahrheitswerten für die Sätze „p" und „q":

$V_{w1}(p) = 1$, $V_{w2}(p) = 1$, $V_{w3}(p) = 0$, $V_{w4}(p) = 0$,
$V_{w1}(q) = 0$, $V_{w2}(q) = 1$, $V_{w3}(q) = 1$, $V_{w4}(q) = 0$.

a) Um welches Modell (T-Modell, S4-Modell, S5-Modell) handelt es sich bei M?
b) Bestimmen Sie die folgenden Wahrheitswerte in M:
    i.) $V_{w1}(p \to q)$
    ii.) $V_{w1}(\Box(p \lor q))$
    iii.) $V_{w1}(\Diamond \Box p)$
    iv.) $V_{w1}(\neg(\Diamond p \land \Diamond q))$
    v.) $V_{w1}(\neg \Box \Diamond q)$
    vi.) $V_{w2}(\Box p \land \Diamond q)$
    vii.) $V_{w2}(p \to \Box p)$
    viii.) $V_{w3}(\Box p \land \Diamond q)$
    ix.) $V_{w4}(\Box(p \leftrightarrow q))$
    x.) $V_{w4}(\neg \Diamond(p \land q))$

Übung II.5

Sei A ein beliebiger Satz von JML. Zeigen Sie (durch ein Beispielmodell mit mindestens drei verschiedenen Welten), dass das „Brouwersche Axiom" nicht S4-gültig ist, d. h., dass gilt:

$A \not\vDash_{\text{M-JMS4}} \Box \Diamond A$

III. Ein Kalkül des natürlichen Schließens für die modale Junktorenlogik

Das Mögliche ist beinahe unendlich, das Wirkliche streng begrenzt, weil doch nur eine von allen Möglichkeiten zur Wirklichkeit werden kann. Das Wirkliche ist nur ein Sonderfall des Möglichen und deshalb auch anders denkbar. Daraus folgt, daß wir das Wirkliche umzudenken haben, um ins Mögliche vorzustoßen. (Dürrenmatt 1987: 87)

III.1 Der Kalkül KNS-JMT für die modale Junktorenlogik

Es soll nun ein Kalkül des natürlichen Schließens für die modale Junktorenlogik entwickelt werden, der ein syntaktisches Äquivalent zum T-Modell darstellt. Dieser Kalkül, der im Folgenden abkürzend mit „KNS-JMT" bezeichnet wird, ist insbesondere im Hinblick auf das modallogische T-Modell *korrekt* und *vollständig*: Jeder in KNS-JMT beweisbare Satz ist T-gültig, und jeder T-gültige Satz ist auch in KNS-JMT beweisbar. Da die modale Junktorenlogik die nicht-modale Junktorenlogik als Teil enthält, bleiben alle Schlussregeln des nicht-modalen junktorenlogischen Kalküls des natürlichen Schließens KNS-J (siehe Brendel ²2020, Kap. III) auch in KNS-JMT gültig. Daher sind alle Grundregeln von KNS-J auch Grundregeln von KNS-JMT.

Eine Ableitung im Kalkül KNS-JMT ist eine bestimmte (endliche) Folge von Sätzen aus der Sprache JML. Jeder Satz wird in eine neue Zeile geschrieben. Die Zeilen werden mit natürlichen Zahlen – beginnend mit „1" – durchnummeriert. Die Zeilennummern h, k, m, n, k_1, ..., k_r, m_1, ..., m_s werden in jeder Zeile links angegeben (h, k, m, n, k_1, ..., k_r, m_1, ..., $m_s \in \mathbb{N} \geq 1$, d. h. die Zeilennummern h, k, m, n, k_1, ..., k_r, m_1, ..., m_s sind natürliche Zahlen größer oder gleich 1). Der Satz in Zeile n ist die Konklusion, die Sätze mit den Zeilennummern h, k oder m sind jeweils die Prämissen; n ist daher im Rahmen einer Regelanwendung stets größer als die vor n stehenden Zeilennummern h, k oder m. Die jeweils links in Klammern stehenden Zahlen h, k_1, ..., k_r sowie m_1, ..., m_s bezeichnen in den folgenden Grundregeln die

Zeilennummern derjenigen *Annahmen*, von denen der jeweilige Satz abhängt. Die Schreibweise „k$_1$, ..., m$_s$" steht hierbei abkürzend für „k$_1$, ..., k$_r$, m$_1$, ..., m$_s$". Steht also links in Klammern „k$_1$, ..., m$_s$", so bedeutet dies, dass dieser Satz sowohl von den Annahmen in den Zeilen k$_1$, ..., k$_r$ als auch von den Annahmen in den Zeilen m$_1$, ..., m$_s$ abhängt. *A* und *B* sind metasprachliche Variablen, die für beliebige Sätze *der Sprache der modalen Junktorenlogik JML* stehen.

Im Folgenden seien diese Grundregeln aus Brendel ²2020 (Kap. III.1) noch einmal rekapituliert.[21]

<u>1. Annahmeeinführung</u> (AE)
h(h)   *A*   AE

<u>2. Implikationseinführung</u> (→E)
h(h)   *A*   AE
k(k$_1$,...,k$_r$,h)   *B*
n(k$_1$,...,k$_r$)   *A* → *B*   →E, h!, k

<u>3. Implikationsbeseitigung</u> (→B)
k(k$_1$,...,k$_r$)   *A* → *B*
m(m$_1$,...,m$_s$)   *A*
n(k$_1$,...,m$_s$)   *B*   →B, k, m

<u>4. Konjunktionseinführung</u> (∧E)
k(k$_1$,...,k$_r$)   *A*
m(m$_1$,...,m$_s$)   *B*
n(k$_1$,...,m$_s$)   *A* ∧ *B*   ∧E, k, m

<u>5a. Konjunktionsbeseitigung</u> (∧B)
k(k$_1$,...,k$_r$)   *A* ∧ *B*
n(k$_1$,...,k$_r$)   *A*   ∧B, k

---

[21] Da wir in JML auf die Kontravalenz, d. h. das ausschließende „entweder-oder", als eigenen Operator verzichten, fallen in KNS-JMT die Regeln der Kontravalenzeinführung und der Kontravalenzbeseitigung (siehe Brendel ²2020, Kap. III.1) weg.

III.1 Der Kalkül KNS-JMT für die modale Junktorenlogik 65

5b. Konjunktionsbeseitigung (∧B)
k(k_1,…,k_r) $A \wedge B$
n(k_1,…,k_r) B ∧B, k

6a. Adjunktionseinführung (∨E)
k(k_1,…,k_r) A
n(k_1,…,k_r) $A \vee B$ ∨E, k

6b. Adjunktionseinführung (∨E)
k(k_1,…,k_r) A
n(k_1,…,k_r) $B \vee A$ ∨E, k

7. Adjunktionsbeseitigung (∨B)
k(k_1,…,k_r) $A \vee B$
m(m_1,…,m_s) $\neg A$
n(k_1,…,m_s) B ∨B, k, m

8. Negationseinführung (¬E)
k(k_1,…,k_r) $A \rightarrow B \wedge \neg B$
n(k_1,…,k_r) $\neg A$ ¬E, k

9. Negationsbeseitigung (¬B)
k(k_1,…,k_r) $\neg\neg A$
n(k_1,…,k_r) A ¬B, k

10. Äquivalenzeinführung (↔E)
k(k_1,…,k_r) $A \rightarrow B$
m(m_1,…,m_s) $B \rightarrow A$
n(k_1,…,m_s) $A \leftrightarrow B$ ↔E, k, m

11a. Äquivalenzbeseitigung (↔B)
k(k_1,…,k_r) $A \leftrightarrow B$
n(k_1,…,k_r) $A \rightarrow B$ ↔B, k

11b. Äquivalenzbeseitigung (↔B)
k(k_1,…,k_r) $A \leftrightarrow B$
n(k_1,…,k_r) $B \rightarrow A$ ↔B, k

Neben den bereits im nicht-modalen Kalkül KNS-J geltenden Grundregeln 1. bis 11. enthält KNS-JMT zusätzliche Regeln, die das logische Schließen mit Modaloperatoren erlauben. Hierzu zählen Einführungs- und Beseitigungsregeln für die beiden Modaloperatoren $\Box$ und $\Diamond$. Dies sind die Regeln der *Notwendigkeitseinführung* ($\Box$E), *Notwendigkeitsbeseitigung* ($\Box$B), *Möglichkeitseinführung* ($\Diamond$E) und *Möglichkeitsbeseitigung* ($\Diamond$B). Darüber hinaus enthält KNS-JMT eine Regel der Notwendigkeitsdistribution ($\Box$D):

12. Notwendigkeitseinführung ($\Box$E)
k( ) A
n( ) $\Box A$ $\Box$E, k

13. Notwendigkeitsbeseitigung ($\Box$B)
k($k_1,\ldots,k_r$) $\Box A$
n($k_1,\ldots,k_r$) A $\Box$B, k

14a. Möglichkeitseinführung ($\Diamond$E)
k($k_1,\ldots,k_r$) $\neg\Box\neg A$
n($k_1,\ldots,k_r$) $\Diamond A$ $\Diamond$E, k

14b. Möglichkeitseinführung ($\Diamond$E)
k($k_1,\ldots,k_r$) $\neg\Box A$
n($k_1,\ldots,k_r$) $\Diamond\neg A$ $\Diamond$E, k

15a. Möglichkeitsbeseitigung ($\Diamond$B)
k($k_1,\ldots,k_r$) $\Diamond A$
n($k_1,\ldots,k_r$) $\neg\Box\neg A$ $\Diamond$B, k

15b. Möglichkeitsbeseitigung ($\Diamond$B)
k($k_1,\ldots,k_r$) $\Diamond\neg A$
n($k_1,\ldots,k_r$) $\neg\Box A$ $\Diamond$B, k

16. Notwendigkeitsdistribution ($\Box$D)
k($k_1,\ldots,k_r$) $\Box(A \to B)$
n($k_1,\ldots,k_r$) $\Box A \to \Box B$ $\Box$D, k

III.1 Der Kalkül KNS-JMT für die modale Junktorenlogik   67

Die Regeln 1. bis 11. zusammen mit den spezifisch modallogischen Regeln 12. bis 16. (□E, □B, ◊E, ◊B und □D) bilden die *Grundregeln von KNS-JMT*.

Die Definitionen der zentralen syntaktischen Begriffe der *Ableitbarkeit* und *Beweisbarkeit* für KNS-JMT können ebenfalls vom nicht-modalen Kalkül KNS-J (siehe Brendel ²2020, Kap. III.2) übernommen und auf Sätze der Sprache JML und Regeln des Kalküls KNS-JMT übertragen werden:

<u>Ableitbarkeit in KNS-JMT</u>
Sei B eine Variable für beliebige Sätze aus JML und M eine Menge von Sätzen aus JML, dann gilt:
In KNS-JMT ist ein Satz B aus einer Menge M von Sätzen *ableitbar* – symbolisch M $\vdash_{\text{KNS-JMT}}$ B – genau dann, wenn es eine nicht leere und endliche Folge von Sätzen gibt, so dass die folgenden Bedingungen 1.–3. erfüllt sind:
1. Jeder einzelne Satz der Folge wurde entweder durch Annahmeeinführung (AE) gewonnen oder lässt sich aus vorangehenden Sätzen durch eine der anderen Regeln von KNS-JMT ableiten.
2. Der letzte Satz der Folge ist B.
3. B hängt nur von solchen Annahmen ab, die Elemente aus M sind.

<u>Beweisbarkeit in KNS-JMT</u>
Ein Satz B der Sprache JML ist in KNS-JMT *beweisbar* – symbolisch $\vdash_{\text{KNS-JMT}}$ B – genau dann, wenn $\emptyset$ $\vdash_{\text{KNS-JMT}}$ B.

Bevor die spezifisch modallogischen Regeln näher erläutert werden, seinen im Folgenden einige Varianten wichtiger abgeleiteter Schlussregeln aus dem nicht-modalen Kalkül KNS-J genannt,[22] die nun auch zulässige Schlussregeln in KNS-JMT sind (A, B und C stehen in den folgenden Regeln für beliebige Sätze der Sprache JML):

---

[22] Weitere Varianten dieser Schlussregeln und ihre Beweise sowie zahlreiche andere zulässige junktorenlogische Regeln finden sich in Brendel ²2020, Kap. III.3 – III.8. Der Einfachheit halber schreiben wir bei den folgenden zulässigen Schlussregeln statt „$\vdash_{\text{KNS-JMT}}$" bloß „$\vdash$".

Widerspruchsregel (WS)

h(h)	A (bzw. $\neg A$)
k(k_1,…,k_r,[h])	B
m(m_1,…,m_s,[h])	$\neg B$
n(k_1,…,m_s)	$\neg A$ (bzw. A) WS, h!, k, m

„[h]" soll hier zum Ausdruck bringen, dass *wenigstens einer* der Sätze B oder $\neg B$ von der Annahme A (bzw. $\neg A$) in Zeile h abhängig ist. „WS, h!, k, m" besagt, dass die Annahme in Zeile h zu einem Widerspruch geführt wurde und dass die beiden widersprüchlichen Sätze in den Zeilen k und m stehen.

Modus tollens (MT)

$A \to B, \neg B \vdash \neg A$ (MT)
$\neg A \to B, \neg B \vdash A$ (MT)
$A \to \neg B, B \vdash \neg A$ (MT)
$\neg A \to \neg B, B \vdash A$ (MT)

Konjunktiver Syllogismus (KS)

$\neg(A \wedge B), A \vdash \neg B$ (KS)
$\neg(A \wedge B), B \vdash \neg A$ (KS)
$\neg(A \wedge \neg B), A \vdash B$ (KS)
$\neg(\neg A \wedge B), B \vdash A$ (KS)

Allgemeines Dilemma (AD)

$A \vee B, A \to C, B \to C \vdash C$ (AD)

Klassisches Dilemma (KD)

$A \to B, \neg A \to B \vdash B$ (KD)

verum ex quolibet (VQ)

$A \vdash B \to A$ (VQ)

Explosionsprinzip (EX)

$A \vdash \neg A \to B$ (EX)
$\neg A \vdash A \to B$ (EX)
$A \wedge \neg A \vdash B$ (EX)

Satz vom ausgeschlossenen Dritten (SAD)
$\vdash A \lor \neg A$ (SAD)

Satz vom ausgeschlossenen Widerspruch (SAW)
$\vdash \neg(A \land \neg A)$ (SAW)

Dualität der Junktorenlogik (DL)
$A \to B \dashv\vdash \neg(A \land \neg B)$ (DL)[23]
$A \land B \dashv\vdash \neg(A \to \neg B)$ (DL)
$A \to B \dashv\vdash \neg A \lor B$ (DL)
$A \lor B \dashv\vdash \neg A \to B$ (DL)
$A \land B \dashv\vdash \neg(\neg A \lor \neg B)$ (DL)
$A \lor B \dashv\vdash \neg(\neg A \land \neg B)$ (DL)
$\neg(A \land B) \dashv\vdash \neg A \lor \neg B$ (DL)
$\neg(A \lor B) \dashv\vdash \neg A \land \neg B$ (DL)

Kommutativitätsgesetze (KOM)
$A \land B \dashv\vdash B \land A$ (KOM)
$A \lor B \dashv\vdash B \lor A$ (KOM)
$A \leftrightarrow B \dashv\vdash B \leftrightarrow A$ (KOM)

Distributivgesetze (DIS)
$(A \to C) \land (B \to C) \dashv\vdash A \lor B \to C$ (DIS)
$(A \to B) \land (A \to C) \dashv\vdash A \to B \land C$ (DIS)
$(A \to C) \lor (B \to C) \dashv\vdash A \land B \to C$ (DIS)
$(A \to B) \lor (A \to C) \dashv\vdash A \to B \lor C$ (DIS)

Junktorenlogischer Kettenschluss (KET)
$A \to B, B \to C \vdash A \to C$ (KET)

Es sollen nun die spezifisch modallogischen Grundregeln 12. bis 16. von KNS-JMT näher betrachtet und erläutert werden. Die Regel der

---

[23] Hierbei steht ein Satz der Form „$A \dashv\vdash B$" für „$A \vdash B$ und $B \vdash A$" – siehe Brendel ²2020, Kap.III.2.

Notwendigkeitseinführung (□E)
k( ) A
n( )   □A □E, k

beschreibt eine wichtige Eigenschaft der logischen Notwendigkeit, auf die schon mehrfach hingewiesen wurde. Ein Satz, der allein aus logischen Gründen wahr ist, ist notwendigerweise wahr. Die syntaktische Entsprechung für einen logisch wahren Satz ist ein *beweisbarer* Satz, d. h. ein Satz, der aus der leeren Prämissenmenge ableitbar ist, der somit allein aus den Regeln des zugrunde gelegten Kalküls gewonnen wurde und unabhängig von zusätzlichen außerlogischen Prämissen gilt. Der Satz A in Zeile k der Regel □E ist nun gerade solch ein beweisbarer Satz, da er von keinen Annahmen abhängt. Die Menge der Annahmen, von denen er abhängen würde, wäre in der Klammer nach der Zeilennummer k notiert. Diese ist aber leer. Somit gilt A bereits aus rein logischen Gründen. Unter dieser Prämisse kann mit □E darauf geschlossen werden, dass dann auch □A der Fall sein muss, wie dies in Zeile n geschieht. □A ist dann selbstverständlich ebenfalls ein beweisbarer Satz und gilt unabhängig von irgendwelchen Annahmen. Es sei hier betont, dass die Regel □E natürlich *nur* auf beweisbare Sätze anwendbar ist. Mit Hilfe des Beweisbarkeitszeichens könnte man die Regel □E auch folgendermaßen formulieren: Wenn $\vdash_{\text{KNS-JMT}}$ A, dann auch $\vdash_{\text{KNS-JMT}}$ □A. Jedoch gilt *nicht*, dass aus *jedem* Satz A die Notwendigkeit von A logisch ableitbar ist: $A \not\vdash_{\text{KNS-JMT}}$ □A. Ein Kalkül, der es erlauben würde, aus *jedem* Satz die Notwendigkeit dieses Satzes abzuleiten, wäre nicht korrekt, da er einer wesentlichen Eigenschaft der logischen Notwendigkeit nicht gerecht werden würde.

Die Regel der

Notwendigkeitsbeseitigung (□B)
k($k_1,\ldots,k_r$)   □A
n($k_1,\ldots,k_r$) A □B, k

ist unmittelbar einleuchtend. Ein Satz A, der mit Notwendigkeit gilt, wie dies in Zeile k behauptet wird, gilt natürlich in jedem Fall. Als Ableitbarkeitsbeziehung könnte man die Regel □B daher auch

III.1 Der Kalkül KNS-JMT für die modale Junktorenlogik

folgendermaßen schreiben: $\Box A \vdash_{\text{KNS-JMT}} A$. $\Box A$ kann aus der leeren Prämissenmenge gewonnen sein. In diesem Fall wäre die Menge $\{k_1,\ldots,k_r\}$ leer. $\Box A$ kann aber auch z. B. eine Annahme sein. In diesem Fall würde in Klammern nach der Zeilennummer k nur diese Zeilennummer k selbst stehen. Ebenso kann $\Box A$ natürlich auch als Konklusion einer Schlussregel aus anderen Sätzen gewonnen worden sein.

Die Regeln der

a. *Möglichkeitseinführung* ($\Diamond$E)
k($k_1,\ldots,k_r$) $\neg\Box\neg A$
n($k_1,\ldots,k_r$) $\Diamond A$ $\Diamond$E, k

b. *Möglichkeitseinführung* ($\Diamond$E)
k($k_1,\ldots,k_r$) $\neg\Box A$
n($k_1,\ldots,k_r$) $\Diamond\neg A$ $\Diamond$E, k

und der

a. *Möglichkeitsbeseitigung* ($\Diamond$B)
k($k_1,\ldots,k_r$) $\Diamond A$
n($k_1,\ldots,k_r$) $\neg\Box\neg A$ $\Diamond$B, k

b. *Möglichkeitsbeseitigung* ($\Diamond$B)
k($k_1,\ldots,k_r$) $\Diamond\neg A$
n($k_1,\ldots,k_r$) $\neg\Box A$ $\Diamond$B, k

zeigen einen wichtigen begrifflichen Zusammenhang von *Möglichkeit* und *Notwendigkeit* auf. Die Regel $\Diamond$E besagt in Variante a, dass man aus einem Satz der Form $\neg\Box\neg A$, der im Rahmen einer Ableitung in Zeile k gegeben ist, in einer späteren Zeile n auf den Satz $\Diamond A$ schließen kann. Nach Variante b der Regel $\Diamond$E folgt aus dem Satz $\neg\Box A$, der im Rahmen der klassischen Logik äquivalent ist mit $\neg\Box\neg\neg A$, der Satz $\Diamond\neg A$. Die Regel $\Diamond$B besagt nun umgekehrt, dass man von $\Diamond A$ auf $\neg\Box\neg A$ schließen kann. Für den Fall, dass A ein negierter Satz der Form $\neg A$ ist, kann man aus $\Diamond\neg A$ den Satz $\neg\Box A$ gewinnen.

Zusammengenommen zeigen die Regeln ◊B und ◊E somit, dass zwischen Möglichkeitssätzen der Form ◊A und Sätzen, die die Negation der notwendigen Negation von A ausdrücken (d. h. Sätzen der Form ¬□¬A), die folgende wechselseitige Ableitbarkeitsbeziehung besteht: ◊A ⊦⊣KNS-JMT⊦KNS-JMT ¬□¬A.[24] Dies bedeutet, wie bereits mehrfach erwähnt, dass sich der Begriff der Möglichkeit mit Hilfe des Notwendigkeitsbegriffs und der Negation in logisch äquivalenter Weise formulieren lässt: Ein Satz gilt genau dann möglicherweise, wenn es nicht der Fall ist, dass er notwendigerweise nicht gilt.

III.2 Zulässige Schlussregeln in KNS-JMT

Als nächstes sollen einige zulässige Schlussregeln betrachtet und bewiesen werden, die sich aus den Grundregeln von KNS-JMT ergeben. Zunächst kann unter Anwendung der Regeln ◊B und ◊E gezeigt werden, dass sich auch der Notwendigkeitsoperator mittels des Möglichkeitsoperators und der Negation auf logisch äquivalente Art bestimmen lässt: □A ⊣KNS-JMT⊦KNS-JMT ¬◊¬A. Auch dies ist, wie bereits erwähnt, überaus plausibel: Ein Satz gilt genau dann mit Notwendigkeit, wenn es nicht möglich ist, dass er nicht gilt. Ist A ein negierter Satz der Form ¬A, so gilt daher auch: □¬A ⊣KNS-JMT⊦KNS-JMT ¬◊A.

Wir wollen nun diese zuletzt genannten wechselseitigen Ableitungsverhältnisse von Notwendigkeit und negierter möglicher Negation als Varianten einer ersten zulässigen Schlussregel in KNS-JMT formulieren. Eine zulässige Schlussregel von KNS-JMT soll mit „SRT" abgekürzt werden. Unsere erste zulässige Schlussregel in KNS-JMT (SRT-1) lautet daher wie folgt:[25]

---

[24] Es gilt also: ◊A ⊦KNS-JMT ¬□¬A und ¬□¬A ⊦KNS-JMT ◊A.

[25] Durch die Bezeichnung „SRT-X" (wobei X jeweils die Nummer der Schlussregel angibt) wird hier wie im Folgenden deutlich, dass es sich um eine zulässige Schlussregel im Kalkül KNS-JMT handelt. Wir verzichten auch hier wieder aus Einfachheitsgründen auf den unteren Index „KNS-JMT" beim Ableitbarkeitssymbol und schreiben einfach „⊦" bzw. „⊣⊦".

SRT-1
$\Box A \dashv\vdash \neg\Diamond\neg A$
$\Box\neg A \dashv\vdash \neg\Diamond A$
$\vdash \Box A \leftrightarrow \neg\Diamond\neg A$
$\vdash \Box\neg A \leftrightarrow \neg\Diamond A$

Exemplarisch seien die erste und die vierte Variante von SRT-1 bewiesen:

Beweisschema[26] von „⊢" der ersten Variante:
1(1) $\Box A$ AE
2(2) $\Diamond\neg A$ AE
3(2) $\neg\Box A$ $\Diamond$B, 2
4(1) $\neg\Diamond\neg A$ WS, 2!, 1, 3

Beweisschema von „⊣" der ersten Variante:
1(1) $\neg\Diamond\neg A$ AE
2(2) $\neg\Box A$ AE
3(2) $\Diamond\neg A$ $\Diamond$E, 2
4(1) $\Box A$ WS, 2!, 1, 3

Beweisschema der vierten Variante:
1(1) $\Box\neg A$ AE
2(2) $\Diamond A$ AE
3(2) $\neg\Box\neg A$ $\Diamond$B, 2
4(1) $\neg\Diamond A$ WS, 2!, 1, 3
5( ) $\Box\neg A \to \neg\Diamond A$ $\to$E, 1!, 4
6(6) $\neg\Diamond A$ AE
7(7) $\neg\Box\neg A$ AE
8(7) $\Diamond A$ $\Diamond$E, 7

---

[26] Ein Beweisschema enthält metasprachliche Variablen wie A oder B. Insofern handelt es sich streng genommen um keine Ableitung im Kalkül KNS-JMT, denn eine Ableitung in KNS-JMT besteht definitionsgemäß nur aus objektsprachlichen Sätzen aus JML wie „p" oder „q". Aus einem Beweisschema lässt sich allerdings eine Ableitung in KNS-JMT gewinnen, indem die metasprachlichen Variablen durch objektsprachliche Sätze aus JML ersetzt werden.

9(6) $\Box\neg A$ WS, 7!, 6, 8
10( ) $\neg\Diamond A \to \Box\neg A$ →E, 6!, 9
11( ) $\Box\neg A \leftrightarrow \neg\Diamond A$ ↔E, 5, 10

In KNS-JMT lässt sich selbstverständlich auch beweisen, dass das, was der Fall ist, auch möglich ist (SRT-2). Mit Hilfe dieser zulässigen Schlussregel in KNS-JMT folgt dann auch, dass das Notwendige das Mögliche impliziert (SRT-3):

SRT-2
$A \vdash \Diamond A$
$\vdash A \to \Diamond A$

Beweisschema der ersten Variante:
1(1) A AE
2(2) $\Box\neg A$ AE
3(2) $\neg A$ □B, 2
4(1) $\neg\Box\neg A$ WS, 2!, 1, 3
5(1) $\Diamond A$ ◊E, 4

SRT-3
$\Box A \vdash \Diamond A$
$\vdash \Box A \to \Diamond A$

Beweisschema der ersten Variante:
1(1) $\Box A$ AE
2(1) A □B, 1
3(1) $\Diamond A$ SRT-2, 2

Des Weiteren gilt natürlich, dass ein Satz, der notwendigerweise nicht gilt, dann nicht mit Notwendigkeit gelten kann:

SRT-4
$\Box\neg A \vdash \neg\Box A$
$\vdash \Box\neg A \to \neg\Box A$

Beweisschema der ersten Variante:

1(1)	$\Box\neg A$	AE
2(1)	$\neg\Diamond A$	SRT-1, 1
3( )	$\Box A \to \Diamond A$	SRT-3
4(1)	$\neg\Box A$	MT, 2, 3

Die umgekehrte Beweisrichtung von SRT-4 gilt nicht: Aus dem Umstand, dass ein Satz nicht mit Notwendigkeit gilt, folgt keineswegs, dass er notwendigerweise falsch ist. Er könnte auch logisch indeterminiert sein, d. h. er könnte in manchen Welten wahr und in anderen Welten falsch sein.

Die Regel der

Notwendigkeitsdistribution ($\Box$D)
k($k_1,\ldots,k_r$) $\Box(A \to B)$
n($k_1,\ldots,k_r$) $\Box A \to \Box B$ $\Box$D, k

muss neben den Regeln $\Box$E, $\Box$B, $\Diamond$E und $\Diamond$B als weitere modallogische Grundregel postuliert werden, um bestimmten Distributiveigenschaften der Modaloperatoren gerecht zu werden. Gilt eine Implikation der Form $A \to B$ mit *Notwendigkeit*, wie in Zeile k behauptet, dann muss, semantisch formuliert, diese Implikation in allen (zugänglichen) Welten stets wahr sein, d. h. für jede dieser Welten muss gelten, dass dort A falsch oder B wahr ist. Ist A selbst eine notwendige Wahrheit, wie im Antezedens der Konklusion vorausgesetzt wird, dann muss auch B in jeder Welt wahr sein, d. h. mit Notwendigkeit gelten.

Die zu $\Box$D umgekehrte Beweisrichtung gilt nicht: $\Box A \to \Box B$ $\nvdash_{\text{KNS-JMT}}$ $\Box(A \to B)$, was sich allerdings erst aufgrund der (hier als bewiesen unterstellten) *Korrektheit* von KNS-JMT zeigen lässt. Die Korrektheit von KNS-JMT bedeutet, dass alle Ableitungen in KNS-JMT auch logische Folgerungen im T-Modell bzw. alle in KNS-JMT beweisbaren Sätze auch T-gültig sind. Wenn somit $\Box(A \to B)$ keine logische Folgerung aus $\Box A \to \Box B$ im T-Modell ist, dann kann $\Box(A \to B)$ auch nicht in KNS-JMT aus $\Box A \to \Box B$ ableitbar sein. Es wurde in Kap. II.6 gezeigt, dass $\Box(A \to B)$ keine logische Folgerung aus $\Box A \to \Box B$ im T-Modell ist, d. h. $\Box A \to \Box B$ $\nvDash_{\text{M-JMT}}$ $\Box(A \to B)$. Daher folgt (aus der vorausgesetzten Korrektheit von KNS-JMT), dass auch $\Box A \to \Box B \not\vdash_{\text{KNS-JMT}}$ $\Box(A \to B)$.

Ist eine Implikation der Form $A \to B$ beweisbar, so gilt mit der Regel □E, dass diese Implikation mit Notwendigkeit gilt: $\Box(A \to B)$. Mit der Regel □D folgt daraus $\Box A \to \Box B$. Ähnlich wie bereits bei der Widerspruchsregel WS, die mehrere Beweisschritte zusammenfasst, können wir nun auch eine zulässige Regel, die *Regel der notwendigen Implikation* (□I), formulieren, die die Beweisschritte □E und □D zusammenfasst und es erlaubt, aus einer beweisbaren Implikation auf eine Implikation mit dem Notwendigkeitsoperator sowohl vor dem Antezedens als auch vor dem Konsequens zu schließen:

<u>Regel der notwendigen Implikation</u> (□I)
k( ) $A \to B$
n( ) $\Box A \to \Box B$ □I, k

Wir können nun weitere zentrale modallogische Distributivgesetze beweisen, wie die folgende Schlussregel SRT-5:[27]

<u>SRT-5</u>
$\Box(A \land B) \dashv\vdash \Box A \land \Box B$

Beweisschema von „⊢":

1(1) $\Box(A \land B)$ AE
2(2) $A \land B$ AE
3(2) A ∧B, 2
4( ) $A \land B \to A$ →E, 2!, 3
5( ) $\Box(A \land B) \to \Box A$ □I, 4
6(1) $\Box A$ →B, 1, 5
7(2) B ∧B, 2
8( ) $A \land B \to B$ →E, 2!, 7

---

[27] In den folgenden Schlussregeln SRT5 bis SRT12 soll aus Platzgründen auf die Variante, die die jeweilige Schlussregel als *beweisbaren* Satz formuliert – im Falle von SRT-5 wäre das ⊢ $\Box(A \land B) \leftrightarrow \Box A \land \Box B$ – verzichtet werden.

III.2 Zulässige Schlussregeln in KNS-JMT

9( )   □($A \wedge B$) → □B □I, 8
10(1) □B →B, 1, 9
11(1) □$A \wedge$ □B ∧E, 6, 10

Um die Beweise im Folgenden etwas kürzer zu gestalten, können *beweisbare* Implikationen, die sich unmittelbar aus der Anwendung von AE, einer Schlussregel und der Regel →E ergeben, in einem Beweisschritt zusammengefasst werden. Es wird dann neben der gewonnenen Implikation lediglich der Name der verwendeten Regel (ohne Nennung von AE und →E) notiert. So wurde etwa die in Zeile 4 der obigen Ableitung stehende beweisbare Implikation $A \wedge B$ → A aus der Annahmeeinführung (AE) von $A \wedge B$, der hierauf angewendeten Regel der Konjunktionsbeseitigung (∧B) und der Implikationseinführung (→E) gewonnen. Analoges gilt auch für die beweisbare Implikation $A \wedge B$ → B in Zeile 8. Mit der genannten Vereinbarung zur kürzeren Darstellung von Ableitungen hat obiger Beweis nur noch 8 Zeilen:

Beweisschema von „⊢" (kürzer):

1(1) □($A \wedge B$)   AE
2( ) $A \wedge B$ → A ∧B
3( ) □($A \wedge B$) → □A □I, 2
4(1) □A →B, 1, 3
5( ) $A \wedge B$ → B ∧B
6( ) □($A \wedge B$) → □B □I, 5
7(1) □B →B, 1, 6
8(1) □$A \wedge$ □B ∧E, 4, 7

Beweisschema von „⊣":

1(1) □$A \wedge$ □B AE
2(1) □A ∧B, 1
3(1) □B ∧B, 1
4(4) A AE
5(5) B AE
6(4,5) $A \wedge B$ ∧E, 4, 5
7(4) B → $A \wedge B$ →E, 5!, 6

78 III. Kalkül des natürlichen Schließens für die modale Junktorenlogik

8( )	$A \to (B \to A \land B)$	→E, 4!, 7
9( )	$\Box A \to \Box(B \to A \land B)$	□I, 8
10(1)	$\Box(B \to A \land B)$	→B, 2, 9
11(1)	$\Box B \to \Box(A \land B)$	□D, 10
12(1)	$\Box(A \land B)$	→B, 3, 11

Für den Möglichkeitsoperator $\Diamond$ gilt in Bezug auf Konjunktionen das folgende Distributivgesetz SRT-6:

<u>SRT-6</u>

$\Diamond(A \land B) \vdash \Diamond A \land \Diamond B$

Beweisschema:

1(1)	$\Diamond(A \land B)$	AE
2(1)	$\neg\Box\neg(A \land B)$	$\Diamond$B, 1
3(3)	$\neg\Diamond A$	AE
4(3)	$\Box\neg A$	SRT-1, 3
5( )	$\neg A \to \neg A \lor \neg B$	∨E
6( )	$\Box\neg A \to \Box(\neg A \lor \neg B)$	□I, 5
7(3)	$\Box(\neg A \lor \neg B)$	→B, 4, 6
8( )	$\neg A \lor \neg B \to \neg(A \land B)$	DL
9( )	$\Box(\neg A \lor \neg B) \to \Box\neg(A \land B)$	□I, 8
10(3)	$\Box\neg(A \land B)$	→B, 7, 9
11(1)	$\Diamond A$	WS, 3!, 2, 10
12(12)	$\neg\Diamond B$	AE
13(12)	$\Box\neg B$	SRT-1, 12
14( )	$\neg B \to \neg A \lor \neg B$	∨E
15( )	$\Box\neg B \to \Box(\neg A \lor \neg B)$	□I, 14
16(12)	$\Box(\neg A \lor \neg B)$	→B, 13, 15
17(12)	$\Box\neg(A \land B)$	→B, 9, 16
18(1)	$\Diamond B$	WS, 12!, 2, 17
19(1)	$\Diamond A \land \Diamond B$	∧E, 11, 18

Die Rückrichtung von SRT-6 gilt nicht: $\Diamond A \land \Diamond B \nvdash \Diamond(A \land B)$. Dies lässt sich wiederum mit semantischen Überlegungen leicht einsehen: Sei A ein logisch indeterminierter Satz, der in einigen

III.2 Zulässige Schlussregeln in KNS-JMT

möglichen Welten wahr, in anderen falsch ist. Wir können für A etwa wieder den Satz „p" einsetzen, der die Aussage „Bayern München ist Deutscher Fußballmeister der Männer 2020" symbolisiert. Dieser Satz ist in der aktualen Welt wahr und damit natürlich auch möglicherweise wahr. Der Satz „p" ist aber nicht logisch notwendigerweise wahr, d. h. es gibt logisch mögliche Welten, in denen „p" falsch ist. Stehe B nun für die Negation von „p", d. h. für „¬p". Es gilt nun, dass sowohl „◊p" als auch „◊¬p" *wahr* ist, wohingegen „◊(p ∧ ¬p)" *falsch* ist. Aufgrund des in der klassischen Logik gültigen *Satzes vom ausgeschlossenen Widerspruch* ist es nämlich logisch unmöglich, dass ein Satz zusammen mit seiner Negation gilt. Dieses Beispiel zeigt somit, dass ◊(A ∧ B) keine logische Folgerung aus ◊A ∧ ◊B sein kann. Da der Kalkül KNS-JMT korrekt ist (was hier vorausgesetzt ist), kann ◊(A ∧ B) auch nicht aus ◊A ∧ ◊B in diesem Kalkül ableitbar sein.

Ein weiteres Distributivgesetz für den Notwendigkeitsoperator ☐ in Bezug auf Adjunktionen drückt die folgende zulässige Schlussregel SRT-7 aus:

SRT-7
☐A ∨ ☐B ⊢ ☐(A ∨ B)

Beweisschema:

1(1)	☐A ∨ ☐B	AE
2( )	A → A ∨ B	∨E
3( )	☐A → ☐(A ∨ B)	☐I, 2
4( )	B → A ∨ B	∨E
5( )	☐B → ☐(A ∨ B)	☐I, 4
6(1)	☐(A ∨ B)	AD, 1, 3, 5

Die Rückrichtung der Ableitbarkeitsbeziehung von SRT-7 gilt nicht, d. h.: ☐(A ∨ B) ⊬ ☐A ∨ ☐B. Setzen wir für A wiederum einen logisch indeterminierten Satz „p" (z. B. „Bayern München ist Deutscher Fußballmeister der Männer") und für B „¬p" ein, dann steht A ∨ B für die *logische Wahrheit* „p ∨ ¬p", d. h. „☐(p ∨ ¬p)" ist *wahr*. *Falsch* hingegen ist jedoch der Satz „☐p ∨ ☐¬p", denn „p" ist weder notwendig noch unmöglich.

Ableitbar in KNS-JMT ist allerdings das Folgende:

SRT-8

$\Box(A \lor B) \vdash \Box A \lor \Diamond B$

Beweisschema:

1(1)	$\Box(A \lor B)$	AE
2( )	$A \lor B \to B \lor A$	KOM
3( )	$\Box(A \lor B) \to \Box(B \lor A)$	$\Box$I, 2
4(1)	$\Box(B \lor A)$	→B, 1, 3
5( )	$B \lor A \to (\neg B \to A)$	DL
6( )	$\Box(B \lor A) \to \Box(\neg B \to A)$	$\Box$I, 5
7(1)	$\Box(\neg B \to A)$	→B, 4, 6
8(1)	$\Box\neg B \to \Box A$	$\Box$D, 7
9(9)	$\Box\neg B$	AE
10(1,9)	$\Box A$	→B, 8, 9
11(1,9)	$\Box A \lor \Diamond B$	$\lor$E, 10
12(1)	$\Box\neg B \to \Box A \lor \Diamond B$	→E, 9!, 11
13(13)	$\neg\Box\neg B$	AE
14(13)	$\Diamond B$	$\Diamond$E, 13
15(13)	$\Box A \lor \Diamond B$	$\lor$E, 14
16( )	$\neg\Box\neg B \to \Box A \lor \Diamond B$	→E, 13!, 15
17(1)	$\Box A \lor \Diamond B$	KD, 12, 16

Für den Möglichkeitsoperator $\Diamond$ gilt hingegen die wechselseitige Ableitbarkeitsbeziehung von $\Diamond(A \lor B)$ und $\Diamond A \lor \Diamond B$:

SRT-9

$\Diamond(A \lor B) \dashv\vdash \Diamond A \lor \Diamond B$

Beweisschema von „⊢":

1(1)	$\Diamond(A \lor B)$	AE
2(1)	$\neg\Box\neg(A \lor B)$	$\Diamond$B, 1
3(3)	$\neg(\Diamond A \lor \Diamond B)$	AE
4(3)	$\neg\Diamond A \land \neg\Diamond B$	DL, 3
5(3)	$\neg\Diamond A$	$\land$B, 4
6(3)	$\neg\Diamond B$	$\land$B, 4

7(3)	□¬A	SRT-1, 5
8(3)	□¬B	SRT-1, 6
9(3)	□¬A ∧ □¬B	∧E, 7, 8
10(3)	□(¬A ∧ ¬B)	SRT-5, 9
11( )	¬A ∧ ¬B → ¬(A ∨ B)	DL
12( )	□(¬A ∧ ¬B) → □¬(A ∨ B)	□I, 11
13(3)	□¬(A ∨ B)	→B, 10, 12
14(1)	◊A ∨ ◊B	WS 3!, 2, 13

Beweisschema von „⊣":

1(1)	◊A ∨ ◊B	AE
2(1)	¬(¬◊A ∧ ¬◊B)	DL, 1
3(3)	¬◊(A ∨ B)	AE
4(3)	□¬(A ∨ B)	SRT-1, 3
5( )	¬(A ∨ B) → ¬A ∧ ¬B	DL
6( )	□¬(A ∨ B) → □(¬A ∧ ¬B)	□I, 5
7(3)	□(¬A ∧ ¬B)	→B, 4, 6
8(3)	□¬A ∧ □¬B	SRT-5, 7
9(3)	□¬A	∧B, 8
10(3)	□¬B	∧B, 8
11(3)	¬◊A	SRT-1, 9
12(3)	¬◊B	SRT-1, 10
13(3)	¬◊A ∧ ¬◊B	∧E, 11, 12
14(1)	◊(A ∨ B)	WS 3!, 2, 13

Für mögliche Implikationen gilt *nicht*, dass aus ◊(A → B) in KNS-JMT ◊A → ◊B ableitbar ist: ◊(A → B) ⊬ ◊A → ◊B. Dies lässt sich wiederum mit semantischen Überlegungen leicht einsehen und dann (bei vorausgesetzter Korrektheit von KNS-JMT) auf die Syntax übertragen: ◊(A → B) kann in einem T-Modell wahr, ◊A → ◊B jedoch falsch sein. Dies ist z. B. dann der Fall, wenn es eine von der aktualen Welt aus zugängliche Welt gibt, in der A und B beide falsch sind. In dieser Welt ist A → B wahr – und somit auch ◊(A → B) *wahr*. Nehmen wir nun jedoch an, dass es eine von der aktualen Welt aus zugängliche Welt gibt, in der A wahr ist, dass es jedoch keine Welt gibt, in der B wahr ist. B ist dann also in allen von der aktualen Welt aus zugänglichen Welten falsch. Daher ist $\Diamond A$ wahr, $\Diamond B$ hingegen falsch. Dies bedeutet somit, dass die Implikation $\Diamond A \rightarrow \Diamond B$ *falsch* ist.

Umgekehrt lässt sich hingegen aus $\Diamond A \rightarrow \Diamond B$ in KNS-JMT $\Diamond (A \rightarrow B)$ ableiten:

SRT-10

$\Diamond A \rightarrow \Diamond B \vdash \Diamond (A \rightarrow B)$

Beweisschema:

1(1)	$\Diamond A \rightarrow \Diamond B$	AE
2(2)	$\neg \Diamond (A \rightarrow B)$	AE
3(2)	$\Box \neg (A \rightarrow B)$	SRT-1, 2
4( )	$\neg (A \rightarrow B) \rightarrow A \wedge \neg B$	DL
5( )	$\Box \neg (A \rightarrow B) \rightarrow \Box (A \wedge \neg B)$	$\Box$I, 4
6(2)	$\Box (A \wedge \neg B)$	$\rightarrow$B, 3, 5
7(2)	$\Box A \wedge \Box \neg B$	SRT-5, 6
8(2)	$\Box A$	$\wedge$B, 7
9(2)	$\Box \neg B$	$\wedge$B, 7
10(2)	$\Diamond A$	SRT-3, 8
11(1,2)	$\Diamond B$	$\rightarrow$B, 1, 10
12(1,2)	$\neg \Box \neg B$	$\Diamond$B, 11
13(1)	$\Diamond (A \rightarrow B)$	WS, 2!, 9, 12

Eine mögliche Implikation der Form $\Diamond (A \rightarrow B)$ ist hingegen mit $\Box A \rightarrow \Diamond B$ in KNS-JMT beweisbar äquivalent:

SRT-11

$\Diamond (A \rightarrow B) \dashv\vdash \Box A \rightarrow \Diamond B$

Beweisschema von „$\vdash$":

1(1)	$\Diamond (A \rightarrow B)$	AE
2(2)	$\Box A$	AE
3(3)	$\Box \neg B$	AE
4(2,3)	$\Box A \wedge \Box \neg B$	$\wedge$E, 2, 3
5(2,3)	$\Box (A \wedge \neg B)$	SRT-5, 4
6( )	$A \wedge \neg B \rightarrow \neg (A \rightarrow B)$	DL

7( )	$\Box(A \wedge \neg B) \to \Box\neg(A \to B)$	$\Box$I, 6
8(2,3)	$\Box\neg(A \to B)$	→B, 5, 7
9(2,3)	$\neg\Diamond(A \to B)$	SRT-1, 8
10(1,2)	$\neg\Box\neg B$	WS, 3!, 1, 9
11(1,2)	$\Diamond B$	$\Diamond$E, 10
12(1)	$\Box A \to \Diamond B$	→E, 2!, 11

Beweisschema von „⊣":

1(1)	$\Box A \to \Diamond B$	AE
2(2)	$\neg\Diamond(A \to B)$	AE
3(2)	$\Box\neg(A \to B)$	SRT-1, 2
4( )	$\neg(A \to B) \to (A \wedge \neg B)$	DL
5( )	$\Box\neg(A \to B) \to \Box(A \wedge \neg B)$	$\Box$I, 4
6(2)	$\Box(A \wedge \neg B)$	→B, 3, 5
7(2)	$\Box A \wedge \Box\neg B$	SRT-5, 6
8(2)	$\Box A$	$\wedge$B, 7
9(2)	$\Box\neg B$	$\wedge$B, 7
10(1,2)	$\Diamond B$	→B, 1, 8
11(1,2)	$\neg\Box\neg B$	$\Diamond$B, 10
12(1)	$\Diamond(A \to B)$	WS, 2!, 9, 11

In Kap. II.7 wurde bereits gezeigt, dass $A \not\vDash_{\text{M-JMT}} \Box(B \to A)$, $A \not\vDash_{\text{M-JMT}} \Box(\neg A \to B)$ sowie $\neg A \not\vDash_{\text{M-JMT}} \Box(A \to B)$. Somit gilt auch für KNS-JMT:

$$A \not\vdash \Box(B \to A)$$
$$A \not\vdash \Box(\neg A \to B)$$
$$\neg A \not\vdash \Box(A \to B)$$

In Analogie zu Satz II-6 gelten jedoch die „Paradoxien der notwendigen Implikation" auch als Ableitbarkeitsbeziehungen in KNS-JMT:

SRT-12 („Paradoxien der notwendigen Implikation")
$\Box A \vdash \Box(B \to A)$
$\Box A \vdash \Box(\neg A \to B)$
$\Box\neg A \vdash \Box(A \to B)$

Die Versionen von SRT-12 lassen sich mit Hilfe der bereits aus dem nicht-modalen Kalkül KNS-J bekannten Schlussregeln *verum ex quolibet* (VQ) und *Explosionsprinzip* (EX) sehr einfach beweisen. Hier sind die Beweise der ersten und dritten Variante:

Beweisschema der ersten Variante:

1(1)	$\Box A$	AE
2( )	$A \to (B \to A)$	VQ
3( )	$\Box A \to \Box (B \to A)$	$\Box$I, 2
4(1)	$\Box (B \to A)$	$\to$B, 1, 3

Beweisschema der dritten Variante:

1(1)	$\Box \neg A$	AE
2( )	$\neg A \to (A \to B)$	EX
3( )	$\Box \neg A \to \Box (A \to B)$	$\Box$I, 2
4(1)	$\Box (A \to B)$	$\to$B, 1, 3

Da KNS-JMT alle Schlussregeln des klassischen nicht-modalen junktorenlogischen Kalküls des natürlichen Schließens KNS-J enthält, sind natürlich auch die für die klassische Logik zentralen Prinzipien des *Satzes vom ausgeschlossenen Dritten* (SAD) und des *Satzes vom ausgeschlossenen Widerspruch* (SAW) in KNS-JMT beweisbar. Für einen Satz A der Sprache JML gilt daher stets entweder A oder seine Negation, und ein Satz A der Sprache JML kann niemals zusammen mit seiner Negation gelten. Spezifische modallogische Varianten von SAD und SAW formulieren die folgenden Prinzipien SRT-13, SRT-14 und SRT-15:

SRT-13

$\vdash \Diamond A \lor \Diamond \neg A$

Beweisschema:

1( )	$A \lor \neg A$	SAD
2( )	$\Diamond (A \lor \neg A)$	SRT-2, 1
3( )	$\Diamond A \lor \Diamond \neg A$	SRT-9, 2

SRT-14
⊢ □A ∨ ◊¬A

Beweisschema:
1( ) A ∨ ¬A SAD
2( )   □(A ∨ ¬A)   □E, 1
3( )   □A ∨ ◊¬A SRT-8, 2

SRT-15
⊢ ¬(□A ∧ □¬A)

Beweisschema:
1(1)   □A ∧ □¬A AE
2(1)   □A ∧B, 1
3(1)   □¬A ∧B, 1
4(1) A □B, 2
5(1)   ¬A □B, 3
6( )   ¬(□A ∧ □¬A)   WS, 1!, 4, 5

III.3 Der Kalkül KNS-JMS4 für die modale Junktorenlogik

Ein syntaktisches Analogon zum Modell S4 der modalen Junktorenlogik ist der Kalkül KNS-JMS4. In diesem Kalkül sind alle S4-gültigen Sätze beweisbar. KNS-JMS4 entsteht aus dem Kalkül KNS-JMT, indem man zu KNS-JMT eine weitere Grundregel hinzufügt, die das spezifische Charakteristikum des S4-Modells, dass eine Notwendigkeit mit Notwendigkeit gilt, als Schlussregel postuliert. Diese Grundregel der *Iteration von Notwendigkeit* (S4) kann wie folgt formuliert werden:

Iteration von Notwendigkeit (S4)
$k(k_1,\ldots,k_r)$ □A
$n(k_1,\ldots,k_r)$ □□A S4, k

Die Regeln 1. bis 16. + S4 bilden die Menge aller Grundregeln von KNS-JMS4. Alle Grundregeln und zulässigen Schlussregeln von KNS-JMT gelten auch in KNS-JMS4 und können somit beim

Beweisen in KNS-JMS4 verwendet werden. Das Umgekehrte gilt jedoch nicht: Es gibt Ableitbarkeitsbeziehungen, die in KNS-JMS4, nicht jedoch in KNS-JMT gelten, bzw. es gibt Sätze, die in KNS-JMS4, aber nicht in KNS-JMT beweisbar sind. Insbesondere ist die obige S4-Grundregel nicht in KNS-JMT ableitbar.

Aufgrund der Regel S4 und der bereits in KNS-JMT geltenden Grundregel $\Box$B lässt sich in KNS-JMS4 die wechselseitige Ableitbarkeit von Sätzen der Form $\Box A$ mit Sätzen der Form $\Box\Box A$ bzw. die Äquivalenz von $\Box A$ mit $\Box\Box A$ beweisen:[28]

SRS4-1

$\Box A \dashv\vdash \Box\Box A$
$\vdash \Box A \leftrightarrow \Box\Box A$

Beweisschema von „$\vdash$" der ersten Variante:

| 1(1) | $\Box A$ | AE |
| 2(1) | $\Box\Box A$ | S4, 1 |

Beweisschema von „$\dashv$" der ersten Variante:

| 1(1) | $\Box\Box A$ | AE |
| 2(1) | $\Box A$ | $\Box$B, 1 |

In KNS-JMS4 gilt zudem die wechselseitige Ableitbarkeitsbeziehung von Sätzen der Form $\Diamond A$ mit Sätzen der Form $\Diamond\Diamond A$ – und somit auch die beweisbare Äquivalenz von $\Diamond A$ und $\Diamond\Diamond A$:

SRS4-2

$\Diamond A \dashv\vdash \Diamond\Diamond A$
$\vdash \Diamond A \leftrightarrow \Diamond\Diamond A$

Die Beweisrichtung „$\vdash$" der ersten Variante von SRS4-2 (bzw. die Beweisbarkeit von $\Diamond A \rightarrow \Diamond\Diamond A$) gilt bereits in KNS-JMT, da sie sich unmittelbar aus SRT-2 ergibt. Die Rückrichtung ist hingegen nur in KNS-JMS4 beweisbar:

---

[28] Die zulässigen Schlussregeln in KNS-JMS4, die nicht bereits in KNS-JMT gelten, sollen mit „SRS4" abgekürzt werden.

III.4 Der Kalkül KNS-JMS5 für die modale Junktorenlogik

Beweisschema von „⊢" der ersten Variante:
1(1) $\Diamond A$ AE
2(1) $\Diamond\Diamond A$ SRT-2, 1

Beweisschema von „⊣" der ersten Variante:
1(1) $\Diamond\Diamond A$ AE
2(2) $\neg\Diamond A$ AE
3(2) $\Box\neg A$ SRT-1, 2
4(2) $\Box\Box\neg A$ S4, 3
5( ) $\Box\neg A \to \neg\Diamond A$ SRT-1
6( ) $\Box\Box\neg A \to \Box\neg\Diamond A$ $\Box$I, 5
7(2) $\Box\neg\Diamond A$ →B, 4, 6
8(2) $\neg\Diamond\Diamond A$ SRT-1, 7
9(1) $\Diamond A$ WS, 2!, 1, 8

III.4 Der Kalkül KNS-JMS5 für die modale Junktorenlogik

Um einen Kalkül zu gewinnen, der alle S5-gültigen Sätze zu beweisen gestattet, wird zu den Grundregeln von KNS-JMS4 noch eine weitere Grundregel hinzugefügt, die das Charakteristikum von S5-Modellen zum Ausdruck bringt. Wie wir im vorangehenden Kapitel zur Semantik der modalen Junktorenlogik gesehen haben, erweisen sich Sätze der Form $\Diamond A \to \Box\Diamond A$ als S5-gültig, also als wahr in jedem S5-Modell. Dass ein Satz, der logisch möglich ist, diese Möglichkeit mit logischer Notwendigkeit besitzt, lässt sich jedoch mit den Mitteln von KNS-JMS4 nicht beweisen – und daher erst Recht nicht mit den Mitteln von KNS-JMT. Dieser Schluss von der Möglichkeit eines Satzes auf seine notwendige Möglichkeit muss daher als zusätzliche Grundregel (S5) postuliert werden:

<u>Schluss von der Möglichkeit auf die notwendige Möglichkeit</u>
(S5)
$k(k_1,\ldots,k_r)$ $\Diamond A$
$n(k_1,\ldots,k_r)$ $\Box\Diamond A$ S5, k

88 III. Kalkül des natürlichen Schließens für die modale Junktorenlogik

Der Kalkül KNS-JMS5 besteht aus den Grundregeln 1. bis 16. + S4 und S5. Somit sind alle in KNS-JMS4 (und damit auch in KNS-JMT) beweisbaren Sätze auch in KNS-JMS5 beweisbar. Das Umgekehrte gilt hingegen nicht: Nicht alle in KNS-JMS5 geltenden Ableitungen sind auch gültige Ableitungen in KNS-JMS4, und nicht alle KNS-JMS5-beweisbaren Sätze sind auch in KNS-JMS4 beweisbar. Insbesondere ist der Schluss von $\Diamond A$ auf $\Box \Diamond A$ aufgrund der Grundregel S5 eine gültige Ableitung in KNS-JMS5, nicht jedoch in KNS-JMS4.

Da sich die Rückrichtung der Regel S5, d. h. der Schluss von $\Box \Diamond A$ auf $\Diamond A$ aus der bereits in KNS-JMT geltenden Grundregel $\Box$B ergibt, sind in KNS-JMS5 somit $\Box \Diamond A$ und $\Diamond A$ beweisbar logisch äquivalent:[29]

SRS5-1
$\Diamond A \dashv\vdash \Box \Diamond A$
$\vdash \Diamond A \leftrightarrow \Box \Diamond A$

Beweisschema von „$\vdash$" der ersten Variante:
1(1) $\Diamond A$ AE
2(1) $\Box \Diamond A$ S5, 1

Beweisschema von „$\dashv$" der ersten Variante:
1(1) $\Box \Diamond A$ AE
2(1) $\Diamond A$ $\Box$B, 1

In KNS-JMS5 sind zudem $\Box A$ und $\Diamond \Box A$ wechselseitig auseinander ableitbar (bzw. es sind $\Box A$ und $\Diamond \Box A$ beweisbar äquivalent):

SRS5-2
$\Box A \dashv\vdash \Diamond \Box A$
$\vdash \Box A \leftrightarrow \Diamond \Box A$

---

[29] Zulässige Schlussregeln von KNS-JMS5, die nicht bereits zulässige Schlussregeln in KNS-JMS4 oder in KNS-JMT sind, werden mit „SRS5" abgekürzt.

Die Beweisrichtung „⊢" folgt bereits aus der in KNS-JMT geltenden zulässigen Schlussregel SRT-2. Die Beweisrichtung „⊣" ist jedoch eine nur in KNS-JMS5 geltende Ableitbarkeitsbeziehung:

Beweisschema von „⊢" der ersten Variante:
1(1) □A AE
2(1) ◇□A SRT-2, 1

Beweisschema von „⊣" der ersten Variante:
1(1) ◇□A AE
2(2) ◇¬A AE
3(2) □◇¬A S5, 2
4( ) ◇¬A → ¬□A ◇B
5( ) □◇¬A → □¬□A □I, 4
6(2) □¬□A →B, 3, 5
7(2) ¬◇□A SRT-1, 6
8(1) ¬◇¬A WS, 2!, 1, 7
9(1) □A SRT-1, 8

III.5 Übungen zu Kapitel III

Übung III.1
Seien A und B beliebige Sätze von JML. Zeigen Sie die Gültigkeit der folgenden Ableitbarkeitsbeziehungen im Kalkül KNS-JMT:
a) ¬□A ∨ □¬A ⊢ ◇¬A
b) □(A → B) ⊣⊢ ¬◇(A ∧ ¬B)
c) □¬A ⊣⊢ □(A → B) ∧ □(A → ¬B)

Übung III.2
Seien A und B beliebige Sätze von JML. Zeigen Sie die Gültigkeit der folgenden Ableitbarkeitsbeziehungen im Kalkül KNS-JMS4:

□A ∨ □B ⊣⊢ □(□A ∨ □B)

Übung III.3

Seien A und B beliebige Sätze von JML. Zeigen Sie die Gültigkeit der folgenden Ableitbarkeitsbeziehungen im Kalkül KNS-JMS5:

a) $A \vdash \Box \Diamond A$

b) $\Diamond \Box A \vdash A$

c) $\Box(A \lor \Diamond B) \dashv\vdash \Box A \lor \Diamond B$

IV. Modale Quantorenlogik und Semantik möglicher Welten

Eine mögliche Welt ist kein fernes Land, auf das wir stoßen oder das wir durch ein Fernrohr betrachten. Allgemein gesprochen: eine andere mögliche Welt ist zu weit entfernt. Selbst wenn wir schneller reisen als das Licht, werden wir sie nicht erreichen. *Eine mögliche Welt ist gegeben durch die deskriptiven Bedingungen, die wir mit ihr verbinden.* (Kripke 1981: 54)

IV.1 Die formale Sprache der modalen Quantorenlogik

Auch in der modalen Logik unterscheidet man zwischen einem *junktorenlogischen* und einem *quantorenlogischen* Teil. Viele intuitiv gültige Schlüsse, die modale Ausdrücke in ihren Prämissen oder Konklusionen enthalten, lassen sich im Rahmen der modalen Junktorenlogik nicht angemessen darstellen. Betrachten wir hierzu etwa die folgenden Beispiele:[30]

Beispiel IV.1.1
Alles, was aus Wasser besteht, besteht notwendigerweise aus Sauerstoff und Wasserstoff.
Der Inhalt dieses Glases besteht aus Wasser.

Somit besteht der Inhalt dieses Glases notwendigerweise aus Sauerstoff und Wasserstoff.

Beispiel IV.1.2
Es ist möglich, dass Anna Beyza liebt.

Daher liebt Anna möglicherweise jemanden.

Beispiel IV.1.3
Es ist möglich, dass es Menschen gibt, die Logik nicht mögen.

Es ist daher nicht notwendigerweise der Fall, dass alle Menschen Logik mögen.

---

[30] Der waagerechte Strich trennt jeweils die Prämissen von der Konklusion.

Beispiel IV.1.4
Alle Junggesellen sind notwendigerweise unverheiratet.
Wer unverheiratet ist, ist möglicherweise glücklich.
Peter ist ein Junggeselle.

Somit ist Peter notwendigerweise unverheiratet und möglicherweise glücklich.

Beispiel IV.1.5
Es ist möglich, dass Sherlock Holmes existiert und ein Detektiv ist.
Sherlock Holmes ist ein Detektiv, existiert aber nicht.

Es ist daher möglich, dass Sherlock Holmes existiert und ein Detektiv ist, und es ist möglich, das Sherlock Holmes nicht existiert, aber dennoch ein Detektiv ist.

In *Beispiel IV.1.1* wird in der ersten Prämisse eine notwendige Eigenschaft von allem, was aus Wasser besteht, formuliert: Für alle Objekte, die aus Wasser bestehen, gilt notwendigerweise, dass sie aus Sauerstoff und Wasserstoff bestehen. In der zweiten Prämisse wird behauptet, dass der Inhalt eines (in der gegebenen Welt existierenden) Glases aus Wasser besteht. Da Wasser mit Notwendigkeit aus Sauerstoff und Wasserstoff besteht, muss folglich auch für dieses Glas Wasser gelten, dass sein Inhalt notwendigerweise aus Sauerstoff und Wasserstoff besteht.

Beispiel IV.1.2 enthält nur eine Prämisse, die Prämisse, dass es möglich ist, dass Anna Beyza liebt. Dies bedeutet, dass es (mindestens) eine von der gegebenen Welt aus zugängliche Welt gibt, in der Anna ebenfalls existiert und dort Beyza liebt. Somit folgt, dass es in dieser möglichen Welt jemanden gibt, den Anna liebt, dass also Anna möglicherweise jemanden liebt.

Der Schluss von *Beispiel IV.1.3* enthält wiederum nur eine Prämisse. Die erste Prämisse besagt, dass es in mindestens einer möglichen Welt Menschen gibt, die Logik nicht mögen. Somit kann es nicht sein, dass in allen möglichen Welten jeder Mensch Logik mag. Es ist daher nicht notwendig, dass alle Menschen Logik mögen.

Der Schluss von Beispiel *IV.1.4* enthält drei Prämissen. Die erste Prämisse ist ein Satz, der eine notwendige Eigenschaft aller

IV.1 Die formale Sprache der modalen Quantorenlogik

Junggesellen, nämlich unverheiratet zu sein, zum Ausdruck bringt. In der zweiten Prämisse wird behauptet, dass die Eigenschaft, glücklich zu sein, eine mögliche Eigenschaft aller Unverheirateten ist. Die dritte Prämisse besagt, dass die in einer gegebenen Welt existierende Person Peter dort ein Junggeselle ist. Aufgrund der ersten Prämisse ist Peter daher notwendigerweise unverheiratet und somit wegen der zweiten Prämisse möglicherweise glücklich.

Der Schluss in *Beispiel IV.1.5* ist insofern bemerkenswert, als in seinen Prämissen die mögliche Existenz sowie die faktische Nichtexistenz eines Individuums behauptet wird. Es wird hier also offenbar *Existenz* (bzw. *Nichtexistenz*) als eine *Eigenschaft* eines Individuums verstanden. In einer möglichen Welt, z. B. in der Welt der von Arthur Conan Doyle erschaffenen Kriminalgeschichten, existiert das Individuum Sherlock Holmes. In dieser Welt ist Holmes ein Detektiv. Da die zweite Prämisse keine Modalausdrücke enthält, macht sie somit eine Aussage über die *bestehende aktuale* Welt. In unserer Welt besitzt Holmes zwar auch die Eigenschaft, ein Detektiv zu sein, er existiert dort jedoch nicht. Laut zweiter Prämisse kommt somit einem nichtexistierenden (bloß fiktionalen) Individuum dennoch eine Eigenschaft zu. Akzeptiert man die beiden Prämissen, dann gilt: Es ist möglich, dass Holmes existiert und Detektiv ist (nämlich in der von Doyle erschaffenen fiktionalen Welt), und es ist möglich, dass Holmes nicht existiert, aber dennoch ein Detektiv ist (nämlich in der aktualen Welt).

Die Sprache der modalen Junktorenlogik JML ist nicht fein genug strukturiert, um alle Prämissen und Konklusionen der obigen Beispiele angemessen formalisieren zu können. In der modalen Junktorenlogik können diese Schlüsse daher auch nicht als logisch gültig ausgewiesen werden. Dies wird erst in der *modalen Quantorenlogik* möglich.

Die Bestandteile (das Alphabet) der formalen Sprache der modalen Quantorenlogik QML können nun wie folgt bestimmt werden:

94　IV. Modale Quantorenlogik und Semantik möglicher Welten

Die formale Sprache der modalen Quantorenlogik QML
1. Alphabet:

i. Gegenstandskonstanten: „a", „b", „c", „a_1", „a_2", „a_3", …, „b_1", „b_2", „b_3", …, „c_1", „c_2", „c_3", …

ii. Gegenstandsvariablen: „x", „y", „z", „x_1", „x_2", „x_3", …, „y_1", „y_2", „y_3", …, „z_1", „z_2", „z_3", …

iii. Eigenschaftskonstanten: „F", „G", „H", „F_1", „F_2", „F_3", …, „G_1", „G_2", „G_3", …, „H_1", „H_2", „H_3", … sowie eine ausgezeichnete Eigenschaftskonstante „E", die das *Existenzprädikat* symbolisiert.

iv. n-stellige Relationskonstanten (n ≥ 2):[31] „Q^2", „S^2", „Q^2_1", „Q^2_2", „Q^2_3", …, „S^2_1", „S^2_2", „S^2_3", …, „Q^3", „S^3", „Q^3_1", „Q^3_2", „Q^3_3", …, „S^3_1", „S^3_2", „S^3_3", …, „Q^4", „S^4", „Q^4_1", „Q^4_2", „Q^4_3", …, „S^4_1", „S^4_2", „S^4_3", …

v. Junktoren: „¬", „∧", „∨", „→", „↔"

vi. Quantoren: „∀", „∃"

vii. Modaloperatoren: „□", „◇"

viii. Klammern: „(", „)"

Nur die Zeichen, die in i.–viii. angegeben sind, sind Zeichen der Sprache QML.

Wie die formale Sprache der nicht-modalen Quantorenlogik (siehe Brendel ²2020, Kap. IV.2) enthält auch die Sprache der modalen Quantorenlogik (abzählbar) unendlich viele Gegenstandskonstanten, Eigenschafts- und Relationskonstanten, die Junktoren, den Allquantor „∀" und den Existenzquantor „∃" sowie Klammern als Hilfszeichen. Zusätzlich enthält QML noch den Notwendigkeits-

---

[31] Die Stelligkeit der Relationskonstanten wird dabei durch den oberen Index zum Ausdruck gebracht. „Q^2" ist somit eine 2-stellige Relationskonstante, wie z. B. „… ist kleiner als …" oder „… liebt …", und „Q^3" drückt eine 3-stellige Relation zwischen Gegenständen aus, wie etwa „… ist wegen … auf … eifersüchtig".

operator „□" sowie den Möglichkeitsoperator „◊". Eine Besonderheit von QML ist das *Existenzprädikat*, das durch die Eigenschaftskonstante „E" symbolisiert wird. In QML gibt es somit neben dem Existenzquantor noch ein Existenzprädikat, das eine Eigenschaft von Individuen zum Ausdruck bringt.

In Anlehnung an die formalen Grammatikregeln der Sprache der nicht-modalen Quantorenlogik (siehe Brendel ²2020, Kap. IV.2: 110) lassen sich nun für die Sprache QML Regeln formulieren, die angeben, wie aus den Zeichen des Alphabets von QML *Formeln* gebildet werden:

<u>Die formale Sprache der modalen Quantorenlogik QML</u>
2. Grammatik:

i. <u>Elementare (atomare) Formeln:</u>
   a) Ist α eine Gegenstandskonstante oder Gegenstandsvariable und θ eine Eigenschaftskonstante, dann ist $\theta\alpha$ eine Formel von QML.
   b) Ist jedes einzelne α_i der Folge $\alpha_1, \ldots, \alpha_n$ entweder eine Gegenstandskonstante oder eine Gegenstandsvariable und ist Π^n eine n-stellige Relationskonstante ($n \geq 2$), dann ist $\Pi^n\alpha_1\ldots\alpha_n$ eine Formel von QML.

ii. <u>Komplexe (molekulare) Formeln:</u>
   a) Sind A und B Formeln von QML, dann sind auch $\neg A$, $(A \wedge B)$, $(A \vee B)$, $(A \rightarrow B)$ und $(A \leftrightarrow B)$ Formeln von QML.
   b) Ist v eine Gegenstands*variable* und $A(v)$ eine Formel von QML, in der v an mindestens einer Stelle frei vorkommt, so sind auch $\forall v(A(v))$ und $\exists v(A(v))$ Formeln von QML. Eine Variable v kommt hierbei in einer Formel genau dann frei vor, wenn sie nicht durch einen Quantor gebunden wird, d. h. wenn sie nicht in den Bereich von $\exists v$ oder $\forall v$ fällt.[32]

---

[32] Ist B eine Formel, so ist B in einer beliebigen existenzquantifizierenden Formel $\exists v(B)$ der *Bereich von* $\exists v$, und für beliebige allquantifizierende

c) Ist A eine Formel von QML, dann sind auch $\Box A$ und $\Diamond A$ Formeln von QML.

Nur solche Zeichenfolgen, die durch i. oder ii. erzeugt wurden, sind Formeln von QML.

Auch in QML gelten die Klammereinsparungsregeln von JML (siehe Kap. II.1). Für Formeln mit Quantoren gelten zusätzlich die folgenden Regeln zur Klammereinsparung:

Klammereinsparungsregeln für Formeln von QML mit Quantoren:
a) Ist A eine *atomare Formel* von QML, d. h. ist A von der Form $\theta\alpha$ oder $\Pi^n\alpha_1...\alpha_n$, dann können die Klammern um A bei Formeln, die über A all- bzw. existenzquantifizieren, weggelassen werden, und es kann einfach $\forall v A$ bzw. $\exists v A$ geschrieben werden.
b) Ist A eine *negierte Formel* von QML, d. h. ist A von der Form $\neg B$, dann kann $\forall v A$ bzw. $\exists v A$ geschrieben werden.
c) Ist A eine *Modalformel* von QML, d. h. ist A von der Form $\Box B$ oder $\Diamond B$, dann kann $\forall v A$ bzw. $\exists v A$ geschrieben werden.
d) Ist A von der Form $\forall v(B(v))$ oder $\exists v(B(v))$, dann kann $\forall v A$ bzw. $\exists v A$ geschrieben werden.

Sätze von QML sind diejenigen Formeln von QML, in denen keine freien Variablen vorkommen:

Satz von QML
Ein *Satz* von QML ist eine Formel von QML ohne freie Vorkommnisse von Variablen.

Beispiele für Formeln von QML sind:

Formeln $\forall v(B)$ gilt, dass B der *Bereich von* $\forall v$ ist. Die Variable v in „$\exists v$" und „$\forall v$" ist stets gebunden.

„Fa", „Gx", „Q^2ax", „Ec", „$\Box Fa$", „$\Diamond(Fa \rightarrow \neg Hb)$", „$\neg\Box(F_1a_1 \leftrightarrow F_2a_2)$", „$\forall y(Fy \lor \neg Fy)$", „$\Diamond\exists xEx$", „$\Box\Diamond\exists xQ^2ax$", „$\forall x\exists y\Diamond\Box Q^2xy$", „$\Diamond\exists xQ^2xy$", „$\exists xEx \land Fx$", „$\exists x(Ex \land Fx)$", „$Q^3abc \rightarrow (\exists x(Ex \land \Diamond Q^3xbc))$".

Von diesen Formeln sind folgende Formeln auch *Sätze* von QML:

„Fa", „Ec", „$\Box Fa$", „$\Diamond(Fa \rightarrow \neg Hb)$", „$\neg\Box(F_1a_1 \leftrightarrow F_2a_2)$", „$\forall y(Fy \lor \neg Fy)$", „$\Diamond\exists xEx$", „$\Box\Diamond\exists xQ^2ax$", „$\forall x\exists y\Diamond\Box Q^2xy$", „$\exists x(Ex \land Fx)$", „$Q^3abc \rightarrow (\exists x(Ex \land \Diamond Q^3xbc))$".

Keine Sätze sind hingegen die folgenden Formeln:

„Gx", „Q^2ax", „$\Diamond\exists xQ^2xy$", „$\exists xEx \land Fx$".

Die Formel „$\exists xEx \land Fx$" ist gleichbedeutend mit „$\exists x(Ex) \land Fx$"; gemäß Klammereinsparungsregel a) kann nämlich die Klammer um „Ex" weggelassen werden. Der Bereich des Existenzquantors erstreckt sich somit nur auf die Formel „Ex". Da die Variable „x" in „Fx" frei vorkommt, ist „$\exists xEx \land Fx$" kein Satz. Die Formel „$\exists x(Ex \land Fx)$" ist demgegenüber ein Satz, denn aufgrund der Klammer umfasst der Bereich des Existenzquantors die gesamte Konjunktion „Ex ∧ Fx", und infolgedessen ist die Variable „x" auch in „Fx" gebunden.

Keine Formeln von QML – und somit auch *keine Sätze* von QML – sind etwa die folgenden Zeichengebilde:

„xF", „aQ^2b", „$Fa \land \Box G$", „$\forall x\Diamond x$", „$\exists xEy$", „$\Box a$", „$\exists aQ^2ab$", „$\Box Fa\Diamond Gb$".

IV.2 Natürliche Sprache und modale Quantorenlogik

Die Sprache der modalen Quantorenlogik QML kann verwendet werden, um natürlichsprachliche Aussagen und Argumente zu formalisieren, die u. a. Ausdrücke für Quantoren sowie Notwendigkeit oder Möglichkeit enthalten. Die folgende Tabelle enthält ein Beispiel für Übersetzungen von natürlichsprachlichen Aussagen des Deutschen in die formale Sprache von QML. Die Beispiele sind dabei von Edwin A. Abbotts mathematischer Novelle „*Flatland. A Romance of Many Dimensions*" aus dem Jahr 1884 inspiriert (siehe Abbott 2006):

Natürlichsprachliche Sprache	Übersetzung in QML
Abbott	a
... ist eine Bewohnerin von Flächenland	F
... ist eine Gerade	G
... ist ein Quadrat	H
... liebt ...	Q^2
Abbott ist ein Quadrat und liebt eine Gerade.	$Ha \land \exists x(Gx \land Q^2ax)$
Notwendigerweise sind alle Quadrate Bewohnerinnen von Flächenland.	$\Box \forall x(Hx \rightarrow Fx)$
Möglicherweise gibt es Bewohnerinnen von Flächenland, die Abbott lieben.	$\Diamond \exists x(Fx \land Q^2xa)$
Es ist unmöglich, dass etwas sowohl eine Gerade als auch ein Quadrat ist.	$\neg \Diamond \exists x(Gx \land Hx)$ oder: $\Box \forall x(Gx \rightarrow \neg Hx)$
Jede Bewohnerin von Flächenland liebt möglicherweise (mindestens) ein Quadrat.	$\forall x(Fx \rightarrow \Diamond \exists y(Hy \land Q^2xy))$
Obwohl möglicherweise Quadrate Gerade lieben, existieren Bewohnerinnen von Flächenland dennoch nicht.	$\Diamond \exists x \exists y(Hx \land Gy \land Q^2xy) \land$ $\forall x(Fx \rightarrow \neg Ex)$
Es ist möglich, dass niemand notwendigerweise existiert.	$\Diamond \neg \exists x \Box Ex$ oder: $\Diamond \forall x \neg \Box Ex$

IV.3 Ein Modell für die modale Quantorenlogik

Es soll nun für die Sprache QML ein Modell vorgestellt werden, das die Grundlage für die Definitionen der Wahrheit und Falschheit von Sätzen von QML liefert. Wie bereits in der modalen

IV.3 Ein Modell für die modale Quantorenlogik

Junktorenlogik soll ein Modell für QML im Rahmen der *Semantik der möglichen Welten* bestimmt werden. Sätze von QML sind in dieser Semantik wahr oder falsch relativ zu möglichen Welten und den dort bestehenden bzw. nicht bestehenden Sachverhalten. Auch ein Modell für die modale Quantorenlogik enthält somit eine Menge W von möglichen Welten und eine Relation R, die die Zugänglichkeit zwischen den möglichen Welten zum Ausdruck bringt. Da insbesondere die Implikation $\Box A \to A$ auch für beliebige Sätze A aus QML immer wahr sein soll, ist das nun zu bestimmende Modell der modalen Quantorenlogik M-QMT ein T-Modell, in welchem die Relation R reflexiv ist:

<u>T-Modell für die modale Quantorenlogik (M-QMT)</u>
M-QMT = <W, R, U/U$_{wi}$, I/I$_{wi}$, V$_{wi}$> ist genau dann ein *T-Modell für die modale Quantorenlogik*, wenn gilt:
- W ist eine nicht leere Menge von möglichen Welten w$_i$ (mit i > 0).
- R ist eine zweistellige Relation zwischen möglichen Welten: R $\subseteq$ W × W. R ist zudem eine *reflexive* Relation, d. h. für alle Welten w$_i$ ∈ W gilt: w$_i$Rw$_i$.
- U ist ein nicht leerer Gegenstandsbereich (das *Universum*). U enthält alle Gegenstände, die in dem Modell M-QMT *überhaupt existieren* – sei es in der jeweils aktuellen Welt oder in irgendeiner anderen möglichen Welt.
- U$_{wi}$ ist die (nicht leere) Menge aller Individuen, die in der Welt w$_i$ existieren: U$_{wi}$ $\subseteq$ U und für alle U$_{wi}$ mit w$_i$ ∈ W gilt U$_{wi}$ ≠ ∅.
- I ist eine *Funktion*, die jeder Gegenstandskonstante *k* von QML genau ein Individuum aus U zuordnet: I(*k*) bezeichnet die Bedeutung der Gegenstandskonstante *k*. Damit gilt für alle Gegenstandskonstanten *k* von QML: I(*k*) ∈ U.
- I$_{wi}$ ist eine *Funktion*, die in jeder Welt w$_i$ ∈ W die Eigenschafts- und Relationskonstanten von QML interpretiert. I$_{wi}$ ordnet jeder Eigenschaftskonstante θ aus QML genau eine (möglicherweise auch leere) Menge von Objekten aus U zu. „I$_{wi}$(θ)" bezeichnet die *Extension* des Prädikates θ in der Welt w$_i$, d. h. die Menge derjenigen Objekte aus

U, die unter das Prädikat θ in der Welt w_i fallen. Damit gilt für alle Eigenschaftskonstanten θ aus QML und mögliche Welten $w_i \in W$: $I_{wi}(θ) \subseteq U$. I_{wi} ordnet zudem in jeder möglichen Welt w_i jeder n-stelligen Relationskonstanten $Π^n$ (mit $n \geq 2$) genau eine (möglicherweise auch leere) Menge von n-Tupeln von Objekten aus U zu. „$I_{wi}(Π^n)$" bezeichnet die *Extension* der Relationskonstanten $Π^n$ in der Welt w_i, d. h. die Menge derjenigen n-Tupel von Objekten aus U, die in der durch „$Π^n$" bezeichneten Relation stehen. Damit gilt für alle Relationskonstanten $Π^n$ aus QML, mögliche Welten $w_i \in W$ und die Menge U^n aller n-Tupel von Objekten aus U: $I_{wi}(Π^n) \subseteq U^n$.

- Für das Existenzprädikat „E" gilt, dass seine Extension in einer möglichen Welt w_i genau die Menge von Objekten ist, die in der Welt w_i existieren: $I_{wi}(„E") = U_{wi}$.
- V_{wi} ist eine Funktion, die jedem Satz von QML in jeder möglichen Welt $w_i \in W$ im Modell M-QMT genau einen der Wahrheitswerte aus der Menge $\{1, 0\}$ zuordnet. Es gilt somit: $V_{wi}(A) = 1$ oder $V_{wi}(A) = 0$ für jeden Satz A von QML. "$V_{wi}(A) = 1$" bedeutet hierbei, dass A im Modell M-QMT = <W, R, U/U_{wi}, I/I_{wi}, V_{wi}> wahr ist, und „$V_{wi}(A) = 0$" bedeutet, dass A im Modell M-QMT = <W, R, U/U_{wi}, I/I_{wi}, V_{wi}> falsch ist.

Die Ausdrücke „Gegenstand", „Individuum" sowie „Objekt" sollen hier wie im Folgenden synonym verwendet werden. Sie stehen für die Elemente von U, d. h. für diejenigen Dinge, über die die Sprache im Modell M-QMT interpretiert ist. Die Interpretationsfunktion I weist jeder Gegenstandskonstanten *genau ein Objekt* als ihre Bedeutung zu. Es ist somit *unmöglich*, dass $I(k) = g_1$ und $I(k) = g_2$ für zwei *verschiedene* Gegenstände g_1 und g_2 aus U. Es ist allerdings möglich, dass ein und dasselbe Objekt von zwei verschiedenen Gegenstandskonstanten bezeichnet wird, d. h. es ist möglich, dass $I(k_1) = I(k_2)$ für verschiedene Gegenstandskonstanten k_1 und k_2 von QML. Auch kann es Objekte aus U geben, die von keinem Gegenstandsausdruck durch die Funktion I benannt werden.

IV.3 Ein Modell für die modale Quantorenlogik

Es ist wichtig zu beachten, dass im hier dargestellten Modell für die modale Quantorenlogik die Interpretation von Gegenstandskonstanten *weltunabhängig* ist. Die Bedeutung eines Gegenstandsausdrucks ist in jeder möglichen Welt dieselbe. Bezeichnet ein Gegenstandsausdruck ein Objekt aus U, z. B. die Person Angela Merkel, dann bezeichnet dieser Gegenstandsausdruck in jeder der möglichen Welten $w_i \in W$ dieselbe Person. Gegenstandskonstanten symbolisieren in einer formalen Sprache insbesondere *Eigennamen* wie z. B. den Namen „Angela Merkel". Die weltunabhängige Interpretation der Gegenstandskonstanten entspricht daher in gewisser Weise der Vorstellung von Eigennamen als *starren Bezeichnungsausdrücken* (oder *starren Designatoren*) (siehe Kripke 1981: 59f.).

Im obigen Modell werden keine spezifischen ontologischen Anforderungen an mögliche Welten gestellt. So ist es beispielsweise möglich, dass in verschiedenen Welten w_i und w_k ganz unterschiedliche Objekte aus U existieren. Existiert ein Gegenstand g in einer Welt w_i, d. h. ist $g \in U_{wi}$, dann kann es andere Welten w_k geben, in denen g nicht existiert, d. h.: $g \notin U_{wk}$. Natürlich ist es aber auch möglich, dass in verschiedenen Welten w_i und w_k genau die gleichen Objekte existieren, d. h.: $U_{wi} = U_{wk}$. Ausgeschlossen ist jedoch, dass es Welten gibt, in denen überhaupt keine Objekte existieren.

Während eine Gegenstandskonstante in allen möglichen Welten ein und denselben Gegenstand bezeichnet, können die Extensionen von Eigenschafts- und Relationskonstanten von Welt zu Welt variieren. Symbolisiere z. B. die Eigenschaftskonstante „F" den Eigenschaftsausdruck „ist eine Politikerin" und die Gegenstandskonstante „a" den Eigennamen „Angela Merkel", dann gilt in unserer aktualen Welt w_i: $I(„a") \in I_{wi}(„F")$, d. h. in der Welt w_i ist Angela Merkel eine Politikerin. In einer möglichen, wenngleich nicht aktualen, Welt könnte Angela Merkel jedoch einen anderen Lebensweg beschritten haben und keine Politikerin, sondern z. B. Physikprofessorin geworden sein. In dieser Welt, bezeichnen wir sie mit w_k, würde dann also gelten: $I(„a") \notin I_{wk}(„F")$, d. h. in w_k ist Angela Merkel keine Politikerin.

Die Idee, Gegenstandskonstanten als starre Bezeichnungsausdrücke aufzufassen und die Eigenschafts- und Relationskonstanten zugleich weltrelativ zu interpretieren, geht u. a. auf Saul Kripke zurück. Kripke vertritt die Meinung, durch diese Strategie lasse sich das Problem der „Identität über mögliche Welten hinweg" vermeiden. Wir müssen uns nämlich nicht fragen, ob z. B. Angela Merkel immer noch Angela Merkel wäre, wenn sie keine Politikerin wäre oder wenn ihr irgendwelche anderen Eigenschaften zukämen, die sie in der aktualen Welt nicht besitzt. Für Kripke können wir uns gerade deshalb vorstellen, was mit aktualen Objekten hätte passieren können und welche verschiedenen Eigenschaften sie in möglichen Welten haben könnten, weil wir Gegenstandskonstanten als starre Bezeichnungsausdrücke verstehen (siehe Kripke 1981: 60). Natürlich können wir uns auch mögliche Welten vorstellen, in denen aktual existierende Objekte nicht existieren. In diesen Welten bezeichnen die Gegenstandsausdrücke dann immer noch auf starre Weise nichtexistierende Objekte.

Ein weiteres (nicht unumstrittenes) Charakteristikum des obigen Modells für die modale Quantorenlogik besteht darin, dass Objekte, die in einer Welt w_i nicht existieren, in dieser Welt dennoch Eigenschaften besitzen und in Relationen zu in dieser Welt existierenden oder auch nicht existierenden Objekten stehen können. Stehe z. B. „b" für „Sherlock Holmes" und sei w_i unsere aktuale Welt. In w_i ist Sherlock Holmes bloß ein fiktionales Objekt, das der Feder des Schriftstellers Arthur Conan Doyle entsprungen ist. I(„b") ist somit ein Objekt, das in w_i nicht existiert. Dennoch ist es durch das obige Modell nicht ausgeschlossen, dass Holmes in w_i etwa in die Extension des Eigenschaftsausdrucks „ist ein Detektiv" fällt oder in w_i von (existierenden oder sogar nichtexistierenden) Personen verehrt wird. Obiges Modell erlaubt es somit, dass z. B. für Gegenstandskonstanten k, Welten $w_i \in W$, Eigenschaftskonstanten θ, Relationskonstanten Π^n und Gegenstände $g \in U$ gilt: $I(k) \notin U_{wi}$, aber $I(k) \in I_{wi}(\theta)$ sowie $<I(k), g> \in I_{wi}(\Pi^2)$ oder $<g, I(k)> \in I_{wi}(\Pi^2)$ (und entsprechend für mehr als 2-stellige Relationskonstanten Π^n).

IV.4 Wahrheit und Falschheit in der modalen Quantorenlogik

Es sollen nun die Wahrheitsbedingungen für Sätze von QML in einem Modell M-QMT der modalen Quantorenlogik bestimmt werden. Die Funktion V_{wi} ordnet in einem solchen Modell jedem

IV.4 Wahrheit und Falschheit in der modalen Quantorenlogik

Satz von QML in jeder möglichen Welt $w_i \in W$ genau einen der Wahrheitswerte aus der Menge $\{1, 0\}$ zu. Es gilt somit für jeden Satz A von QML und jeder Welt $w_i \in W$, dass A in w_i entweder wahr oder falsch in einem Modell M-QMT ist, d. h. entweder $V_{wi}(A) = 1$ oder $V_{wi}(A) = 0$. Wie bereits in den in Kap. II betrachteten Modellen für die modale Junktorenlogik soll auch das Modell M-QMT dem klassischen *Bivalenzprinzip* genügen, wonach jeder Satz genau einen der Wahrheitswerte „wahr" oder „falsch" erhält. Sätze, die keinen Wahrheitswert oder einen von „wahr" und „falsch" verschiedenen Wahrheitswert besitzen, gibt es in diesem Modell nicht. Ebenso wenig gibt es Sätze, die sowohl wahr als auch falsch sind:

<u>Wahrheit und Falschheit von Sätzen der Sprache QML in M-QMT</u>
Gegeben sei ein Modell M-QMT = <W, R, U/U$_{wi}$, I/I$_{wi}$, V$_{wi}$>.

a) Seien k, k_1, ..., k_n beliebige Gegenstandskonstanten, sei θ eine beliebige Eigenschaftskonstante und Π^n eine beliebige n-stellige Relationskonstante von QML, und sei $w_i \in W$, dann gilt:
- $V_{wi}(\theta k) = 1$ gdw. $I(k) \in I_{wi}(\theta)$.
- $V_{wi}(\Pi^n k_1...k_n) = 1$ gdw. $<I_{wi}(k_1), ..., I_{wi}(k_n)> \in I_{wi}(\Pi^n)$.

b) Für beliebige Sätze A und B von QML und Welten $w_i \in W$ gilt:
- Entweder $V_{wi}(A) = 1$ oder $V_{wi}(A) = 0$.
- $V_{wi}(\neg A) = 1$ gdw. $V_{wi}(A) = 0$.
- $V_{wi}(A \land B) = 1$ gdw. $V_{wi}(A) = 1$ und $V_{wi}(B) = 1$.
- $V_{wi}(A \lor B) = 1$ gdw. $V_{wi}(A) = 1$ oder $V_{wi}(B) = 1$.
- $V_{wi}(A \rightarrow B) = 1$ gdw. $V_{wi}(A) = 0$ oder $V_{wi}(B) = 1$.
- $V_{wi}(A \leftrightarrow B) = 1$ gdw. $V_{wi}(A) = V_{wi}(B)$.

c) Für beliebige Sätze A von QML und Welten $w_i \in W$ gilt:
- $V_{wi}(\Box A) = 1$ gdw. für *jede* Welt $w_k \in W$ mit $w_i R w_k$ gilt: $V_{wk}(A) = 1$.
- $V_{wi}(\Diamond A) = 1$ gdw. für *mindestens eine* Welt $w_k \in W$ mit $w_i R w_k$ gilt: $V_{wk}(A) = 1$.

- Seien $\forall v A(v)$ und $\exists v A(v)$ Sätze von QML, v eine beliebige Gegenstandsvariable und $A(v)$ eine Formel von QML, in der v (an mindestens einer Stelle) frei vorkommt. Sei weiter k eine beliebige Gegenstandskonstante, die nicht in $A(v)$ vorkommt. $A(k)$ entsteht aus $A(v)$, indem überall dort, wo v in $A(v)$ frei vorkommt, v durch k ersetzt wird. Zudem sei w_i eine beliebige mögliche Welt mit $w_i \in W$. Dann gilt:
- $V_{wi}(\forall v A(v)) = 1$ gdw. für jede Interpretationsfunktion J_n ($n \geq 1$), die sich von I höchstens bezüglich der Interpretation von k unterscheidet, gilt: Wenn $J_n(k) \in U_{wi}$, dann ist $A(k)$ wahr im Modell M-QMT = $<W, R, U/U_{wi}, J_n/I_{wi}, V_{wi}>$.[33]
- $V_{wi}(\exists v A(v)) = 1$ gdw. für (mindestens) eine Interpretationsfunktion J_n ($n \geq 1$), die sich von I höchstens bezüglich der Interpretation von k unterscheidet, gilt: $J_n(k) \in U_{wi}$ und $A(k)$ ist wahr im Modell M-QMT = $<W, R, U/U_{wi}, J_n/I_{wi}, V_{wi}>$.

Um diese abstrakten Wahrheitsdefinitionen im Modell M-QMT zu erläutern, betrachten wir ein einfaches Beispielmodell $<W, R, U/U_{wi}, I/I_{wi}, V_{wi}>$ mit:

$W = \{w_1, w_2, w_3\}$,
$R = \{<w_1, w_1>, <w_2, w_2>, <w_3, w_3>, <w_1, w_2>, <w_1, w_3>, <w_2, w_1>, <w_2, w_3>\}$,
$U = \{g_1, g_2, g_3\}$, $U_{w1} = \{g_1, g_2\}$, $U_{w2} = \{g_1, g_2\}$, $U_{w3} = \{g_2, g_3\}$,
$I(„a") = g_1$, $I(„b") = g_2$, $I(„c") = g_3$,
$I_{w1}(„F") = \{g_2\}$, $I_{w1}(„G") = \{g_1\}$, $I_{w1}(„H") = \{g_3\}$,
$I_{w1}(„Q^2") = \{<g_1, g_2>, <g_1, g_3>, <g_2, g_2>\}$,
$I_{w2}(„F") = \{g_1, g_2\}$, $I_{w2}(„G") = \emptyset$, $I_{w2}(„H") = \{g_3\}$,
$I_{w2}(„Q^2") = \{<g_2, g_1>, <g_2, g_2>\}$,
$I_{w3}(„F") = \{g_2, g_3\}$, $I_{w3}(„G") = \{g_2, g_3\}$, $I_{w3}(„H") = \{g_2, g_3\}$,
$I_{w3}(„Q^2") = \{<g_3, g_2>, <g_2, g_2>\}$.

---

[33] $<W, R, U/U_{wi}, J_n/I_{wi}, V_{wi}>$ ist also dasjenige Modell, das sich von dem ursprünglichen Modell $<W, R, U/U_{wi}, I/I_{wi}, V_{wi}>$ nur dadurch unterscheidet, dass J_n anstelle von I die Interpretationsfunktion für die Gegenstandskonstanten ist.

IV.4 Wahrheit und Falschheit in der modalen Quantorenlogik

In diesem Beispielmodell besteht W aus den drei Welten w_1, w_2, w_3 und U aus den drei Gegenständen g_1, g_2, g_3. Sei z. B. g_1 die Person Angela Merkel, g_2 Gianluigi Buffon und g_3 Sherlock Holmes. Die Konstante „a", deren Bedeutung die Person Angela Merkel ist, können wir uns daher als Symbol für den Namen „Angela Merkel" vorstellen. Die Konstante „b" symbolisiert dann entsprechend „Gianluigi Buffon" und „c" den Namen „Sherlock Holmes". „$U_{w1} = \{g_1, g_2\}$, $U_{w2} = \{g_1, g_2\}$, $U_{w3} = \{g_2, g_3\}$" besagt demnach: Die Welt w_1 ist eine Welt (oder ein Ausschnitt einer Welt), in der nur Angela Merkel und Gianluigi Buffon existieren; auch in w_2 existieren nur Merkel und Buffon, und in w_3 existieren nur Buffon und Sherlock Holmes.

Sei nun „F" eine Konstante, die für die Eigenschaft, *ein/-e Fußballspieler/-in zu sein*, steht. „G" stehe für die Eigenschaft, *ein/-e Politiker/-in zu sein*, und „H" stehe für die Eigenschaft, *ein/-e Detektiv/-in zu sein*. „$I_{w1}(„F") = \{g_2\}$, $I_{w1}(„G") = \{g_1\}$, $I_{w1}(„H") = \{g_3\}$" besagt dann, dass in w_1 Angela Merkel eine Politikerin und Gianluigi Buffon ein Fußballspieler ist, während Sherlock Holmes in w_1 die Eigenschaft zukommt, ein Detektiv zu sein (obwohl er in w_1 gar nicht existiert). „$I_{w2}(„F") = \{g_1, g_2\}$, $I_{w2}(„G") = \emptyset$, $I_{w2}(„H") = \{g_3\}$" können wir so verstehen, dass Buffon auch in w_2 ein Fußballspieler ist, zusätzlich ist dort aber auch Merkel eine Fußballspielerin; niemand ist Politiker/-in, und Holmes ist weiterhin Detektiv. In w_3 sind Buffon und Holmes beide sowohl Fußballspieler als auch Politiker als auch Detektive.

„Q²" soll nun für die 2-stellige Relationskonstante „*... bewundert ...*" stehen. „$I_{w1}(„Q²") = \{<g_1, g_2>, <g_1, g_3>, <g_2, g_2>\}$" besagt dann: In w_1 bewundert Merkel sowohl Buffon als auch Holmes, und Buffon bewundert sich selbst. In w_2 gilt, dass Buffon sich selbst und Merkel bewundert, und in w_3 bewundert Holmes Buffon, und auch hier bewundert Buffon sich selbst.

Da das Bespielmodell ein T-Modell der modalen Quantorenlogik ist, ist die Relation R der Zugänglichkeit zwischen den Welten reflexiv, d. h. jede Welt ist von sich selbst aus zugänglich. Zudem ist sowohl w_2 als auch w_3 von w_1 aus zugänglich, w_1 ist von w_2 aus zugänglich und w_3 von w_2 aus. Die Relation R lässt sich daher für das Beispielmodell folgendermaßen illustrieren:

IV. Modale Quantorenlogik und Semantik möglicher Welten

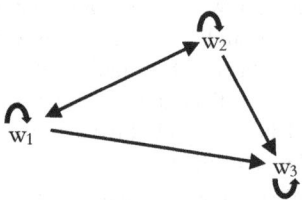

In diesem Modell gilt beispielsweise:[34]

a) $V_{w1}(Ga) = 1$
b) $V_{w1}(Hb) = 0$
c) $V_{w1}(Hc \land \neg Ec) = 1$
d) $V_{w2}(Ec \leftrightarrow Gc) = 1$
e) $V_{w1}(\Diamond Fa) = 1$
f) $V_{w1}(\Box Hc) = 1$
g) $V_{w1}(\exists xFx) = 1$
h) $V_{w1}(\exists xHx) = 0$
i) $V_{w2}(\forall xFx) = 1$
j) $V_{w2}(\exists xQ^2xa) = 1$
k) $V_{w1}(\Diamond \forall xHx) = 1$
l) $V_{w1}(\forall x \Diamond Hx) = 0$
m) $V_{w1}(\forall x \exists y Q^2 xy) = 1$
n) $V_{w1}(\exists x \Diamond (Q^2cx \land Q^2xx)) = 1$
o) $V_{w3}(\Box \forall x(Fx \land Gx \land Hx)) = 1$

a): $V_{w1}(Ga) = 1$, da $I(„a") \in I_{w1}(„G") - I(„a")$ ist g_1, und g_1 ist (sogar das einzige) Element der Extension von „G" in w_1. In w_1 ist also der Satz „Angela Merkel ist eine Politikerin" wahr.

b): $V_{w1}(Hb) = 0$, da $I(„b") \notin I_{w1}(„H")$. Es ist somit falsch in w_1, dass Gianluigi Buffon ein Detektiv ist.

c): $V_{w1}(Hc \land \neg Ec) = 1$, denn es gilt: $I(„c") \in I_{w1}(„H")$ und $I(„c") \notin I_{w1}(„E")$. Letzteres ist der Fall, da $I_{w1}(„E")$ mit U_{w1} identisch ist, und g_3 ist kein Element von U_{w1}. Es ist also in w_1 wahr, dass Sherlock Holmes ein Detektiv ist, aber nicht existiert.

---

[34] Innerhalb der Funktion V_{wi} lassen wir wiederum die Klammern um Sätze weg und schreiben etwa statt „$V_{w1}(„Ga")$" einfach „$V_{w1}(Ga)$".

IV.4 Wahrheit und Falschheit in der modalen Quantorenlogik 107

d): $V_{w2}(Ec \leftrightarrow Gc) = 1$, da sowohl $V_{w2}(Ec) = 0$ als auch $V_{w2}(Gc) = 0$. I(„c"), also g_3, gehört nämlich weder zu U_{w2} noch zu I_{w2}(„G").

e): $V_{w1}(\Diamond Fa) = 1$, da es eine von w_1 aus erreichbare Welt gibt, nämlich w_2, in der I(„a") in die dortige Extension von „F" fällt. Auch wenn Angela Merkel in w_1 keine Fußballerin ist, so ist es dennoch in w_1 wahr, dass sie möglicherweise eine Fußballerin ist.

f): $V_{w1}(\Box Hc) = 1$, denn in jeder von w_1 aus erreichbaren Welt – in w_1 selbst, aber auch in w_2 und w_3 – ist Sherlock Holmes ein Detektiv.

g): In dem vorgestellten Modell für die modale Quantorenlogik wird der Bereich der Quantoren in Sätzen der Form $\forall v A(v)$ und $\exists v A(v)$ auf den Individuenbereich *der jeweiligen Bezugswelt* eingeschränkt. Für unser Beispielmodell ist $I_{w1}(\exists x Fx) = 1$, denn unter den in w_1 existierenden Objekten gibt es ein Objekt, nämlich g_2, das in die Extension von „F" in w_1 fällt. Nach der obigen Wahrheitsdefinition für Existenzsätze ist $V_{w1}(\exists x Fx) = 1$, wenn es mindestens eine Interpretationsfunktion J_n gibt, die sich von I höchstens bezüglich der Interpretation einer in „Fx" nicht vorkommenden Gegenstandskonstante k unterscheidet, so dass „Fk" im Modell mit Interpretation J_n/I_{wi} wahr ist. Da in „Fx" ohnehin keine Gegenstandskonstante vorkommt, können wir eine beliebige Konstante wählen – nehmen wir also etwa „a". Die Interpretationsfunktionen J_n, die sich von I höchstens bezüglich der Interpretation von „a" unterscheiden, sind: J_1(„a") = g_1, J_2(„a") = g_2 und J_3(„a") = g_3. Unter diesen Interpretationsfunktionen J_n befindet sich eine Funktion, nämlich J_2, für die gilt: J_2(„a") ∈ U_{w1} und „Fa" ist wahr im Modell <W, R, U/U_{wi}, J_2/I_{wi}, V_{wi}> – g_2 existiert nämlich in w_1 und fällt in w_1 in die Extension von „F". Daher ist $V_{w1}(\exists x Fx) = 1$. Es ist also in w_1 wahr, dass es Fußballspieler/-innen gibt.

h): Demgegenüber ist $\exists x Hx$ in w_1 falsch, d. h. $V_{w1}(\exists x Hx) = 0$. Unter den in w_1 existierenden Objekten (dies sind g_1 und g_2) gibt es nämlich kein Objekt, das in die Extension von „H" in w_1 fällt: Obwohl in w_1 (nur) Sherlock Holmes die Eigenschaft zukommt, ein Detektiv zu sein, ist der Satz „Es gibt Detektive" in w_1 dennoch falsch, da der Existenzquantor sich hier nur auf die in w_1 existierenden Objekte bezieht, und Holmes existiert in w_1 nun mal

108 IV. Modale Quantorenlogik und Semantik möglicher Welten

nicht: $I_{w1}(„H") = \{g_3\}$, und $g_3 \notin U_{w1}$. Hat ein Objekt in einer Welt w_i bestimmte Eigenschaften oder steht in w_i zu anderen Objekten in Beziehungen, so folgt daraus nicht zwangsläufig, dass dieses Objekt dann auch in w_i existiert.

i): $V_{w2}(\forall xFx) = 1$. Die Interpretationsfunktionen J_n, die sich von I höchstens bezüglich der Interpretation einer in „Fx" nicht vorkommenden Gegenstandskonstante unterscheiden (nehmen wir wieder „a"), sind: $J_1(„a") = g_1$, $J_2(„a") = g_2$, $J_3(„a") = g_3$. Für alle diese Interpretationsfunktionen J_n gilt: Wenn $J_n(„a") \in U_{w2}$, dann ist „Fa" wahr in $<W, R, U/U_{wi}/J_n/I_{wi}>$. Die Interpretationsfunktionen J_n mit $J_n(„a") \in U_{w2}$ sind J_1 und J_2, da $U_{w2} = \{g_1, g_2\}$. Für diese beiden Interpretationsfunktionen ist „Fa" wahr in w_2, denn sowohl g_1 als auch g_2 fallen in w_2 in die Extension von „F".

j): $V_{w2}(\exists xQ^2xa) = 1$, denn es gibt ein in w_2 existierendes Objekt, nämlich g_2, für das gilt: $<g_2, g_1> \in I_{w2}(„Q^2")$.

k): $V_{w1}(\Diamond \forall xHx) = 1$, da es eine von w_1 aus zugängliche Welt gibt, nämlich w_3, in der alle dort existierenden Objekte in die Extension von „H" fallen. Die in w_3 existierenden Objekte sind g_2 und g_3, und es gilt sowohl $g_2 \in I_{w3}(„H")$ als auch $g_3 \in I_{w3}(„H")$.

l): *Falsch* in w_1 ist hingegen „$\forall x \Diamond Hx$", d. h. $V_{w1}(\forall x \Diamond Hx) = 0$. Unter den in w_1 existierenden Objekten – das sind g_1 und g_2 – gibt es ein Objekt, nämlich g_1, das in keiner von w_1 aus zugänglichen Welt in die Extension von „H" fällt. Es ist in unserem Beispielmodell in w_1 unmöglich, dass Angela Merkel eine Detektivin ist. Somit gilt in w_1 nicht für jedes dort existierende Objekt, dass es möglicherweise ein/-e Detektiv/-in ist.

m): „$\forall x \exists y Q^2 xy$" ist wahr in w_1, da es für jedes in w_1 existierende Objekt mindestens ein in w_1 existierendes Objekt gibt, zu dem es in der Relation Q^2 steht: Für g_1 gibt es u. a. g_2 mit $<g_1, g_2> \in I_{w1}(„Q^2")$, und für g_2 gibt es g_2 selbst mit $<g_2, g_2> \in I_{w1}(„Q^2")$.

n): $V_{w1}(\exists x \Diamond (Q^2cx \wedge Q^2xx)) = 1$, denn es gibt ein in w_1 existierendes Objekt, das möglicherweise sowohl von Sherlock Holmes bewundert wird als auch sich selbst bewundert. Dies ist das Objekt g_2, also Gianluigi Buffon. In der von w_1 aus zugänglichen Welt w_3 gilt nämlich sowohl $<g_3, g_2> \in I_{w3}(„Q^2")$ als auch $<g_2, g_2> \in I_{w3}(„Q^2")$: In der Welt w_3 wird Buffon von Holmes bewundert, und dort bewundert Buffon sich selbst.

o): $V_{w3}(\Box \forall x(Fx \wedge Gx \wedge Hx)) = 1$. Die einzige von w_3 aus zugängliche Welt ist w_3 selbst, und in w_3 fällt jedes dort existierende Objekt, nämlich g_2 und g_3, in die jeweiligen Extensionen von „F", „G" und „H". Somit ist es in w_3 notwendigerweise wahr, dass alle in w_3 existierenden Objekte Fußballer, Politiker und Detektive sind.

IV.5 Logische Folgerung und Gültigkeit

Nachdem wir das Modell M-QMT eingeführt und für alle Sätze aus QML deren Wahrheit bzw. Falschheit in M-QMT bestimmt haben, können wir nun die Begriffe der *logischen Folgerung* und *Gültigkeit* in diesem Modell der modalen Quantorenlogik definieren:

<u>Logische Folgerung im Modell M-QMT</u>
Für beliebige Satzmengen M und Sätze *B* aus QML gilt:
B folgt genau dann *logisch* aus M in M-QMT – symbolisch:
M $\vDash_{\text{M-QMT}}$ *B* –, wenn für alle Modelle M-QMT = <W, R, U/U$_{wi}$, I/I$_{wi}$, V$_{wi}$> und alle Welten $w_i \in$ W gilt: Wenn $V_{wi}(A) = 1$ für alle $A \in$ M, dann auch $V_{wi}(B) = 1$.

Ist *A* eine logische Folgerung aus *B* und *B* auch eine logische Folgerung aus *A* in M-QMT für beliebige Sätze *A* und *B* aus QML, dann schreiben wir: „*A* $_{\text{M-QMT}}\dashv\vDash_{\text{M-QMT}}$ *B*".
Sätze *B*, die aus der leeren Prämissenmenge in M-QMT logisch folgen, die also logisch wahr in M-QMT sind und dort Tautologien darstellen, sind *M-QMT-gültige* Sätze:

<u>Gültigkeit im Modell M-QMT</u>
Ein Satz *B* aus QML ist genau dann *M-QMT-gültig*, wenn gilt:
$\emptyset \vDash_{\text{M-QMT}}$ *B* oder kürzer $\vDash_{\text{M-QMT}}$ *B*, wenn also für alle Modelle M-QMT = <W, R, U/U$_{wi}$, I/I$_{wi}$, V$_{wi}$> und alle Welten $w_i \in$ W gilt: $V_{wi}(B) = 1$.

Im Folgenden seien $\forall vA(v)$, $\exists vA(v)$ und $A(k)$ Sätze aus QML, v eine beliebige Gegenstandsvariable und k eine beliebige Gegenstandskonstante aus QML. $A(v)$ sei eine Formel von QML, in der

IV. Modale Quantorenlogik und Semantik möglicher Welten

an mindestens einer Stelle v frei vorkommt. $A(k)$ entsteht aus $A(v)$, indem überall dort, wo v in $A(v)$ frei vorkommt, v durch k ersetzt wird.

Das bisher betrachtete Modell M-QMT interpretiert die modale Quantorenlogik als klassische zweiwertige Logik. In M-QMT gilt daher insbesondere:

Satz IV-1: $\models_{\text{M-QMT}} \Box \forall v(A(v) \vee \neg A(v))$

     $\Box \forall v(A(v) \vee \neg \forall v(A(v))$ ist M-QMT-gültig

     (für Sätze der Form $\forall v(A(v) \vee \neg A(v))$ aus QML)

Eine Besonderheit von M-QMT ist es, dass $\exists v A(v)$ *nicht* aus $A(k)$ *logisch folgt*:

$A(k) \not\models_{\text{M-QMT}} \exists v A(v)$.

In unserem obigen Beispielmodell gilt z. B. $V_{w1}(Hc) = 1$, jedoch $V_{w1}(\exists x Hx) = 0$. Sherlock Holmes hat zwar in w_1 die Eigenschaft, ein Detektiv zu sein – und somit ist $V_{w1}(Hc) = 1$. Da Holmes in w_1 jedoch nicht existiert und es außer Holmes in w_1 niemanden gibt, der Detektiv ist, gilt $V_{w1}(\exists x Hx) = 0$. In M-QMT folgt hingegen $\exists v A(v)$ logisch aus $A(k)$, wenn zusätzlich angenommen wird, dass $I(k)$ in der jeweiligen Bezugswelt existiert:

Satz IV-2: $A(k) \wedge E(k) \models_{\text{M-QMT}} \exists v A(v)$

Ebenso wenig folgt in M-QMT aus $\forall v A(v)$ logisch ein Satz der Form $A(k)$. So gilt beispielsweise im obigen Beispielmodell $V_{w2}(\forall x Fx) = 1$, jedoch $V_{w2}(Fc) = 0$. In w_2 sind alle dort existierenden Objekte (Angela Merkel und Gianluigi Buffon) Fußballspieler/-innen. Der in w_2 nichtexistierende Sherlock Holmes ist dort jedoch kein Fußballspieler und fällt daher nicht in die Extension von „F" in w_2. Auch hier muss zusätzlich angenommen werden, dass $I(k)$ in der Bezugswelt existiert, damit aus $\forall v A(v)$ ein Satz der Form $A(k)$ logisch gefolgert werden kann:

Satz IV-3: $\forall v A(v) \wedge E(k) \models_{\text{M-QMT}} A(k)$

IV.5 Logische Folgerung und Gültigkeit 111

Da sich in M-QMT der Allquantor auf die und nur die in der jeweiligen Bezugswelt existierenden Objekte bezieht, gilt:

Satz IV-4: $\vDash_{\text{M-QMT}} \forall v\text{E}v$
            $\forall v\text{E}v$ ist M-QMT-gültig

Der Satz „Alles existiert" ist also in M-QMT in jeder Welt wahr.

Da wir das Modell M-QMT so festgelegt haben, dass alle Gegenstandsbereiche U_{wi} für alle Welten $w_i \in W$ nicht leer sein dürfen,[35] gilt zudem:

Satz IV-5: $\vDash_{\text{M-QMT}} \exists v\text{E}v$
            $\exists v\text{E}v$ ist M-QMT-gültig

In einem M-QMT-Modell folgt weder aus der möglichen Existenz eines Objekts seine Existenz, noch folgt aus seiner Existenz seine notwendige Existenz:

a) $\Diamond \text{E}k \nvDash_{\text{M-QMT}} \text{E}k$
     $\nvDash_{\text{M-QMT}} \Diamond \text{E}k \to \text{E}k$

b) $\text{E}k \nvDash_{\text{M-QMT}} \Box \text{E}k$
     $\nvDash_{\text{M-QMT}} \text{E}k \to \Box \text{E}k$

In unserem Beispielmodell ist etwa $V_{w1}(\Diamond \text{Ec}) = 1$, aber $V_{w1}(\text{Ec}) = 0$ – Sherlock Holmes ist, von w_1 aus betrachtet, ein nur möglicherweise existierendes Objekt. Er existiert zwar in der von w_1 aus zugänglichen Welt w_3, nicht aber in w_1. Aus der möglichen Existenz eines Objekts folgt in M-QMT somit nicht zwangsläufig, dass dieses Objekt auch in der gegebenen Bezugswelt existieren muss. Von einer Welt w_i aus „vorstellbare" Objekte brauchen in w_i in einem M-QMT-Modell nicht zu existieren. In zugänglichen Welten können daher neue Objekte existieren, die es in der jeweiligen Bezugswelt nicht gibt.

---

[35] Das hier definierte Modell M-QMT entspricht daher dem sogenannten „T-PL-Modell mit Existenzvoraussetzung" in Stuhlmann-Laeisz 2002: 160.

Umgekehrt folgt in M-QMT-Modellen aus der Existenz eines Objekts in einer Bezugswelt nicht notwendigerweise, dass es in allen zugänglichen möglichen Welten ebenfalls existiert. In unserem Beispielmodell ist $V_{w1}(Ea) = 1$, aber $V_{w1}(\Box Ea) = 0$ – Angela Merkel existiert zwar in w_1, nicht aber in der von w_1 aus zugänglichen Welt w_3. In M-QMT-Modellen kann es also zugängliche mögliche Welten geben, in denen die in der Bezugswelt existierenden Objekte nicht existieren.

Zusammenfassend lässt sich festhalten: In M-QMT-Modellen können beim Übergang von einer gegebenen Welt w_i zu einer von dort aus zugänglichen Welt in w_i existierende Objekte aufhören zu existieren, aber auch neue, in w_i nichtexistierende Objekte hinzukommen.

IV.6 Die Modelle ME und NE der modalen Quantorenlogik

Soll garantiert werden, dass es zu einer gegebenen Welt w_i *keine neuen* Objekte in von w_i aus zugänglichen Welten geben kann, dann muss für ein M-QMT-Modell die zusätzliche Bedingung gelten, dass die Population einer gegebenen Welt stets eine (echte oder unechte) Obermenge der Populationen der von dieser Welt aus zugänglichen Welten ist. Es muss also gelten, dass $U_{wi} \supseteq U_{wk}$ für alle Welten w_i und $w_k \in W$ mit $w_i R w_k$. Ein M-QMT-Modell, das dieser Bedingung genügt, soll nun als „M-QMT^{ME}-Modell" oder „ME-Modell für die modale Quantorenlogik" bezeichnet werden.[36] Dieses Modell lässt sich wie folgt definieren:

<u>ME-Modell für die modale Quantorenlogik (M-QMT^{ME})</u>
M-QMT^{ME} = <W, R, U/U_{wi}, I/I_{wi}, V_{wi}> ist genau dann ein *ME-Modell für die modale Quantorenlogik*, wenn gilt:
- M-QMT^{ME} ist ein M-QMT-Modell für die modale Quantorenlogik,
- für alle w_i und $w_k \in W$ gilt: Wenn $w_i R w_k$, dann $U_{wi} \supseteq U_{wk}$.

---

[36] Zu ME-Modellen der modalen Quantorenlogik siehe auch Stuhlmann-Laeisz 2002: 169f.

IV.6 Die Modelle ME und NE der modalen Quantorenlogik

In ME-Modellen für die modale Quantorenlogik gilt nun, dass aus der möglichen Existenz von Objekten deren Existenz stets logisch folgt:[37]

Satz IV-6: $\Diamond Ek \models_{\text{M-QMT}^{\text{ME}}} Ek$
$\models_{\text{M-QMT}^{\text{ME}}} \Diamond Ek \rightarrow Ek$

Beweis:
Gilt in einem Modell M-QMT^{ME} $V_{wi}(\Diamond Ek) = 1$ für $w_i \in W$ und einen beliebigen Gegenstandsausdruck k, dann gibt es eine Welt $w_k \in W$ mit $w_i R w_k$ und $V_{wk}(Ek) = 1$. Da $U_{wi} \supseteq U_{wk}$ (d. h. jedes in w_k existierende Objekt existiert auch in w_i), muss auch $I(k) \in U_{wi}$ sein – und somit $V_{wi}(Ek) = 1$.

Wie bereits erwähnt, müssen nach dem Modell M-QMT die Objekte, die in einer Welt w_i existieren, dort nicht notwendigerweise existieren. Würde man hingegen für Modelle der modalen Quantorenlogik fordern, dass alle in einer Welt w_i existierenden Objekte auch in allen von w_i aus zugänglichen Welten existieren, dann wäre jeder Satz der Form $\Box Ek$ eine logische Folgerung aus Ek, d. h. $Ek \rightarrow \Box Ek$ wäre dann in diesen Modellen gültig. M-QMT-Modelle, die die zusätzliche Bedingung stellen, dass alle in einer Welt w_i existierenden Objekte auch in allen von w_i aus zugänglichen Objekten existieren, sollen nun als „M-QMT^{NE}-Modelle" oder als „NE-Modelle für die modale Quantorenlogik" bezeichnet werden.[38] Diese Modelle lassen sich wie folgt definieren:

<u>NE-Modell für die modale Quantorenlogik (M-QMT^{NE})</u>
M-QMT^{NE} = <W, R, U/U$_{wi}$, I/I$_{wi}$, V$_{wi}$> ist genau dann ein *NE-Modell für die modale Quantorenlogik*, wenn gilt:
- M-QMT^{NE} ist ein M-QMT-Modell für die modale Quantorenlogik,
- für alle w_i und $w_k \in W$ gilt: Wenn $w_i R w_k$, dann $U_{wi} \subseteq U_{wk}$.

---

[37] „$\models_{\text{M-QMT}^{\text{ME}}}$" und der Begriff der M-QMT^{ME}-Gültigkeit werden analog zu „$\models_{\text{M-QMT}}$" und dem Begriff der M-QMT-Gültigkeit bestimmt.
[38] Zum NE-Modell siehe auch Stuhlmann-Laeisz 2002: 164f.

In M-QMT^{NE}-Modellen hören Objekte, die in einer Welt w_i existieren, in den von w_i aus zugänglichen Welten nicht auf zu existieren. In allen von einer Welt w_i eines M-QMT^{NE}-Modells aus zugänglichen Welten existieren somit alle Objekte, die bereits in w_i existieren – sowie eventuell noch weitere neue Objekte. Versteht man die Relation R als Relation der Vorstellbarkeit, dann bedeutet dies im Rahmen eines M-QMT^{NE}-Modells, dass man sich keine Welten vorstellen kann, in der existierende Objekte der Bezugswelt nicht mehr existieren. Man kann sich hingegen durchaus Welten vorstellen, in denen Objekte existieren, die es in der Bezugswelt nicht gibt. Nach einem M-QMT^{NE}-Modell kann man sich also in der derzeit aktualen Welt keine mögliche Welt vorstellen, in der Angela Merkel oder Gianluigi Buffon nicht existieren, wohl aber eine mögliche Welt, in der unter den existierenden Objekten nicht nur Merkel und Buffon zu finden sind, sondern auch Sherlock Holmes. In einem M-QMT^{NE}-Modell gilt somit:[39]

Satz IV-7: $\quad E k \vDash_{\text{M-QMT}^{NE}} \square E k$
$\qquad\quad\ \vDash_{\text{M-QMT}^{NE}} E k \rightarrow \square E k$

IV.7 Die Barcan-Formel

In der philosophischen Diskussion zur modallogischen Quantorenlogik hat insbesondere ein bestimmtes Satzschema eine gewisse Berühmtheit erlangt. Dies ist die sogenannte *Barcan-Formel* (benannt nach der US-amerikanischen Logikerin und Philosophin Ruth Barcan Marcus). Die Barcan-Formel besagt: Wenn es möglicherweise etwas gibt, das eine bestimmte Bedingung erfüllt, dann gibt es etwas, das möglicherweise diese Bedingung erfüllt.

Barcan-Formel (BF)
(BF) $\quad \Diamond \exists v A(v) \rightarrow \exists v \Diamond A(v)$

---

[39] Auch hier werden wiederum „$\vDash_{\text{M-QMT}^{NE}}$" und der Begriff der M-QMT^{NE}-Gültigkeit analog zu „$\vDash_{\text{M-QMT}}$" und dem Begriff der M-QMT-Gültigkeit bestimmt.

Eine zu BF äquivalente Formel ist die folgende Barcan-Formel BF*: Wenn alles notwendigerweise eine bestimmte Bedingung erfüllt, dann erfüllt notwendigerweise alles diese Bedingung:[40]

Barcan-Formel (BF*)
(BF*) $\forall v \Box A(v) \rightarrow \Box \forall v A(v)$

Die inhaltliche Plausibilität von Sätzen der Barcan-Formel BF (bzw. BF*) ist umstritten. Ein Argument gegen BF könnte etwa folgendermaßen lauten: Angela Merkel und Gianluigi Buffon haben (so nehme ich jedenfalls stark an) in der aktualen Welt keine gemeinsamen Kinder. Dennoch ist eine Welt vorstellbar, in der sie gemeinsame Kinder haben. Sei w_1 unsere aktuale Welt und stehe „F" für „… ist ein gemeinsames Kind von Angela Merkel und Gianluigi Buffon". Es gilt also: $V_{w1}(\Diamond \exists xFx) = 1$. Es erscheint jedoch recht unplausibel anzunehmen, dass auch $V_{w1}(\exists x \Diamond Fx) = 1$, d. h. dass es unter den in der aktualen Welt existierenden Objekten ein Objekt gibt, das in möglichen Welten die Eigenschaft besitzt, gemeinsames Kind von Angela Merkel und Gianluigi Buffon zu sein – ein Objekt also, das in „unserer" Welt sozusagen die Möglichkeit in sich trägt, von Merkel und Buffon gezeugt worden zu sein. Intuitiv ist man wohl eher geneigt anzunehmen, dass es ein solches Objekt in der aktualen Welt nicht gibt. Die Identität von existierenden Personen scheint nämlich notwendigerweise an deren Erzeuger gebunden zu sein.[41]

Besonders unplausibel wird der durch die Barcan-Formel BF ausgedrückte Schluss von Sätzen der Form $\Diamond \exists v A(v)$ auf Sätze der Form $\exists v \Diamond A(v)$, wenn man eine Welt w_1 betrachtet, in der *nur* Angela Merkel und Gianluigi Buffon existieren, und es eine von w_1 aus erreichbare Welt gibt, in der eine Person existiert, die ge-

---

[40] Wir setzen hier wie im Folgenden wiederum voraus, dass $\forall v A(v)$, $\exists v A(v)$ Sätze aus QML sind, v eine beliebige Gegenstandsvariable aus QML und $A(v)$ somit eine Formel von QML, in der an mindestens einer Stelle v frei vorkommt.
[41] Dieses Prinzip der Notwendigkeit der Herkunft eines Objekts (engl.: *necessity of origin*) wird u. a. für materielle Gegenstände auch von Kripke vertreten, wenn er schreibt: „Wenn ein materieller Gegenstand aus einem bestimmten Stück Materie entstanden ist, dann hätte er aus keiner anderen Materie entstehen können." (Kripke 1981: 131, FN 56)

meinsame Tochter von Angela Merkel und Gianluigi Buffon ist. Es ist daher (in w_1) möglich, dass Merkel und Buffon ein gemeinsames Kind haben. Stehe „F" für die Eigenschaft, ein gemeinsames Kind von Angela Merkel und Gianluigi Buffon zu sein, dann ist $V_{w1}(\Diamond \exists xFx) = 1$. Allerdings wäre es absurd anzunehmen, dass auch $V_{w1}(\exists x \Diamond Fx) = 1$. Dies würde nämlich bedeuten, dass Merkel oder Buffon möglicherweise ein Kind von sich selbst sind.

Ein weiteres philosophisch umstrittenes Satzschema ist die *konverse Barcan-Formel*:

Konverse Barcan-Formel (KBF)

(KBF) $\exists v \Diamond A(v) \rightarrow \Diamond \exists v A(v)$

Eine zu KBF äquivalente Version der konversen Barcan-Formel ist das Satzschema KBF*:

Konverse Barcan-Formel (KBF*)

(KBF*) $\Box \forall v A(v) \rightarrow \forall v \Box A(v)$

Gegen die Allgemeingültigkeit von KBF könnte man etwa das folgende Beispiel anführen: Es gibt in unserer derzeit gegebenen Welt w_1 Objekte, für die es möglich ist, dass sie nicht existieren. Es ist daher $V_{w1}(\exists x \Diamond \neg Ex) = 1$. Wir können uns etwa eine Welt vorstellen, in der Angela Merkel oder Gianluigi Buffon nicht existieren. Allerdings ist es unmöglich, dass es in diesen möglichen Welten Objekte gibt, die in diesen Welten nicht existieren. Es gilt also: $V_{w1}(\Diamond \exists x \neg Ex) = 0$.

Der in BF vorkommende Schluss von $\Diamond \exists v A(v)$ auf $\exists v \Diamond A(v)$ ist ein Schluss von einer sogenannten Modalität *de dicto* auf eine sogenannte Modalität *de re*. Der in KBF vorkommende Schluss von $\exists v \Diamond A(v)$ auf $\Diamond \exists v A(v)$ ist hingegen ein Schluss von einer Modalität *de re* auf eine Modalität *de dicto*. Bezieht sich ein Modaloperator auf einen gesamten Satz, so drückt dieser Modaloperator eine Modalität *de dicto* aus. Bezieht sich der Modaloperator innerhalb eines Satzes auf eine Formel $A(v)$ mit frei vorkommender Variable v, so drückt dieser Modaloperator eine Modalität *de re* aus. Somit drückt der Möglichkeitsoperator „$\Diamond$" im Antezedens der Implikation von BF eine Modalität *de dicto* und im Konsequens von BF eine Modalität *de re* aus. In BF* drückt der Notwendigkeitsoperator „□" im Antezedens eine Modalität *de re* und im Konsequens eine Modalität *de dicto* aus. In KBF ist der Möglichkeitsoperator im Antezedens eine Modalität *de re* und im Konsequens eine Modalität *de dicto*. In KBF* hingegen drückt der Notwendigkeitsoperator im Antezedens der Implikation eine Modalität *de dicto* und im Konsequens eine Modalität *de re* aus.

Die obigen kritischen Betrachtungen zur Plausibilität der Barcan-Formel und der konversen Barcan-Formel zeigen, dass es nicht gleichgültig ist, an welcher Position ein Modaloperator innerhalb eines Satzes vorkommt. Je nach Position handelt es sich nämlich um eine Modalität *de dicto* oder *de re*, wodurch sich wiederum die Bedeutung des Satzes ändern kann.

Für M-QMT-Modelle ist weder BF (bzw. BF*) noch KBF (bzw. KBF*) gültig. Im Folgenden wird die M-QMT-Ungültigkeit von BF, BF*, KBF und KBF* jeweils durch ein Gegenbeispiel gezeigt: Sei in einem M-QMT-Modell W = {w_1, w_2}, U_{w1} = {g_1, g_2}, U_{w2} = {g_1, g_2, g_3}, I_{w1}(„F") = I_{w2}(„F") = {g_3} und R = {<w_1, w_1>, <w_2, w_2>, <w_1, w_2>}. In diesem Modell ist $V_{w1}(\Diamond\exists xFx)$ = 1, aber $V_{w1}(\exists x\Diamond Fx)$ = 0: Es gibt eine von w_1 aus zugängliche Welt, nämlich w_2, in der das dort existierende Objekt g_3 in die Extension von „F" fällt. Es gibt aber unter den in w_1 existierenden Objekten, das sind g_1 und g_2, kein Objekt, das möglicherweise in die Extension von „F" fällt.

In dem gegebenen Modell gilt zudem: $V_{w1}(\forall x\Box\neg Fx)$ = 1, denn alle in w_1 existierenden Objekte fallen in allen von w_1 aus zugänglichen Welten nicht in die Extension von „F". Es ist jedoch $V_{w1}(\Box\forall x\neg Fx)$ = 0, da es eine von w_1 aus zugängliche Welt gibt, und zwar w_2, in der ein dort existierendes Objekt, nämlich g_3, in die Extension von „F" fällt. Somit gilt:

⊭$_{\text{M-QMT}}$ $\Diamond\exists vA(v) \rightarrow \exists v\Diamond A(v)$, d. h. ⊭$_{\text{M-QMT}}$ BF.
⊭$_{\text{M-QMT}}$ $\forall v\Box A(v) \rightarrow \Box\forall vA(v)$, d. h. ⊭$_{\text{M-QMT}}$ BF*.

Das beschriebene M-QMT-Modell ist zugleich ein M-QMT^{NE}-Modell, denn alle in w_1 existierenden Objekte, nämlich g_1 und g_2, existieren auch in der von w_1 aus zugänglichen Welt w_2. Damit zeigt dieses Gegenbeispiel, dass BF und BF* auch *nicht* M-QMT^{NE}-gültig sind.

Sei in einem anderen M-QMT-Modell W = {w_1, w_2}, U_{w1} = {g_1, g_2}, U_{w2} = {g_2}, I_{w1}(„F") = $\varnothing$, I_{w2}(„F") = {g_1} und R = {<w_1, w_1>, <w_2, w_2>, <w_1, w_2>}. In diesem Modell gilt: $V_{w1}(\exists x \Diamond Fx)$ = 1, aber $V_{w1}(\Diamond \exists x Fx)$ = 0. Zudem ist $V_{w1}(\Box \forall x \neg Fx)$ = 1 und $V_{w1}(\forall x \Box \neg Fx)$ = 0. Es gilt also:

$\nvDash_{\text{M-QMT}} \exists v \Diamond A(v) \rightarrow \Diamond \exists v A(v)$, d. h. $\nvDash_{\text{M-QMT}}$ KBF.

$\nvDash_{\text{M-QMT}} \Box \forall v A(v) \rightarrow \forall v \Box A(v)$, d. h. $\nvDash_{\text{M-QMT}}$ KBF*.

Das beschriebene M-QMT-Modell ist zugleich ein M-QMT^{ME}-Modell, denn jedes Objekt, das in der von w_1 aus zugänglichen Welt w_2 existiert, nämlich g_2, existiert auch in der Bezugswelt w_1. Damit sind KBF und KBF* auch *nicht* M-QMT^{ME}-gültig.

Die Barcan-Formel BF – und damit auch die zu BF äquivalente Formel BF* – ist allerdings im ME-Modell der modalen Quantorenlogik gültig:

Satz IV-8: $\vDash_{\text{M-QMTME}} \Diamond \exists v A(v) \rightarrow \exists v \Diamond A(v)$
$\vDash_{\text{M-QMTME}} \forall v \Box A(v) \rightarrow \Box \forall v A(v)$

Beweis der ersten Variante:[42]

Sei $V_{wi}(\Diamond \exists v A(v))$ = 1 in einem M-QMT^{ME}-Modell für eine Welt $w_i \in W$. Somit gibt es eine Welt $w_k \in W$ mit $w_i R w_k$, für die gilt: $V_{wk}(\exists v A(v))$ = 1. Da $U_{wi} \supseteq U_{wk}$ (d. h. jedes in w_k existierende Objekt existiert auch in w_i), muss es in w_i existierende Objekte geben, die in der von w_i aus zugänglichen Welt w_k der Bedingung A genügen. Daher ist $V_{wi}(\exists v \Diamond A(v))$ = 1 – und somit gilt: $\vDash_{\text{M-QMTME}} \Diamond \exists v A(v) \rightarrow \exists v \Diamond A(v)$.

Des Weiteren ist die konverse Barcan-Formel KBF (und damit auch KBF*) M-QMT^{NE}-gültig:

---

[42] Für den Beweis der zweiten Variante von Satz IV-8 siehe die Übung IV.4 a).

Satz IV-9: $\models_{\text{M-QMT}^{\text{NE}}} \exists v \Diamond A(v) \rightarrow \Diamond \exists v A(v)$
$\models_{\text{M-QMT}^{\text{NE}}} \Box \forall v A(v) \rightarrow \forall v \Box A(v)$

Beweis:
Sei $V_{wi}(\exists v \Diamond A(v)) = 1$ in einem M-QMT^{NE}-Modell für eine Welt $w_i \in W$. Somit gibt es ein in w_i existierendes Objekt g und eine Welt $w_k \in W$ mit $w_i R w_k$, in der g die Bedingung A erfüllt. Da $U_{wi} \subseteq U_{wk}$ (d. h. jedes in w_i existierende Objekt existiert auch in w_k), muss g auch in w_k existieren. Somit gibt es eine von w_i aus zugängliche Welt, nämlich w_k, in der ein dort existierendes Objekt die Bedingung A erfüllt. Daher ist $V_{wi}(\Diamond \exists v A(v)) = 1$ – und somit gilt: $\models_{\text{M-QMT}^{\text{NE}}} \exists v \Diamond A(v) \rightarrow \Diamond \exists v A(v)$.
Sei $V_{wi}(\Box \forall v A(v)) = 1$ in einem M-QMT^{NE}-Modell für eine Welt $w_i \in W$. Somit gilt für jede Welt $w_k \in W$ mit $w_i R w_k$, dass alle in w_k existierenden Objekte die Bedingung A erfüllen. Da $U_{wi} \subseteq U_{wk}$ (d. h. jedes in w_i existierende Objekt existiert auch in w_k), müssen auch alle in w_i existierenden Objekte diese Bedingung A notwendigerweise erfüllen. Daher ist $V_{wi}(\forall v \Box A(v)) = 1$ – und somit gilt: $\models_{\text{M-QMT}^{\text{NE}}} \Box \forall v A(v) \rightarrow \forall v \Box A(v)$.

Die kritischen Bemerkungen zur Plausibilität der Barcan-Formel (bzw. der konversen Barcan-Formel) könnten es nun nahelegen, ME- und NE-Modelle für die modale Quantorenlogik als philosophisch unbefriedigend zurückzuweisen. Die Plausibilität der Barcan-Formel hängt allerdings auch davon ab, welche metaphysischen Positionen man hinsichtlich der Existenz und des ontologischen Status möglicher Objekte vertritt. So erscheint es zwar plausibel anzunehmen, dass unter den aktual existierenden Personen niemand möglicherweise ein gemeinsames Kind von Angela Merkel und Gianluigi Buffon ist. Man könnte aber z. B. der Auffassung sein, dass nicht nur Objekte, die in einer Welt in Raum und Zeit konkret realisiert sind (oder, wie Zahlen, zumindest abstrakt existieren), zu den in dieser Welt existierenden Objekten zählen. In manchen metaphysischen Positionen werden sogenannte „kontingent nichtkonkrete" Entitäten (siehe z. B. Linsky/Zalta 1996) oder „reine Possibilia" (siehe z. B. Williamson 1998) postuliert. Derartige Objekte sind zwar nicht konkret in einer Welt w_i verortet. Man kann sie in w_i z. B. nicht beobachten, und sie entfalten in dieser Welt auch keine kausalen Kräfte. Dennoch existieren sie in w_i als bloße Träger möglicher, aber in w_i nicht realisierter Eigenschaften.

Gibt es eine mögliche Welt w_k, in der ein gemeinsames Kind von Merkel und Buffon existiert, dann existiert nach dieser Auffassung auch *in unserer aktualen Welt* w_i ein Objekt, das diese in w_k realisierte Eigenschaft in w_i als mögliche Eigenschaft besitzt. Dieses Objekt ist zwar nicht unter den real existierenden Personen von w_i zu finden. Es existiert aber dennoch in nicht konkreter Weise als rein mögliches Objekt in w_i. Nach dieser Auffassung existieren Objekte, die in möglichen Welten w_k realisiert sind, stets auch in denjenigen Welten w_i, für die die Welten w_k zugänglich sind – sei es als bereits in w_i konkret realisierte Objekte oder als nichtkonkrete Träger möglicher Eigenschaften.

Nach bestimmten philosophischen Auffassungen, die von „reinen Possibilia" ausgehen, haben vermeintlich „neue Objekte", die man in möglichen Welten imaginiert, nicht wirklich in diesen imaginierten Welten erst angefangen zu existieren. Auch haben in möglichen Welten, in denen wir uns vorstellen, dass es dort bestimmte Objekte nicht mehr gibt, die Objekte nicht einfach aufgehört zu existieren. Sie haben vielmehr (im Vergleich zur aktualen Welt) ihren ontologischen Status gewechselt: Im ersten Fall sind sie von einem bloß möglichen Objekt zu einem konkreten geworden, im zweiten Fall sind sie von einem konkreten zu einem bloß möglichen Objekt geworden.[43]

Eine weitere Verteidigung der Barcan-Formel könnte darin bestehen, die Beschreibung der Elemente von U_{wi} für $w_i \in W$, aus denen die Welten zusammengesetzt sind, zu ändern. Statt Personen, Tassen, Teller, Bücher, Häuser etc. als die Elemente der Population möglicher Welten zu betrachten, könnte man stattdessen die Ansammlungen atomarer Materiebestandteile, aus denen diese Objekte zusammengesetzt sind, als Elemente von U_{wi} auffassen. Zwar scheint es unter den aktual existierenden *Personen* niemanden zu geben, der oder die ein gemeinsames Kind von Merkel und Buffon ist. Aber vielleicht gibt es eine mögliche

---

[43] Zur Diskussion über kontingente Objekte und deren Implikationen für die Barcan-Formel vgl. u. a. Hayaki 2006 oder Williamson 2013: Kap. 2.

Kombination aktualer Materiebestandteile, die ein Kind von Merkel und Buffon bilden. In diesem Sinne könnte man auch argumentieren, dass eine aktual existierende Tontasse ein möglicher Tonteller ist, da man die Tonerde, aus der die Tasse getöpfert wurde, auch zu einem Tonteller hätte formen können.

Alle diese erwähnten Positionen zur möglichen Verteidigung der Barcan-Formel sind philosophisch problematisch und umstritten. Dieses Buch zur Einführung in die Modallogik ist nicht der Ort, um diese Diskussionen weiter zu vertiefen und zu bewerten. Es sollte hier lediglich verdeutlicht werden, dass bestimmte Modelle der modalen Quantorenlogik mit bestimmten metaphysischen Auffassungen über die Existenz möglicher Objekte verbunden sein können.

Eine weitere philosophisch wichtige Annahme der hier vorgestellten Modelle der modalen Quantorenlogik besteht darin, dass *Existenz* ein *Prädikat* ist. Einige Konsequenzen dieser philosophisch ebenfalls nicht unumstrittenen Auffassung sollen im folgenden Unterkapitel erwähnt werden.

IV.8 Existenz als Prädikat

In der Sprache QML befindet sich unter den Eigenschaftskonstanten die Konstante „E", welche das *Existenzprädikat* symbolisiert. In den betrachteten Modellen zur modalen Quantorenlogik wird die Extension von „E" in einer möglichen Welt w_i durch die Menge U_{wi} bestimmt. Diese Menge kann in diesen Modellen weltabhängig variieren. Ein Objekt $I(k)$ kann in einer Welt w_i existieren, in einer anderen Welt w_k jedoch nicht. Es kann also gelten: $I(k) \in U_{wi}$ und $I(k) \notin U_{wk}$ und somit $V_{wi}(Ek) = 1$ und $V_{wk}(Ek) = 0$. Auch wenn in einer Welt w_i das Objekt $I(k)$ nicht existiert, so können dennoch dem Objekt $I(k)$ in w_i wahrerweise Eigenschaften zu- oder abgesprochen werden. Im Beispielmodell von Kap. IV.4 existiert Sherlock Holmes in w_1 zwar nicht, dennoch ist es in w_1 wahr, dass Sherlock Holmes ein Detektiv ist: $V_{w1}(Ec) = 0$, aber $V_{w1}(Hc) = 1$. Ist ein Satz der Form $A(k)$ wahr in einer Welt w_i, so folgt daraus nicht zwangsläufig, dass $I(k)$ in w_i existieren muss.

Diese Vorstellung von Existenz als Prädikat, das Objekten unabhängig von ihren anderen Eigenschaften zu- oder abgesprochen werden kann, ist in der philosophischen Diskussion umstritten. Kant erörtert in der *Kritik der reinen Vernunft* verschiedene Einwände gegen den ontologischen Gottesbeweis. Sein Haupteinwand lautet, dass „sein" kein Prädikat sei. Genauer: Es sei kein *reales* Prädikat, sondern bloß ein *logisches* Prädikat:

> Sein ist offenbar kein reales Prädikat, d. i. ein Begriff von irgend etwas, was zu dem Begriffe eines Dinges hinzukommen könne. Es ist bloß die Position eines Dinges, oder gewisser Bestimmungen an sich selbst. Im logischen Gebrauche ist es lediglich die Kopula eines Urteils. […] Nehme ich nun das Subjekt (Gott) mit allen seinen Prädikaten (worunter auch die Allmacht gehöret) zusammen, und sage: Gott ist, oder es ist ein Gott, so setze ich kein neues Prädikat zum Begriffe von Gott […]. (Kant KrV: A 598, 599/B 626, 627)

Kant ist also der Meinung, dass der ontologische Gottesbeweis gewissermaßen auf einem kategorialen Fehler beruhe und daher nicht überzeugend sei. „Sein" werde im ontologischen Gottesbeweis nämlich im Sinne eines realen Prädikats verstanden, das auf Gott genauso wie die Prädikate der Allwissenheit oder Allmächtigkeit zutreffe. Für Kant fällt „sein" aber gar nicht unter die Kategorie eines realen Prädikats.

Kant hat Recht mit seiner Beobachtung, dass „sein" bzw. „ist" die logische Funktion einer *Kopula* innerhalb eines Urteils ausüben kann. Eine Kopula wird hierbei als ein Ausdruck verstanden, der das Subjekt mit dem Prädikat zu einer Aussage verbindet, aber selbst kein eigenständiges („reales") Prädikat ist. So fungiert etwa „ist" in dem Satz „Gott ist allmächtig" als Kopula. Reale Prädikate drücken demgegenüber für Kant gewissermaßen informative Eigenschaften von Objekten aus. Für reale Prädikate gilt nach Kant, dass sie zum Begriff des Subjekts „hinzukommen" und diesen „vergrößern" (siehe Kant KrV A 598/B626). Die Eigenschaften, eine Politikerin zu sein und in Hamburg geboren worden zu sein, sind in Kants Sinne daher reale Prädikate. Sie fügen im Satz „Angela Merkel ist eine Politikerin, die in Hamburg geboren wurde" dem Satzsubjekt (Angela Merkel) Eigenschaften hinzu, die durch das Satzsubjekt allein noch nicht gegeben sind. Im Satz „Angela Merkel ist" wird hingegen Kant zufolge dem

Satzsubjekt durch den Ausdruck „ist" nichts Neues hinzugefügt. Auch wenn Kant in der zitierten Stelle nicht explizit den Ausdruck „existieren" verwendet, so wird Kant als prominenter Vertreter der Auffassung verstanden, Existenz sei kein Prädikat. Zu behaupten, dass Angela Merkel eine Politikerin ist, die in Hamburg geboren wurde *und zudem existiert*, besagt nach dieser Auffassung also nicht mehr als zu behaupten, dass sie eine Politikerin ist, die in Hamburg geboren wurde. Der Hinweis, dass Merkel existiert, vergrößert nach Kant somit nicht die Menge an Informationen über Merkel, die nicht ohnehin schon in der Behauptung steckt, dass sie eine Politikerin ist, die in Hamburg geboren wurde.

Die Kantische Auffassung, dass Existenz kein reales Prädikat sei, spiegelt sich gewissermaßen in der formalen nicht-modalen Quantorenlogik wider, in der Existenz als reiner Quantor verstanden wird. Hier gilt die Regel der *Existenzeinführung*, wonach aus einem Satz der Form $A(k)$ ein Existenzsatz der Form $\exists v A(v)$ ableitbar ist (siehe Brendel ²2020, Kap. V.1: 128f.). Aus dem Satz „Angela Merkel ist eine Politikerin, die in Hamburg geboren wurde" folgt mit Existenzeinführung, dass es ein x gibt, das Politikerin ist und in Hamburg geboren wurde. Existenz erschöpft sich hier also darin, Instanz eines existenzquantifizierten Satzes zu sein.

Es ist jedoch fraglich, ob in dem Satz „Gott ist" der Ausdruck „ist" ebenfalls kein „reales Prädikat" darstellt. Die hier betrachteten Modelle der modalen Quantorenlogik zeigen, dass es durchaus sinnvoll sein kann, neben dem Existenzquantor auch ein Existenz*prädikat* anzunehmen. „Existieren" im Sinne eines Prädikates drückt in diesen Modellen die weltrelative Eigenschaft eines Objekts aus, zur Population der jeweiligen Welt zu gehören. Die Behauptung, Angela Merkel sei eine Politikerin, die in Hamburg geboren wurde und zudem auch existiere, enthält daher mehr Informationen als die bloße Behauptung, sie sei eine Politikerin, die in Hamburg geboren wurde. Gerade wenn es strittig ist, ob ein Objekt, über das in einer Welt w_i nachgedacht wird, in dieser Welt auch tatsächlich existiert, liefert die Information, dass dieses Objekt zur Population von w_i gehört, eine wichtige neue Erkenntnis. Dass Gott, dem wir u. a. die Attribute der Allwissenheit und Allmacht zuschreiben, auch tatsächlich *in unserer Welt existiert* und nicht ein rein fiktionales, bloß mögliches oder gar widersprüchliches Objekt ist (wie z. B. Sherlock Holmes, ein goldener Berg oder ein rundes Quadrat), wäre selbstverständlich eine höchst wichtige Erkenntnis. Die Unterscheidung von realer, möglicher und notwendiger Existenz legitimiert daher die Einführung eines realen Existenzprädikats und zeigt, dass Kants Einwand, Existenz sei kein (reales) Prädikat, zu kurz greift. Ob der ontologische Gottesbeweis insgesamt plausibel ist, ist damit allerdings noch nicht entschieden.[44]

IV.9 Zur Semantik fiktionaler Objekte

Die mit den Begriffen der Notwendigkeit, Möglichkeit und Existenz verbundenen philosophischen Fragen sind äußerst vielfältig und können in dieser Einführung in die Modallogik natürlich nicht in angemessener Weise diskutiert werden. In diesem Unterkapitel soll aber zumindest ein Ausblick auf mögliche *nichtklassische Erweiterungen* des Modells M-QMT gegeben werden, die bestimmten metaphysischen Positionen bezüglich fiktionaler Objekte formal Rechnung tragen. Im darauffolgenden Unterkapitel werden nichtklassische Erweiterungen für widersprüchliche Objekte vorgestellt.

Fiktionale Objekte, wie Sherlock Holmes, existieren in unserer aktualen Welt w_i nicht.[45] Sie können aber in einer von w_i aus zugänglichen möglichen Welt w_k existieren. Stehe wieder I(„c") für Sherlock Holmes, dann wäre also I(„c") $\notin$ U_{w_i}, aber I(„c") $\in$ U_{w_k}. Wie bereits mehrfach erwähnt, erlauben es die hier betrachteten Modelle für die modale Quantorenlogik, über nichtexistente Objekte dennoch wahre und falsche Aussagen zu treffen. Dies ist möglich, da Objekte aus U in jeder beliebigen möglichen Welt in die Extension von Eigenschafts- oder Relationsausdrücken fallen können, auch wenn sie in diesen Welten gar nicht existieren. So

---

[44] Für eine weitergehende Analyse zu Kants Verständnis von Existenz siehe z. B. Bromand/Kreis (Hg.) 2011: 200–208.
[45] Häufig sind fiktionale Objekte frei erfunden. So entstammt die Figur des Sherlock Holmes einzig und allein der Phantasie von Arthur Conan Doyle. In diesem Fall sind fiktionale Objekte *fiktiv*. Aber nicht alle fiktionalen Objekte sind frei erfunden. So lebt Sherlock Holmes in einem London, das in vielen Hinsichten dem London des späten 19. Jahrhunderts gleicht, allerdings auch einige Unterschiede zum realen Vorbild aufweist.

kann beispielsweise V_{wi}(Hc) wahr sein, auch wenn I("c") in w_i nicht existiert. Ohne sich dabei in Widersprüche zu verstricken, lässt sich daher in unserer aktualen Welt wahrerweise behaupten, dass Sherlock Holmes ein Detektiv ist, der aber nicht existiert.

Diese Konsequenz der beschriebenen Modelle für die modale Quantorenlogik könnte man als kontraintuitiv erachten. Man könnte einwenden, dass viele Prädikate in gewisser Weise *existenzimplizierend* seien. Eine Behauptung der Form „*k* ist ein Detektiv" oder „*k* ist eine Politikerin" scheint implizit die Annahme zu enthalten, dass *k* auch existiert. Der Satz „Sherlock Holmes ist ein Detektiv, existiert aber nicht", drücke daher etwas Widersprüchliches aus. Wenn wir über Sherlock Holmes sagen, dass er ein Detektiv ist, dann meinen wir damit eigentlich, so der Einwand, dass Holmes in einer fiktionalen Welt bzw. in einer (von Arthur Conan Doyle) erfundenen Geschichte ein Detektiv ist – nicht aber in unserer aktualen Welt, denn dort existiert Holmes nun mal nicht.

Will man diesem Gedanken Rechnung tragen, wonach Sätze der Form $A(k)$ in einer Welt w_i nur dann wahr oder falsch sein können, wenn I(*k*) auch in w_i existiert, muss man die im Modell M-QMT formulierten Wahrheitsbedingungen für Sätze von QML modifizieren: So darf beispielsweise „Hc" („Sherlock Holmes ist ein Detektiv") dann und nur dann in w_i wahr sein, wenn I("c") ∈ U_{wi} und I("c") ∈ I_{wi}("H"). „Hc" wäre in einem solchen Modell genau dann falsch, wenn I("c") ∈ U_{wi} und I("c") ∉ I_{wi}("H"). Gilt hingegen I("c") ∉ U_{wi}, dann ist der Satz „Hc" in w_i *weder wahr noch falsch*. Eine solche Auffassung, wonach man über *nichtexistente* Objekte *keine wahrheitsdefiniten* (d. h. wahren oder falschen) Aussagen treffen kann, erfordert eine Semantik für die modale Quantorenlogik, die das klassische Bivalenzprinzip aufgibt. Sätze können darin nicht nur *wahr* oder *falsch* sein, sondern auch *weder wahr noch falsch*, d. h. sie können in eine *Wahrheitswertlücke* fallen.

Im Folgenden sollen nun Sätze, die *weder wahr noch falsch* sind, den Wert ½ in einem Modell der modalen Quantorenlogik erhalten. Nennen wir ein solches Modell, das im oben beschriebenen Sinne Sätze mit Wahrheitswertlücken erlaubt, ein *M-QMT^E-Modell*. Dieses Modell lässt sich wie folgt definieren:

Das Modell M-QMT^E für die modale Quantorenlogik

Ein M-QMT^E-*Modell* ist ein Modell M-QMT = <W, R, U/U$_{wi}$, I/I$_{wi}$, V$_{wi}$> mit der folgenden Ausnahme:

- V$_{wi}$ ist eine Funktion, die jedem Satz von QML in jeder möglichen Welt w$_i$ ∈ W im Modell M-QMT^E genau einen der Wahrheitswerte aus der Menge {1, 0, ½} zuordnet. Es gilt somit: V$_{wi}$(A) = 1 oder V$_{wi}$(A) = 0 oder V$_{wi}$(A) = ½ für jeden Satz A von QML.

Für atomare Sätze lauten die Wahrheitsbedingungen für Modelle M-QMT^E folgendermaßen:[46]

Wahrheit und Falschheit von Sätzen der Sprache QML in M-QMT^E

Gegeben sei ein Modell M-QMT^E = <W, R, U/U$_{wi}$, I/I$_{wi}$, V$_{wi}$>.

a) Seien k, k_1, ..., k_n beliebige Gegenstandskonstanten, sei θ eine beliebige Eigenschaftskonstante und Π^n eine beliebige n-stellige Relationskonstante von QML, und sei w$_i$ ∈ W, dann gilt:

- V$_{wi}$(θk) = 1 gdw. I(k) ∈ U$_{wi}$ und I(k) ∈ I$_{wi}$(θ),
- V$_{wi}$(θk) = 0 gdw. I(k) ∈ U$_{wi}$ und I(k) ∉ I$_{wi}$(θ),
- V$_{wi}$(θk) = ½ gdw. I(k) ∉ U$_{wi}$.

- V$_{wi}$(Π$^n k_1...k_n$) = 1 gdw. I(k_1) ∈ U$_{wi}$, I(k_2) ∈ U$_{wi}$, ..., I(k_n) ∈ U$_{wi}$ und <I$_{wi}$(k_1), ..., I$_{wi}$(k_n)> ∈ I$_{wi}$(Π^n),
- V$_{wi}$(Π$^n k_1...k_n$) = 0 gdw. I(k_1) ∈ U$_{wi}$, I(k_2) ∈ U$_{wi}$, ..., I(k_n) ∈ U$_{wi}$ und <I$_{wi}$(k_1), ..., I$_{wi}$(k_n)> ∉ I$_{wi}$(Π^n),
- V$_{wi}$(Π$^n k_1...k_n$) = ½ gdw. I(k_1) ∉ U$_{wi}$ oder I(k_2) ∉ U$_{wi}$ oder ... I(k_n) ∉ U$_{wi}$.

Existiert ein Objekt I(„a") in einer Welt w$_i$ *nicht*, d. h. ist I(„a") ∉ U$_{wi}$, dann sind beispielsweise die Sätze „Fa" und „Q^{2}ab" in w$_i$ *weder wahr noch falsch*: V$_{wi}$(Fa) = ½ und V$_{wi}$(Q^{2}ab) = ½. „Fa" und „Q^{2}ab" erhalten in M-QMT^E den Wert ½ ganz unabhängig davon,

---

[46] Siehe z. B. auch die „Wahrheitsbedingungen mit Existenzpräsupposition" in Stuhlmann-Laeisz 2002: 178–188.

ob I("a") Element von I_{wi}("F") bzw. <I("a"), I("b")> Element von I_{wi}("Q²") ist.

Eine Möglichkeit der Festlegung der Wahrheitsbedingungen für junktorenlogisch verknüpfte Sätze von QML in M-QMT^E bieten die sogenannten *schwachen Kleene'schen Wahrheitsregeln* (benannt nach dem US-amerikanischen Logiker Stephen Cole Kleene). Hier werden Sätze als *weder wahr noch falsch* ausgezeichnet, wenn bereits einer ihrer Teilsätze *weder wahr noch falsch* ist. Die Sätze „Sherlock Holmes ist ein Detektiv oder 2 +2 = 4" und „Wenn 2 + 2 = 5, dann ist Sherlock Holmes ein Detektiv" sind nach den schwachen Kleene'schen Wahrheitsregeln somit in unserer aktualen Welt (in der Sherlock Holmes nicht existiert) *weder wahr noch falsch*. Folgt man den schwachen Kleene'schen Regeln (wie etwa auch Stuhlmann-Laeisz 2002: 181), dann ergeben sich diese Wahrheitsbedingungen:

b1) Für beliebige Sätze *A* und *B* von QML und Welten $w_i \in W$ gilt:
- $V_{wi}(\neg A) = 1$ gdw. $V_{wi}(A) = 0$,
- $V_{wi}(\neg A) = 0$ gdw. $V_{wi}(A) = 1$,
- $V_{wi}(\neg A) = \frac{1}{2}$ gdw. $V_{wi}(A) = \frac{1}{2}$.

- $V_{wi}(A \land B) = 1$ gdw. $V_{wi}(A) = 1$ und $V_{wi}(B) = 1$,
- $V_{wi}(A \land B) = 0$ gdw. $V_{wi}(A) = 0$ oder $V_{wi}(B) = 0$, und es gilt zusätzlich: $V_{wi}(A) \neq \frac{1}{2}$ und $V_{wi}(B) \neq \frac{1}{2}$,
- $V_{wi}(A \land B) = \frac{1}{2}$ gdw. $V_{wi}(A) = \frac{1}{2}$ oder $V_{wi}(B) = \frac{1}{2}$.

- $V_{wi}(A \lor B) = 1$ gdw. $V_{wi}(A) = 1$ oder $V_{wi}(B) = 1$, und es gilt zusätzlich: $V_{wi}(A) \neq \frac{1}{2}$ und $V_{wi}(B) \neq \frac{1}{2}$,
- $V_{wi}(A \lor B) = 0$ gdw. $V_{wi}(A) = 0$ und $V_{wi}(B) = 0$,
- $V_{wi}(A \lor B) = \frac{1}{2}$ gdw. $V_{wi}(A) = \frac{1}{2}$ oder $V_{wi}(B) = \frac{1}{2}$.

- $V_{wi}(A \to B) = 1$ gdw. $V_{wi}(A) = 0$ oder $V_{wi}(B) = 1$, und es gilt zusätzlich: $V_{wi}(A) \neq \frac{1}{2}$ und $V_{wi}(B) \neq \frac{1}{2}$,
- $V_{wi}(A \to B) = 0$ gdw. $V_{wi}(A) = 1$ und $V_{wi}(B) = 0$,
- $V_{wi}(A \to B) = \frac{1}{2}$ gdw. $V_{wi}(A) = \frac{1}{2}$ oder $V_{wi}(B) = \frac{1}{2}$.

- $V_{wi}(A \leftrightarrow B) = 1$ gdw. $V_{wi}(A) = V_{wi}(B)$, und es gilt zusätzlich: $V_{wi}(A) \neq \frac{1}{2}$ und $V_{wi}(B) \neq \frac{1}{2}$,

- $V_{wi}(A \leftrightarrow B) = 0$ gdw. $V_{wi}(A) \neq V_{wi}(B)$, und es gilt zusätzlich: $V_{wi}(A) \neq ½$ und $V_{wi}(B) \neq ½$,
- $V_{wi}(A \leftrightarrow B) = ½$ gdw. $V_{wi}(A) = ½$ oder $V_{wi}(B) = ½$.

Exemplarisch seien die Wahrheitswerte für Negationen, Konjunktionen und Implikationen nach den schwachen Kleene'schen Regeln durch die folgenden Wahrheitstabellen dargestellt:

$V_{wi}(A)$	$V_{wi}(\neg A)$
1	0
½	½
0	1

$V_{wi}(A)$	$V_{wi}(B)$	$V_{wi}(A \wedge B)$	$V_{wi}(A \rightarrow B)$
1	1	1	1
1	0	0	0
1	½	½	½
½	1	½	½
½	0	½	½
½	½	½	½
0	1	0	1
0	0	0	1
0	½	½	½

Sei nun festgelegt, dass M-QMT^E ein Modell ist, das den schwachen Kleene'schen Regeln folgt. Für dieses Modell sei I(„a") ∉ U_{wi}, I(„b") ∈ U_{wi}, I(„b") ∈ I_{wi}(„F") und I(„b") ∉ I_{wi}(„G"). Es gelten dann in diesem Modell die folgenden Wahrheitswerte:

$V_{wi}(Fa) = ½$, $V_{wi}(\neg Fa) = ½$, $V_{wi}(Ga \vee \neg Ga) = ½$, $V_{wi}(Gb \vee \neg Gb) = 1$, $V_{wi}(Gb \wedge Fa) = ½$, $V_{wi}(Fa \rightarrow Gb) = ½$, $V_{wi}(Gb \rightarrow Fa) = ½$.

Auch wenn M-QMT^E ein Modell ist, das die schwachen Kleene'schen Wahrheitsregeln verwendet, sei noch auf eine andere

IV.9 Zur Semantik fiktionaler Objekte

Möglichkeit zur Festlegung der Wahrheitswerte junktorenlogisch verknüpfter Aussagen von QML hingewiesen. Nach den sogenannten *starken Kleene'schen Wahrheitsregeln* sind beispielsweise die Sätze „Sherlock Holmes ist ein Detektiv oder 2 + 2 = 4" und „Wenn 2 + 2 = 5, dann ist Sherlock Holmes ein Detektiv" *wahr*, da eine Adjunktion mit einem wahren Adjunkt und eine Implikation mit einem falschem Antezedens stets als wahr angenommen wird – auch dann, wenn das weitere Adjunkt bzw. das Konsequens der Implikation *weder wahr noch falsch* ist. Die Wahrheitsbedingungen nach den starken Kleene'schen Regeln lassen sich wie folgt formulieren:

b2) Für beliebige Sätze A und B von QML und Welten $w_i \in W$ gilt:
- $V_{wi}(\neg A) = 1 - V_{wi}(A)$
- $V_{wi}(A \wedge B) = \min(V_{wi}(A), V_{wi}(B))$
- $V_{wi}(A \vee B) = \max(V_{wi}(A), V_{wi}(B))$
- $V_{wi}(A \to B) = \max(1 - V_{wi}(A), V_{wi}(B))$
- $V_{wi}(A \leftrightarrow B) =$
  $\min(\max(1 - V_{wi}(A), V_{wi}(B)), \max(1 - V_{wi}(B), V_{wi}(A)))$

Der Wahrheitswert eines negierten Satzes der Form $\neg A$ lässt sich demnach berechnen, indem der Wahrheitswert des Satzes A von 1 subtrahiert wird. Damit unterscheidet sich die starke Kleene'sche Wahrheitstabelle für Negationen nicht von der schwachen Kleene'schen Wahrheitstabelle. Für die anderen Junktoren ergeben sich jedoch Abweichungen: Der Wahrheitswert einer Konjunktion ist nach den starken Kleene'schen Regeln identisch mit dem kleinsten Wahrheitswert eines Konjunkts (Minimum). Der Wahrheitswert einer Adjunktion ist identisch mit dem höchsten Wahrheitswert eines Adjunkts (Maximum). Exemplarisch seinen hier die starken Kleene'schen Wahrheitstabellen wiederum für Negationen, Konjunktionen und Implikationen dargestellt:

$V_{wi}(A)$	$V_{wi}(\neg A)$
1	0
½	½
0	1

$V_{wi}(A)$	$V_{wi}(B)$	$V_{wi}(A \wedge B)$	$V_{wi}(A \to B)$
1	1	1	1
1	0	0	0
1	½	½	½
½	1	½	1
½	0	0	½
½	½	½	½
0	1	0	1
0	0	0	1
0	½	0	1

Würde das M-QMT^E-Modell den starken Kleene'schen Regeln folgen, dann würden im obigen Beispielmodell mit I(„a") $\notin$ U$_{wi}$, I(„b") $\in$ U$_{wi}$, I(„b") $\in$ I$_{wi}$(„F") und I(„b") $\notin$ I$_{wi}$(„G") folgende Wahrheitswerte gelten:

$V_{wi}(Fa) = ½$, $V_{wi}(\neg Fa) = ½$, $V_{wi}(Ga \vee \neg Ga) = ½$, $V_{wi}(Gb \vee \neg Gb) = 1$, $V_{wi}(Gb \wedge Fa) = 0$, $V_{wi}(Fa \to Gb) = ½$, $V_{wi}(Gb \to Fa) = 1$.

In Modellen mit starken Kleene'schen Regel kann ein Satz mit einer Gegenstandkonstante k in einer Welt w$_i$ wahr oder falsch sein, obwohl I(k) $\notin$ U$_{wi}$, wie etwa die Sätze „Gb $\wedge$ Fa" und „Gb $\to$ Fa" im obigen Beispielmodell zeigen. Hier ist I(„a") $\notin$ U$_{wi}$, aber $V_{wi}(Gb \wedge Fa) = 0$ und $V_{wi}(Gb \to Fa) = 1$.

Für Sätze mit Modaloperatoren können nun die folgenden Wahrheitsbedingungen für Modelle M-QMT^E festgelegt werden.[47]

c) Für beliebige Sätze A von QML und Welten w$_i$ $\in$ W gilt:
- $V_{wi}(\Box A) = 1$ gdw. für jede Welt w$_k$ $\in$ W mit w$_i$Rw$_k$ gilt: $V_{wk}(A) = 1$,

---

[47] Wir folgen hier Stuhlmann-Laeisz 2002: 181f.

- $V_{wi}(\Box A) = 0$ gdw. für jede Welt $w_k \in W$ mit w_iRw_k gilt: $V_{wk}(A) \neq \frac{1}{2}$, und es gilt für mindestens eine Welt $w_k \in W$ mit w_iRw_k: $V_{wk}(A) = 0$,
- $V_{wi}(\Box A) = \frac{1}{2}$ gdw. für mindestens eine Welt $w_k \in W$ mit w_iRw_k gilt: $V_{wk}(A) = \frac{1}{2}$.

- $V_{wi}(\Diamond A) = 1$ gdw. für jede Welt $w_k \in W$ mit w_iRw_k gilt: $V_{wk}(A) \neq \frac{1}{2}$, und es gilt für mindestens eine Welt $w_k \in W$ mit w_iRw_k: $V_{wk}(A) = 1$,
- $V_{wi}(\Diamond A) = 0$ gdw. für jede Welt $w_k \in W$ mit w_iRw_k gilt: $V_{wk}(A) = 0$,
- $V_{wi}(\Diamond A) = \frac{1}{2}$ gdw. für mindestens eine Welt $w_k \in W$ mit w_iRw_k gilt: $V_{wk}(A) = \frac{1}{2}$.

Nach den hier angegebenen Wahrheitsbedingungen können Modalaussagen der Form $\Box A$ und $\Diamond A$ nur dann wahr oder falsch in einer Welt w_i sein, wenn A in allen von w_i aus zugänglichen Welten nicht den Wahrheitswert $\frac{1}{2}$ hat, sondern wahr oder falsch ist. Selbst wenn A in der Welt w_i wahr ist, sind dennoch sowohl $\Box A$ als auch $\Diamond A$ in w_i *weder wahr noch falsch* (d. h. $V_{wi}(\Box A) = \frac{1}{2}$ und $V_{wi}(\Diamond A) = \frac{1}{2}$), wenn es mindestens eine von w_i aus zugängliche Welt w_k gibt, in der A *weder wahr noch falsch* ist (d. h. $V_{wk}(A) = \frac{1}{2}$).

Abschließend seien noch die Wahrheitsbedingungen im Modell M-QMT^E für Sätze mit Quantoren definiert:[48]

d) Seien $\forall v A(v)$ und $\exists v A(v)$ Sätze von QML, v eine beliebige Gegenstandsvariable und $A(v)$ eine Formel von QML, in der v an mindestens einer Stelle frei vorkommt. Sei weiter k eine beliebige Gegenstandskonstante, die nicht in $A(v)$ vorkommt. $A(k)$ entsteht aus $A(v)$, indem überall dort, wo v in $A(v)$ frei vorkommt, v durch k ersetzt wird. Zudem sei w_i eine beliebige mögliche Welt mit $w_i \in W$. Dann gilt:
- $V_{wi}(\forall v A(v)) = 1$ gdw. für jede Interpretationsfunktion J_n ($n \geq 1$), die sich von I höchstens bezüglich der Interpretation von k unterscheidet, gilt: Wenn $J_n(k) \in U_{wi}$, dann

---

[48] Auch hier folgen wir den Wahrheitsbedingungen für quantifizierte Aussagen in Stuhlmann-Laeisz 2002: 183f.

ist $A(k)$ wahr im Modell M-QMT^E = <W, R, U/U$_{wi}$, J$_n$/I$_{wi}$, V$_{wi}$>,

- V$_{wi}$($\forall vA(v)$) = 0 gdw. für jede Interpretationsfunktion J$_n$ (n $\geq$ 1), die sich von I höchstens bezüglich der Interpretation von k unterscheidet gilt: Wenn J$_n(k)$ ∈ U$_{wi}$, dann ist $A(k)$ ≠ ½ im Modell M-QMT^E = <W, R, U/U$_{wi}$, J$_n$/I$_{wi}$, V$_{wi}$> und für mindestens ein J$_n$ mit J$_n(k)$ ∈ U$_{wi}$ ist $A(k)$ = 0 im Modell M-QMT^E = <W, R, U/U$_{wi}$, J$_n$/I$_{wi}$, V$_{wi}$>,

- V$_{wi}$($\forall vA(v)$) = ½ gdw. für (mindestens) eine Interpretationsfunktion J$_n$ (n $\geq$ 1), die sich von I höchstens bezüglich der Interpretation von k unterscheidet, gilt: J$_n(k)$ ∈ U$_{wi}$ und $A(k)$ = ½ im Modell M-QMT^E = <W, R, U/U$_{wi}$, J$_n$/I$_{wi}$, V$_{wi}$>.

- V$_{wi}$($\exists vA(v)$) = 1 gdw. für jede Interpretationsfunktion J$_n$ (n $\geq$ 1), die sich von I höchstens bezüglich der Interpretation von k unterscheidet gilt: Wenn J$_n(k)$ ∈ U$_{wi}$, dann ist $A(k)$ ≠ ½ im Modell M-QMT = <W, R, U/U$_{wi}$, J$_n$/I$_{wi}$, V$_{wi}$> und für mindestens ein J$_n$ mit J$_n(k)$ ∈ U$_{wi}$ ist $A(k)$ = 1 im Modell M-QMT^E = <W, R, U/U$_{wi}$, J$_n$/I$_{wi}$, V$_{wi}$>,

- V$_{wi}$($\exists vA(v)$) = 0 gdw. für jede Interpretationsfunktion J$_n$ (n $\geq$ 1), die sich von I höchstens bezüglich der Interpretation von k unterscheidet gilt: Wenn J$_n(k)$ ∈ U$_{wi}$, dann ist $A(k)$ = 0 im Modell M-QMT^E = <W, R, U/U$_{wi}$, J$_n$/I$_{wi}$, V$_{wi}$>,

- V$_{wi}$($\exists vA(v)$) = ½ gdw. für (mindestens) eine Interpretationsfunktion J$_n$ (n $\geq$ 1), die sich von I höchstens bezüglich der Interpretation von k unterscheidet, gilt: J$_n(k)$ ∈ U$_{wi}$ und $A(k)$ = ½ im Modell M-QMT = <W, R, U/U$_{wi}$, J$_n$/I$_{wi}$, V$_{wi}$>.

Sei etwa ein M-QMT^E-Modell gegeben mit: W = {w$_1$, w$_2$}, U = {g$_1$, g$_2$, g$_3$}, U$_{w1}$ = U, U$_{w2}$ = {g$_1$, g$_2$}, I("a") = g$_1$, I("b") = g$_2$, I("c") = g$_3$, I$_{w1}$("F") = ∅ und I$_{w2}$("F") = {g$_1$, g$_2$}. In diesem Modell gilt z. B.: V$_{w1}$($\exists$xFx) = V$_{w1}$($\forall$xFx) = 0, V$_{w2}$($\exists$xFx) = V$_{w2}$($\forall$xFx) = 1.

Es gilt zudem etwa: $V_{w1}(\forall x(Fx \to Fc)) = 1$, jedoch $V_{w2}(\forall x(Fx \to Fc)) = \frac{1}{2}$ sowie $V_{w1}(\exists x(Fx \land Fc)) = 0$ und $V_{w2}(\exists x(Fx \land Fc)) = \frac{1}{2}$.

Die Definitionen der logischen Folgerung und Gültigkeit der Modelle M-QMT werden entsprechend für das Modell M-QMT^E übernommen.

In Modellen M-QMT^E wird davon ausgegangen, dass man über Objekte, die in einer Welt w_i nicht existieren, nicht in wahrer oder falscher Weise in w_i prädizieren kann. Eine solche Annahme, so haben wir gesehen, erzwingt eine nichtklassische Semantik, die auch Sätze erlaubt, die *weder wahr noch falsch* sind. Da in unserer aktualen Welt Sherlock Holmes nicht existiert, haben in den M-QMT^E-Modellen z. B. die Sätze „Sherlock Holmes ist ein Detektiv", „Sherlock Holmes ist kein Detektiv", „Angela Merkel bewundert Sherlock Holmes" oder „Angela Merkel bewundert Sherlock nicht" keinen der Wahrheitswerte „wahr" oder „falsch".

Im Folgenden sei noch eine andere philosophische Auffassung über fiktionale Objekte skizziert, die ebenfalls mit der Ablehnung des klassischen Bivalenzprinzips einhergeht. Fiktionale Objekte (wie Sherlock Holmes), so könnte man argumentieren, existieren zwar in unserer Welt. Sie existieren jedoch als bloß *geistige Kreationen* von Autorinnen. Sie führen ihr Dasein nur innerhalb einer fiktionalen Geschichte und erhalten ihre Eigenschaften erst durch die Erzählungen im Rahmen dieser Geschichte. Da Arthur Conan Doyle Sherlock Holmes in seinen Detektivgeschichten auf bestimmte Weise beschreibt, besitzt Holmes in der von Doyle erschaffenen fiktionalen Welt bestimmte Eigenschaften, wie etwa die, ein Detektiv zu sein, der in der Londoner Baker Street 221b lebt und als Begleiter und Biograf Dr. Watson an seiner Seite hat. Es erscheint daher plausibel, die Aussagen „Sherlock Holmes ist ein Detektiv", „Sherlock Holmes lebt in der Baker Street 221b", „Sherlock Holmes lebt in London", „Sherlock Holmes wird von Dr. Watson begleitet" als wahr zu betrachten – als wahr auch in unserer Welt, in der Holmes bloß als fiktionales Objekt existiert.

Ebenfalls wahr scheinen alle diejenigen Sätze zu sein, die sich aus Doyles Beschreibungen von Sherlock Holmes und anderen Objekten ableiten lassen, wie etwa: „Sherlock Holmes ist ein Mann", „Sherlock Holmes lebt in England", „Sherlock Holmes ist kein dreijähriges Mädchen", „Dr. Watson ist kein feuerspeiender Drache". Auch wenn beispielsweise in Doyles Kriminalgeschichten niemals explizit erwähnt wird, dass Holmes kein dreijähriges Mädchen oder Dr. Watson kein feuerspeiender Drache ist, so lässt sich dies natürlich aus Doyles Kriminalgeschichten unmittelbar erschließen, in denen die beiden als erwachsene Männer beschrieben werden.

Aber wie verhält es sich z. B. mit dem Satz „Sherlock Holmes hat Blutgruppe 0"? Welchen Wahrheitswert hat dieser Satz in der Welt der Fiktion und in unserer Welt? Bei einer Person, die real existiert oder real existiert hat, trifft eins von beiden zu: Entweder hat diese Person Blutgruppe 0 oder nicht. Dass diese Person Blutgruppe 0 hat oder nicht, ist somit wahr, auch wenn wir nicht wissen, welche der beiden Alternativen der Fall ist. In diesem Sinne ist die Aussage „Julius Cäsar hatte Blutgruppe 0, oder er hatte nicht Blutgruppe 0" *wahr*. Für die Wahrheit dieser Aussage spielt es offenbar keine Rolle, ob wir Cäsars Blutgruppe kennen. Auch die Tatsache, dass das Konzept der Blutgruppe zu Cäsars Zeiten noch nicht bekannt war, ändert nichts daran, dass der Satz „Julius Cäsar hatte Blutgruppe 0, oder er hatte nicht Blutgruppe 0" wahr ist.

Sherlock Holmes ist jedoch im Unterschied zu Cäsar keine Person aus Fleisch und Blut, die real existiert oder real existiert hat. Doyle beschreibt zwar Holmes so, *als ob* dieser real existieren würde. In unserer Welt ist Holmes aber nur eine fiktionale Entität, deren Daseinsform sich von real existierenden Objekten wie Angela Merkel oder Gianluigi Buffon grundlegend unterscheidet. Es ist daher nicht unplausibel zu behaupten, dass Holmes seine Eigenschaften und seine Beziehungen zu anderen Objekten nur durch Doyle verliehen bekommen haben. Diejenigen Eigenschaften, die Doyle ihm nicht explizit zugeschrieben hat und sich auch nicht aus bereits zugeschriebenen Eigenschaften erschließen lassen, treffen auf ihn ebenso wenig zu wie die Negation dieser Eigenschaften. Keine der Geschichten über Holmes (so nehme ich jedenfalls an) enthält Aussagen über Holmes' Blutgruppe. Auch lassen sich aus Doyles Beschreibungen von Holmes keine Hinweise auf dessen Blutgruppe gewinnen. Man könnte daher die Auffassung vertreten, der Satz „Sherlock Holmes hat Blutgruppe 0" sei in unserer Welt *weder wahr noch falsch*.

Will man dieser Auffassung über fiktionale Objekte in einer Semantik der modalen Quantorenlogik Rechnung tragen, muss man insbesondere die Möglichkeit einräumen, dass Objekte weder in die Extension noch in die sogenannte *Antiextension* eines Prädikates oder einer Relation fallen können. Sei $I_{wi}(\theta+)$ die Extension eines Prädikats θ in der Welt w_i, d. h. die Menge aller Gegenstände, die die durch θ bezeichnete Eigenschaft in der Welt w_i haben. Sei nun $I_{wi}(\theta-)$ die Antiextension des Prädikats θ in der Welt w_i, also die Menge aller Gegenstände, auf die das Prädikat in der Welt w_i nicht zutrifft. In der klassischen Logik fällt jedes Objekt entweder in die Extension eines Prädikats oder in dessen Antiextension. Auch in den bisher betrachteten Modellen der modalen Quantorenlogik gibt es in keiner Welt Objekte, die dort weder in die Extension noch in die Antiextension eines Prädikats fallen. In der hier vorgeschlagenen Semantik für fiktionale Objekte ist dies anders.

Wir wollen nun mit M-QMT^F Modelle der modalen Quantorenlogik bezeichnen, die es zulassen, dass Objekte aus U (wie beispielsweise fiktionale Objekte) in möglichen Welten weder Elemente der Extension noch der Antiextension eines Prädikats sein können. Ebenso sei es möglich, dass bestimmte n-Tupel weder in die Extension noch in die Antiextension einer Relation fallen. Zugleich sei jedoch ausgeschlossen, dass ein Objekt bzw. ein n-Tupel sowohl in die Extension als auch in die Antiextension eines Prädikats oder einer Relation fällt, d. h. die Schnittmenge einer Extension und ihrer Antiextension ist stets leer. Dieses Modell lässt sich wie folgt bestimmen:

<u>Das Modell M-QMT^F für die modale Quantorenlogik</u>
Ein M-QMT^F-Modell ist ein Modell M-QMT = <W, R, U/U$_{wi}$, I/I$_{wi}$, V$_{wi}$> mit den folgenden Ausnahmen:
- V$_{wi}$ ist eine Funktion, die jedem Satz von QML in jeder möglichen Welt $w_i \in W$ im Modell M-QMT^F genau einen der Wahrheitswerte aus der Menge $\{1, 0, \frac{1}{2}\}$ zuordnet.
- $I_{wi}(\theta+)$ und $I_{wi}(\Pi^n+)$ stehen für die *Extensionen* von θ und Π^n in $w_i \in W$, $I_{wi}(\theta-)$ und $I_{wi}(\Pi^n-)$ stehen für die *Antiextensionen* von θ und Π^n in $w_i \in W$. Für die Vereinigungsmengen $I_{wi}(\theta+) \cup I_{wi}(\theta-)$ und $I_{wi}(\Pi^n+) \cup I_{wi}(\Pi^n-)$ gilt, dass diese nicht zwangsläufig ganz U umfassen müssen: $I_{wi}(\theta+) \cup I_{wi}(\theta-) \subseteq U$ und $I_{wi}(\Pi^n+) \cup I_{wi}(\Pi^n-) \subseteq U^n$. Für die

Schnittmengen von $I_{wi}(\theta+)$ und $I_{wi}(\theta-)$ sowie von $I_{wi}(\Pi^n+)$ und $I_{wi}(\Pi^n-)$ gilt hingegen, dass diese stets leer sind: $I_{wi}(\theta+)$ $\cap\, I_{wi}(\theta-) = \emptyset$ und $I_{wi}(\Pi^n+) \cap I_{wi}(\Pi^n-) = \emptyset$.
- Für das Existenzprädikat „E" soll gelten $I_{wi}(E+) = U_{wi}$ und $I_{wi}(E+) \cup I_{wi}(E-) = U$.

Für atomare Sätze gelten die folgenden Wahrheitsbedingungen für M-QMT^F:

a) Seien k, k_1, ..., k_n beliebige Gegenstandskonstanten, sei θ eine beliebige Eigenschaftskonstante und Π^n eine beliebige n-stellige Relationskonstante von QML, und sei $w_i \in W$, dann gilt:
- $V_{wi}(\theta k) = 1$ gdw. $I(k) \in I_{wi}(\theta+)$,
- $V_{wi}(\theta k) = 0$ gdw. $I(k) \in I_{wi}(\theta-)$,
- $V_{wi}(\theta k) = \frac{1}{2}$ gdw. $I(k) \notin I_{wi}(\theta+)$ und $I(k) \notin I_{wi}(\theta-)$.

- $V_{wi}(\Pi^n k_1...k_n) = 1$ gdw. $<I_{wi}(k_1), ..., I_{wi}(k_n)> \in I_{wi}(\Pi^n+)$,
- $V_{wi}(\Pi^n k_1...k_n) = 0$ gdw. $<I_{wi}(k_1), ..., I_{wi}(k_n)> \in I_{wi}(\Pi^n-)$,
- $V_{wi}(\Pi^n k_1...k_n) = \frac{1}{2}$ gdw. $<I_{wi}(k_1), ..., I_{wi}(k_n)> \notin I_{wi}(\Pi^n+)$ und $<I_{wi}(k_1), ..., I_{wi}(k_n)> \notin I_{wi}(\Pi^n-)$.

Ein Satz, der in diesem Modell den Wert $\frac{1}{2}$ erhält, ist nun ein Satz, der *weder wahr noch falsch* ist. Sei ein konkretes Modell M-QMT^F gegeben mit:

$W = \{w_1, w_2\}$, $U = \{g_1, g_2, g_3\}$, $U_{w1} = \{g_1, g_2\}$, $U_{w2} = U$,
$I(„a") = g_1$, $I(„b") = g_2$, $I(„c") = g_3$,
$I_{w1}(„F+") = \{g_1\}$, $I_{w1}(„F-") = \{g_2, g_3\}$, $I_{w1}(„G+") = \{g_1\}$,
$I_{w1}(„G-") = \{g_2\}$,
$I_{w1}(„Q^2+") = \{<g_1, g_2>, <g_2, g_2>, <g_1, g_3>\}$, $I_{w1}(„Q^2-") = \{<g_1, g_1>, <g_2, g_1>, <g_2, g_3>\}$,
$I_{w2}(„F+") = \{g_1\}$, $I_{w2}(„F-") = \{g_2, g_3\}$, $I_{w2}(„G+") = \{g_1, g_3\}$,
$I_{w2}(„G-") = \{g_2\}$,
$I_{w2}(„Q^2+") = \{<g_1, g_2>, <g_2, g_2>, <g_1, g_3>, <g_3, g_3>, <g_3, g_1>\}$,
$I_{w2}(„Q^2-") = \{<g_1, g_1>, <g_2, g_1>, <g_2, g_3>, <g_3, g_2>\}$.

Stehe „a" für "Angela Merkel, „b" für „Gianluigi Buffon, „c" für „Sherlock Holmes", „F" für „ist eine Frau", „G" für „hat Blutgruppe 0" und „Q²" für „... bewundert ...". In obigem Beispielmodell existieren in w_1 also Angela Merkel und Gianluigi Buffon, nicht aber Sherlock Holmes. In w_2 existieren hingegen Merkel, Buffon und Holmes. In w_1 und w_2 fällt Merkel in die Extension von „F". Buffon und Holmes fallen hingegen in w_1 und w_2 in die Antiextension von „F", sind also keine Frauen. In w_1 hat Merkel Blutgruppe 0, Buffon jedoch nicht. Holmes fällt hingegen in w_1 weder in die Extension noch in die Antiextension des Prädikats „hat Blutgruppe 0". Dafür existiert er in w_2 genauso real wie Merkel und Buffon und hat Blutgruppe 0. In w_1 ist es weder wahr noch falsch, dass Holmes sich selbst, Merkel oder Buffon bewundert. Es ist jedoch in w_1 wahr, dass er von Merkel bewundert wird, während es falsch ist, dass er von Buffon bewundert wird. In w_2 bewundert Holmes sich selbst sowie Merkel. Für das gegebene Beispielmodell gelten somit die folgenden Wahrheitswerte:

$V_{w1}(Ea) = V_{w1}(Eb) = 1$, $V_{w1}(Ec) = 0$, $V_{w2}(Ea) = V_{w2}(Eb) = V_{w2}(Ec) = 1$,
$V_{w1}(Fc) = 0$, $V_{w1}(Gc) = ½$, $V_{w1}(Q^2ac) = 1$, $V_{w1}(Q^2bc) = 0$,
$V_{w1}(Q^2cc) = ½$, $V_{w1}(Q^2ca) = ½$,
$V_{w2}(Fc) = 0$, $V_{w2}(Gc) = 1$, $V_{w2}(Q^2ac) = 1$, $V_{w2}(Q^2bc) = 0$,
$V_{w2}(Q^2cc) = 1$, $V_{w2}(Q^2ca) = 1$.

Für molekulare Sätze, die durch Junktoren, Quantoren und Modalausdrücke gebildet werden, lassen sich für M-QMT^F Wahrheitsbedingungen für eine dreiwertige Semantik analog zum Modell M-QMT^E bestimmen und die Definitionen der logischen Folgerung und Gültigkeit entsprechend übernehmen.

IV.10 Zur Semantik widersprüchlicher Objekte

Ein wesentliches Charakteristikum der klassischen Logik ist die Gültigkeit des Satzes vom ausgeschlossenen Widerspruch. Es gibt keinen Satz A einer Sprache der klassischen Logik, in der $A \wedge \neg A$ wahr ist. Für die klassische Quantorenlogik gilt insbesondere $\neg(\theta k \wedge \neg \theta k)$ für beliebige Eigenschaftskonstanten θ und Gegenstandskonstanten k. Selbst wenn man die reale Existenz *widersprüchlicher Objekte* ablehnt, die zur selben Zeit und in derselben Hinsicht sowohl eine bestimmte Eigenschaft besitzen als auch nicht besitzen, so könnte man dennoch behaupten, dass uns derartige Objekte in gewisser Weise *kognitiv zugänglich* seien. Immerhin können wir über widersprüchliche Objekte Meinungen haben und über sie sprechen. Wir können uns diese Objekte vielleicht sogar vorstellen und uns bildlich vergegenwärtigen, wie das Beispiel der Penrose-Treppe gezeigt hat (siehe Kap. II.5).

Widersprüchliche Objekte können zudem auch Gegenstand fiktionaler Erzählungen sein. So handelt etwa Graham Priests kurze Geschichte *Sylvan's Box* von einem inkonsistenten Objekt – einer Schachtel, die vollständig leer ist und zugleich etwas enthält (siehe Priest ²2016: 125–133). Diese Geschichte soll nicht bloß die Leserin unterhalten, sondern soll vor allem veranschaulichen, dass man durchaus über Widersprüchliches nachdenken, reden und schreiben kann, ohne dass dadurch das Nachdenken, Reden und Schreiben trivialisiert und sinnlos wird, wie es das klassische *Explosionsprinzip* nahelegt.

Um widersprüchliche Objekte als Inventar möglicher Welten zuzulassen, lassen sich Modelle der modalen Quantorenlogik entwickeln, in denen die Schnittmenge der Extension und der Antiextension eines Prädikats oder einer Relation nicht zwangsläufig in allen Welten leer ist. Ein solches Modell der modalen Quantorenlogik, das widersprüchliche oder inkonsistente Objekte erlaubt, sei mit M-QMT^I abgekürzt. Für dieses Modell gilt das Folgende:

<u>Das Modell M-QMT^I für die modale Quantorenlogik</u>
Ein M-QMT^I-Modell ist ein Modell M-QMT = <W, R, U/U$_{wi}$, I/I$_{wi}$, V$_{wi}$> mit den folgenden Ausnahmen:
- V$_{wi}$ ist eine Funktion, die jedem Satz von QML in jeder möglichen Welt $w_i \in W$ im Modell M-QMT^I genau einen der Wahrheitswerte aus der Menge $\{1, 0, \frac{1}{2}\}$ zuordnet.
- Für die Extensionen und Antiextensionen von Prädikaten θ und Relationen Π^n in $w_i \in W$ gilt, dass deren Schnittmengen I$_{wi}$(θ+) ∩ I$_{wi}$(θ-) und I$_{wi}$(Π^n+) ∩ I$_{wi}$(Π^n-) nicht zwangsläufig leer sein müssen.

Im Gegensatz zum Modell M-QMT^F umfasst in M-QMT^I die Vereinigungsmenge einer Extensionen und ihrer Antiextension in

IV.10 Zur Semantik widersprüchlicher Objekte 139

allen Welten stets ganz U (bzw. U^n): $I_{wi}(\theta+) \cup I_{wi}(\theta-) = U$ und $I_{wi}(\Pi^n+) \cup I_{wi}(\Pi^n-) = U^n$. Wenn z. B. Sherlock Holmes ein Element von U ist, dann gilt für jede Welt, dass er entweder Blutgruppe 0 hat oder Blutgruppe 0 nicht hat. Die Wahrheitsbedingungen für atomare Sätze im Modell M-QMT^I lauten wie folgt:

a) Seien k, k_1, ..., k_n beliebige Gegenstandskonstanten, sei θ eine beliebige Eigenschaftskonstante und Π^n eine beliebige n-stellige Relationskonstante von QML, und sei $w_i \in W$, dann gilt:
- $V_{wi}(\theta k) = 1$ gdw. $I(k) \in I_{wi}(\theta+)$ und $I(k) \notin I_{wi}(\theta-)$,
- $V_{wi}(\theta k) = 0$ gdw. $I(k) \in I_{wi}(\theta-)$ und $I(k) \notin I_{wi}(\theta+)$,
- $V_{wi}(\theta k) = \frac{1}{2}$ gdw. $I(k) \in I_{wi}(\theta+)$ und $I(k) \in I_{wi}(\theta-)$.
- $V_{wi}(\Pi^n k_1...k_n) = 1$ gdw. $<I_{wi}(k_1), ..., I_{wi}(k_n)> \in I_{wi}(\Pi^n+)$ und $<I_{wi}(k_1), ..., I_{wi}(k_n)> \notin I_{wi}(\Pi^n-)$,
- $V_{wi}(\Pi^n k_1...k_n) = 0$ gdw. $<I_{wi}(k_1), ..., I_{wi}(k_n)> \in I_{wi}(\Pi^n-)$ und $<I_{wi}(k_1), ..., I_{wi}(k_n)> \notin I_{wi}(\Pi^n+)$,
- $V_{wi}(\Pi^n k_1...k_n) = \frac{1}{2}$ gdw. $<I_{wi}(k_1), ..., I_{wi}(k_n)> \in I_{wi}(\Pi^n+)$ und $<I_{wi}(k_1), ..., I_{wi}(k_n)> \in I_{wi}(\Pi^n-)$.

Ein Satz, der in diesem Modell den Wert ½ annimmt, ist nun ein Satz, der *sowohl wahr als auch falsch* ist. Sei wiederum ein konkretes Modell M-QMT^I gegeben mit:

$W = \{w_1, w_2\}$, $U = \{g_1, g_2, g_3\}$, $U_{w1} = \{g_1, g_2\}$, $U_{w2} = \{g_1, g_3\}$,
$I(„a") = g_1$, $I(„b") = g_2$, $I(„c") = g_3$,
$I_{w1}(„F+") = \{g_1, g_3\}$, $I_{w1}(„F-") = \{g_2, g_3\}$,
$I_{w2}(„F+") = \{g_1, g_2, g_3\}$, $I_{w2}(„F-") = \{g_3\}$,
$I_{w1}(„Q^2+") = I_{w2}(„Q^2+") = \{<g_1, g_2>, <g_3, g_2>, <g_1, g_3>\}$,
$I_{w1}(„Q^2-") = I_{w2}(„Q^2-") = \{<g_1, g_1>, <g_2, g_2>, <g_3, g_3>, <g_2, g_1>, <g_2, g_3>, <g_3, g_1>, <g_3, g_2>\}$.

Hierbei sei g_1 ein bestimmter Bücherkarton, g_2 eine bestimmte Schmuckschachtel und g_3 Sylvans Box. w_1 ist somit eine Welt, in der der Bücherkarton und die Schmuckschachtel existieren, nicht jedoch Sylvans Box. w_2 ist hingegen eine Welt, in der der Bücherkarton sowie Sylvans Box existieren, die Schmuckschachtel hingegen nicht. „F" stehe nun für den Eigenschaftsausdruck „…ist leer", und „Q²" stehe für „… ist größer als …".

In diesem Beispielmodell gilt somit: $V_{w1}(Ec) = 0$ und $V_{w2}(Ec) = 1$, $V_{w1}(Fb) = 0$, $V_{w2}(Fb) = 1$. Der Satz „Sylvans Box ist leer" ist in w_1 und in w_2 *sowohl wahr als auch falsch*: $V_{w1}(Fc) = V_{w2}(Fc) = \frac{1}{2}$. Der Bücherkarton ist zudem in beiden Welten größer als Sylvans Box: $V_{w1}(Q^2ac) = V_{w2}(Q^2ac) = 1$. Außerdem ist in beiden Welten Sylvans Box *sowohl größer als auch nicht größer* als die Schmuckschachtel: $V_{w1}(Q^2cb) = V_{w2}(Q^2cb) = \frac{1}{2}$.

Für molekulare Sätze sind dann wieder entsprechende Wahrheitsbedingungen im Rahmen einer dreiwertigen Semantik zu entwickeln. Eine solche Semantik für inkonsistente Objekte auf der Grundlage der starken Kleene'schen Wahrheitsregeln findet sich z. B. in Priest ²2016. Eine Untersuchung dieser Semantik würde den Rahmen dieser Einführung in die Modallogik sprengen. Es sei jedoch erwähnt, dass die Begriffe der logischen Folgerung und Gültigkeit für M-QMT¹ etwas anders zu definieren sind als in den bisher betrachteten Modellen. Der Begriff der logischen Folgerung bringt die metalogische Relation des *notwendigen Wahrheitstransfers* von den Prämissen auf die Konklusion zum Ausdruck. Nicht nur Sätze, die durch die Funktion V_{wi} den Wert 1 erhalten, sondern auch Sätze mit dem Wert ½ werden in M-QMT¹ als *wahr* angesehen. Letztere sind nur zusätzlich auch falsch. Die Begriffe der logischen Folgerung und Gültigkeit für Modelle M-QMT¹ können folgendermaßen bestimmt werden:

<u>Logische Folgerung im Modell M-QMT¹</u>
Für beliebige Satzmengen M und Sätze *B* aus QML gilt:
B folgt genau dann *logisch* aus M in M-QMT¹ – symbolisch:
M ⊨$_{\text{M-QMT¹}}$ *B* –, wenn für alle Modelle M-QMT¹ = <W, R, U/U$_{wi}$, I/I$_{wi}$, V$_{wi}$> und alle Welten $w_i \in W$ gilt: Wenn $V_{wi}(A) = 1$ oder $V_{wi}(A) = \frac{1}{2}$ für alle $A \in M$, dann ist auch $V_{wi}(B) = 1$ oder $V_{wi}(B) = \frac{1}{2}$.

<u>Gültigkeit im Modell M-QMT¹</u>
Ein Satz *B* aus QML ist genau dann *M-QMT¹-gültig*, wenn gilt:
∅ ⊨$_{\text{M-QMT¹}}$ *B* oder kürzer ⊨$_{\text{M-QMT¹}}$ *B*, wenn also für alle Modelle M-QMT¹ = <W, R, U/U$_{wi}$, I/I$_{wi}$, V$_{wi}$> und alle Welten $w_i \in W$ gilt: $V_{wi}(B) = 1$ oder $V_{wi}(B) = \frac{1}{2}$.

Eine (wünschenswerte) Konsequenz dieses Begriffs der logischen Folgerung besteht darin, dass das *Explosionsprinzip* in M-QMT^T nicht mehr gültig ist. Nicht für alle Sätze A und B der Sprache QML gilt: $A \wedge \neg A \vDash_{\text{M-QMT}^T} B$. So sind etwa in obigem Beispielmodell $V_{w1}(Fc) = \frac{1}{2}$ und $V_{w1}(Fb) = 0$. Unter Zugrundelegung der starken (aber auch der schwachen) Kleene'schen Wahrheitsregeln gilt daher: $V_{w1}(Fc \wedge \neg Fc) = \frac{1}{2}$. Somit gibt es Sätze A, B und Welten w_i, so dass $V_{wi}(A \wedge \neg A) = \frac{1}{2}$ und $V_{wi}(B) = 0$, d. h. Sätze A, B und Welten w_i, in denen $A \wedge \neg A$ *mindestens wahr* ist, B jedoch *nur falsch* ist. Somit gilt: $A \wedge \neg A \nvDash_{\text{M-QMT}^T} B$.

IV.11 Übungen zu Kapitel IV

Übung IV.1
Welche der folgenden Zeichenkombinationen ist eine Formel der Sprache QML? Welche der Formeln ist ein Satz der Sprache QML?

a) $\forall x F \square x$
b) $\square \Diamond Q^2 ax$
c) $\exists x \Diamond Gx \rightarrow \Diamond \exists x Gx$
d) $\forall x \square \exists y Q^2 xy$
e) Eab
f) $\forall x Fx \vee \Diamond Gx$
g) $\square \neg \Diamond Q^2 b$
h) $\forall x \exists y (Ex \rightarrow Ey)$
i) $\exists x (\neg \square Q^2 xx \wedge \neg \Diamond Q^2 xx)$
j) $(Ea_1 \leftrightarrow Ea_2) \rightarrow (\exists x_1 \exists x_2 (Ex_1 \leftrightarrow Ex_2))$
k) $ExFx$
l) $\Diamond \exists x \wedge Fa$

Übung IV.2
Im Folgenden stehe: „a" für „Abbott", „F" für „... ist eine Kugel", „G" für „... ist eine Gerade", „H" für „... ist ein Quadrat" und „Q^2" für „... hat mehr Dimensionen als ...".
Geben Sie die korrekten Übersetzungen der folgenden Aussagen in die formale Sprache der modalen Quantorenlogik QML an:

a) Möglicherweise ist Abbott weder eine Gerade noch eine Kugel.
b) Wenn Abbott ein Quadrat ist, dann ist er notwendigerweise keine Kugel.
c) Möglicherweise gibt es ein Quadrat, das existiert.
d) Es ist unmöglich, dass es Objekte gibt, die mehr Dimensionen haben als sie selbst.
e) Jedes Objekt, das nicht mehr Dimensionen hat als Abbott, ist möglicherweise eine Gerade.
f) Abbott ist genau dann möglicherweise ein Quadrat, wenn er mehr Dimensionen hat als jede Gerade.

Übung IV.3

Gegeben sei ein M-QMT-Modell $<W, R, U/U_{wi}, I/I_{wi}, V_{wi}>$ mit:

$W = \{w_1, w_2, w_3\}$,
$R = \{<w_1, w_1>, <w_2, w_2>, <w_3, w_3>, <w_1, w_2>, <w_1, w_3>, <w_3, w_2>\}$,
$U = \{g_1, g_2, g_3, g_4\}$, $U_{w1} = \{g_1, g_2, g_3\}$, $U_{w2} = \{g_2, g_3\}$, $U_{w3} = \{g_4\}$,
$I(„a") = g_1$,
$I_{w1}(„F") = \{g_1, g_2\}$, $I_{w1}(„G") = U$,
$I_{w1}(„Q^2") = \{<g_1, g_2>, <g_1, g_3>, <g_1, g_4>\}$,
$I_{w2}(„F") = \{g_2, g_3\}$, $I_{w2}(„G") = \{g_1, g_4\}$,
$I_{w2}(„Q^2") = \{<g_2, g_2>, <g_2, g_3>, <g_3, g_3>\}$,
$I_{w3}(„F") = \{g_4\}$, $I_{w3}(„G") = \emptyset$,
$I_{w3}(„Q^2") = \{<g_4, g_1>, <g_4, g_4>\}$.

Bestimmen Sie in diesem Modell die folgenden Wahrheitswerte:

a) $V_{w1}(Ea \wedge \Diamond \neg Ea)$
b) $V_{w1}(\forall x(Fx \rightarrow Gx))$
c) $V_{w1}(\Box \exists x Q^2 xx)$
d) $V_{w2}(\Box \forall x Q^2 xx)$
e) $V_{w3}(\exists x \Diamond Gx \rightarrow \Diamond \exists x Gx)$
f) $V_{w1}(\Box \Diamond \exists x(Fx \wedge Gx))$
g) $V_{w1}(\forall x \Diamond \exists y Q^2 xy)$

Übung IV.4

Zeigen Sie, dass Folgendes gilt (für beliebige Sätze $\forall v A(v)$, $\exists v A(v)$, $\forall v \Box A(v)$, $\exists v \Box A(v)$ aus QML und Formeln $A(v)$ aus QML, in denen die Gegenstandsvariable v an mindestens einer Stelle frei vorkommt):

a) $\vDash_{\text{M-QMTME}} \forall v \Box A(v) \rightarrow \Box \forall v A(v)$

b) $\nvDash_{\text{M-QMT}} \exists v \Box A(v) \rightarrow \Box \exists v A(v)$

Übung IV.5

Zeigen Sie, dass Folgendes für Modelle M-QMT^I mit starken Kleene'schen Wahrheitsregeln gilt (für beliebige Sätze A und B, Eigenschaftskonstanten θ und Gegenstandskonstanten k von QML):

a) $A \wedge (A \rightarrow B) \nvDash_{\text{M-QMTI}} B$

b) $\vDash_{\text{M-QMTI}} \theta k \vee \neg \theta k$

V. Ein Kalkül des natürlichen Schließens für die modale Quantorenlogik

Alice lachte. „Ich brauche es gar nicht zu versuchen", sagte sie; „etwas Unmögliches kann man nicht glauben." „Du wirst darin eben noch nicht die rechte Übung haben", sagte die Königin. „In deinem Alter habe ich täglich eine halbe Stunde darauf verwendet. Zuzeiten habe ich vor dem Frühstück bereits bis zu sechs unmögliche Dinge geglaubt." (Carroll 1974: 74)

Der in Kapitel III entworfene Kalkül KNS-JMT für die modale Junktorenlogik soll nun durch zusätzliche Grundregeln erweitert werden, um das modallogische Schließen auch im Rahmen der *Quantorenlogik* zu ermöglichen. Der so gewonnene Kalkül des natürlichen Schließens für die modale Quantorenlogik KNS-QMT ist das syntaktische Analogon zum Modell M-QMT. Dies bedeutet insbesondere, dass alle logischen Folgerungen von M-QMT sich auch als Ableitungen in KNS-QMT erweisen lassen bzw. dass alle in M-QMT-gültigen Sätze auch in KNS-QMT beweisbar sind. Umgekehrt sind alle Ableitungen in KNS-QMT auch logische Folgerungen in M-QMT, und jeder in KNS-QMT beweisbare Satz ist auch M-QMT-gültig. Im Folgenden wird zunächst der Kalkül KNS-QMT vorgestellt, anschließend werden die Begriffe der *Ableitbarkeit* und *Beweisbarkeit* für diesen Kalkül definiert und wichtige zulässige Schlussregeln von KNS-QMT bewiesen. Schließlich wird der Kalkül KNS-QMT nochmals um je zwei Grundregeln ergänzt, um auch die ME- und NE-Modelle der modalen Quantorenlogik syntaktisch abbilden zu können.[49]

---

[49] Quantorenlogische Kalküle des natürlichen Schließens finden sich beispielsweise auch in Bremer 2007, Kap. 3 und Garson ²2013, Kap. 12. Diese unterscheiden sich jedoch von dem hier dargestellten Kalkül KNS-QMT.

V.1 Der Kalkül KNS-QMT für die modale Quantorenlogik

Die quantorenlogischen Grundregeln der *All-* und *Existenzeinführung* sowie der *All-* und *Existenzbeseitigung* des nicht-modalen Kalküls des natürlichen Schließens (siehe Brendel ²2020, Kap. V.1) müssen für den modalen Kalkül KNS-QMT leicht modifiziert werden. Überdies benötigen wir eine weitere Grundregel namens *Existenzvoraussetzung*.

In den folgenden Schlussregeln seien $\forall v A(v)$, $\exists v A(v)$ und $A(k)$ Sätze aus QML, v sei eine beliebige Gegenstandsvariable und k eine beliebige Gegenstandskonstante aus QML. $A(v)$ sei eine Formel von QML, in der v an mindestens einer Stelle frei vorkommt.

<u>17a. Allbeseitigung</u> ($\forall$B)

m(m$_1$,…,m$_r$) $\forall v A(v) \wedge E k$
n(m$_1$,…,m$_r$) $A(k)$ $\forall$B, m

<u>17b. Allbeseitigung</u> ($\forall$B)

h(h$_1$,…,h$_r$) $\forall v A(v)$
m(m$_1$,…,m$_s$) $E k$
n(h$_1$,…,m$_s$) $A(k)$ $\forall$B, h, m

$A(k)$ entsteht aus $A(v)$, indem überall dort, wo v in $A(v)$ frei vorkommt, v durch k ersetzt wird.

<u>18a. Existenzeinführung</u> ($\exists$E)

m(m$_1$,…,m$_r$) $A(k) \wedge E k$
n(m$_1$,…,m$_r$) $\exists v A(v)$ $\exists$E, m

<u>18b. Existenzeinführung</u> ($\exists$E)

h(h$_1$,…,h$_r$) $A(k)$
m(m$_1$,…,m$_s$) $E k$
n(h$_1$,…,m$_s$) $\exists v A(v)$ $\exists$E, h, m

$A(k)$ entsteht aus $A(v)$, indem überall dort, wo v in $A(v)$ frei vorkommt, v durch k ersetzt wird.

19. Alleinführung (∀E)

m(m₁,...,m_r)   Ek → $A(k)$
n(m₁,...,m_r) $\forall v A(v)$ ∀E, m, $\underline{k}$

$A(v)$ entsteht aus $A(k)$, indem überall dort, wo k in $A(k)$ vorkommt, k durch v ersetzt wird.

20. Existenzbeseitigung (∃B)

m(m₁,...,m_r) $\exists v A(v)$
n(m₁,...,m_r) $A(k) \land E k$ ∃B, m, $\underline{k}$

$A(k)$ entsteht aus $A(v)$, indem überall dort, wo v in $A(v)$ frei vorkommt, v durch k ersetzt wird. Die Konstante k kommt dabei in $A(v)$ nicht vor.

21. Existenzvoraussetzung (EV)

n( ) $\exists v E v$ EV

Die Grundregeln 1. bis 16. des Kalküls KNS-JMT für die modale Junktorenlogik (Kap. III.1) bilden zusammen mit den quantorenlogischen Grundregeln 17. bis 21. (∀B, ∃E, ∀E, ∃B und EV) die Grundregeln des Kalküls KNS-QMT für die modale Quantorenlogik. Die in den Regeln 1. bis 16. vorkommenden metasprachlichen Variablen A und B stehen in KNS-QMT für beliebige Sätze der Sprache der modalen Quantorenlogik QML.

Die fünf neuen Grundregeln von KNS-QMT sollen nun der Reihe nach kurz erläutert werden. Wir beginnen mit der Allbeseitigung: Wie bereits mit Blick auf Satz IV-3 erwähnt, stimmt es nicht, dass in M-QMT aus einem Allsatz der Form $\forall v A(v)$ logisch ein Satz der Form $A(k)$ folgt, indem eine beliebige Konstante k überall dort für die Variable v eingesetzt wird, wo v in der Formel $A(v)$ frei vorkommt. Der Allquantor bezieht sich nämlich in M-QMT nur auf die in der jeweiligen Welt existierenden Gegenstände. In einer Welt w_i, in der es z. B. nur Menschen gibt, ist somit der Satz „Jeder ist ein Mensch" oder „Alles ist ein Mensch" *wahr*. In w_i kann man aber auch über Objekte aus U, die nicht Elemente von U_{w_i} sind, wahre oder falsche Aussagen treffen. Sei etwa der Kater Garfield Element von U, aber eben nicht Element von U_{w_i}, dann wäre der Satz „Garfield ist ein Mensch" in w_i *falsch*. Wie Satz IV-3 zum Ausdruck bringt, ist ein Schluss von einem Allsatz $\forall vA(v)$ auf einen konkreten Beispielsatz $A(k)$ nur dann gültig, wenn zusätzlich Ek gilt, wenn also das Objekt, für das k steht, in der jeweiligen Welt existiert. Die *Allbeseitigung* ($\forall$B) für KNS-QMT nimmt diese Voraussetzung explizit als Prämisse auf.

Auch die Regel der Existenzeinführung des nicht-modalen Kalküls des natürlichen Schließens, wonach man von „Sherlock Holmes ist ein Detektiv" auf den existenzquantifizierten Satz „Es gibt Detektive" schließen kann, ist im modalen Kalkül KNS-QMT nicht gültig. Im Modell M-QMT bezieht sich der Existenzquantor nur auf die in der jeweiligen Welt existierenden Gegenstände. Es ist demzufolge möglich, dass Sherlock Holmes in einer Welt w_i in die Extension des Eigenschaftsausdrucks „ist ein Detektiv" fällt und dennoch nicht existiert. Gibt es unter den in w_i existierenden Objekten keine Detektive, dann mag der Satz „Sherlock Holmes ist ein Detektiv" in w_i wahr sein, nicht jedoch der Satz „Es gibt Detektive". Aus einem Satz der Form $A(k)$ lässt sich in KNS-QMT daher nur dann mittels *Existenzeinführung* ($\exists$E) ein Satz der Form $\exists vA(v)$ ableiten, wenn zusätzlich die Prämisse Ek gilt.

Für die Schlussregel der Alleinführung gelten bereits im Kalkül des natürlichen Schließens für die nicht-modale Quantorenlogik spezielle Bedingungen. Aus einem Satz der Form $A(k)$ lässt sich dort nur dann ein Allsatz der Form $\forall vA(v)$ gewinnen, wenn k eine zwar feste, aber dennoch *beliebig gewählte Konstante* ist, wenn also k sozusagen als Stellvertreterin für jede beliebige andere Konstante fungiert, denn ein Allsatz der Form $\forall vA(v)$ folgt nur dann logisch aus einem Satz der Form $A(k)$, wenn die durch A ausgedrückte Bedingung nicht nur für das Objekt k gilt, sondern für jedes beliebige Objekt. Da sich der Allquantor in der hier betrachteten modalen Quantorenlogik lediglich auf die in der jeweiligen Welt existierenden Objekte bezieht, ist zudem in KNS-QMT die *Alleinführung* ($\forall$E) nur unter Voraussetzung gültig, dass Ek gilt. In der Alleinführung wird diese Bedingung in der Prämisse durch eine Implikation ausgedrückt.

Zu beachten ist, dass bei der Regel der Alleinführung rechts in Zeile n nach Nennung der Regel $\forall$E und der Zeilennummer m, auf welche die Regel der Alleinführung angewendet wurde, zusätzlich die Konstante *k* notiert und unterstrichen wird. Diese schon in der nicht-modalen Quantorenlogik gebräuchliche *Notierung* der Konstanten *k* unterbindet ungültige Schlüsse, wie sich später im Zusammenhang mit der Definition der Ableitbarkeit in KNS-QMT zeigen wird.

Die Existenzbeseitigung ist ebenfalls nur unter speziellen Bedingungen gültig. Aus einem Satz der Form $\exists v A(v)$ folgt nur dann ein Satz der Form $A(k)$, wenn *k* zwar fest, aber beliebig gewählt wurde. Um Fehlschlüsse zu unterbinden, muss die gewählte Konstante *k* in Zeile n am Ende wiederum *notiert* und unterstrichen werden. Für den modalen Kalkül KNS-QMT muss zusätzlich gelten, dass *k* ein *existierendes* Objekt bezeichnet. Dies kommt in der Existenzbeseitigung dadurch zum Ausdruck, dass zusätzlich zu $A(k)$ auch E*k* folgt.

Für das Modell M-QMT wurde festgelegt, dass alle Gegenstandsbereiche U_{wi} für alle Welten $w_i \in W$ nicht leer sein dürfen. Aufgrund dieser Festlegung erweist sich ein Satz der Form $\exists v E v$ als M-QMT-gültig (siehe Satz IV-5). Mit den bisher bestimmten Regeln für KNS-QMT lässt sich jedoch $\exists v E v$ nicht beweisen.[50] Daher wird die Regel der *Existenzvoraussetzung* (EV) als weitere Grundregel von KNS-QMT eingeführt. Sie erlaubt es, in einer beliebigen Beweiszeile einen Satz der Form $\exists v E v$ zu formulieren, ohne dass dieser Satz von irgendeiner Annahme abhängt.

Die Definitionen der zentralen syntaktischen Begriffe der *Ableitbarkeit* und *Beweisbarkeit* für KNS-QMT lassen sich vom Kalkül KNS-Q der nicht-modalen Quantorenlogik übernehmen (siehe Brendel ²2020, Kap. V.2):

<u>Ableitbarkeit in KNS-QMT</u>
Sei *B* eine Variable für beliebige Sätze aus QML und M eine Menge von Sätzen aus QML, dann gilt:
In KNS-QMT ist ein Satz *B* aus einer Menge M von Sätzen *ableitbar* – symbolisch M ⊢$_{\text{KNS-QMT}}$ *B* – genau dann, wenn es eine

---

[50] Wie wir noch sehen werden (siehe SRT-16), ist allerdings ein Allsatz der Form $\forall v E v$ mithilfe der Regel ∀E in KNS-QMT sehr leicht beweisbar.

nicht leere und endliche Folge von Sätzen gibt, so dass die folgenden Bedingungen 1–6 erfüllt sind:
1. Jeder einzelne Satz der Folge wurde entweder durch Annahmeeinführung (AE) gewonnen oder lässt sich aus vorangehenden Sätzen durch eine der anderen Regeln von KNS-QMT ableiten.
2. Der letzte Satz der Folge ist B.
3. B hängt nur von solchen Annahmen ab, die Elemente aus M sind.
4. Es treten *keine Mehrfachnotierungen* auf.
5. Die bei einer Anwendung der Regel ∀E notierte Konstante darf nicht bereits in einem Satz vorkommen, der durch die Regel ∃B gewonnen wurde.
6. Notierte Konstanten kommen weder in B noch in den Annahmen, von denen B abhängt, vor.

Beweisbarkeit in KNS-QMT
Ein Satz B der Sprache QML ist in KNS-QMT *beweisbar* – symbolisch ⊢$_{\text{KNS-QMT}}$ B – genau dann, wenn ∅ ⊢ $_{\text{KNS-QMT}}$ B.

Die in Kapitel III bewiesenen zulässigen Schlussregeln SRT-1 bis SRT-15 des Kalküls KNS-JMT gelten auch für KNS-QMT. Die metasprachlichen Variablen A und B in diesen Schlussregeln stehen nun für beliebige Sätze der Sprache QML.

Die Bedingungen 4–6 in der Definition der Ableitbarkeit in KNS-QMT stellen wichtige Anforderungen an Ableitungen, in denen (durch die Anwendung der Regeln ∀E oder ∃B) notierte Konstanten vorkommen. Die Einhaltung dieser Bedingungen ist für den Kalkül KNS-QMT zwingend erforderlich, da uns sonst Fehlschlüsse unterlaufen können.

Mehrfachnotierungen treten auf, wenn eine notierte Konstante innerhalb einer Ableitung mehr als einmal notiert wurde. Die folgende fehlerhafte Ableitung zeigt, wie man bei Mehrfachnotierung aus einer wahren Prämisse auf eine falsche Konklusion schließen kann. Es stehe „F" für „... ist rund" und „G" für „... ist quadratisch". Bei Missachtung des Verbots der Mehrfachnotierung (Bedingung 4) könnte man aus der wahren Prämisse, dass es einerseits runde Gegenstände gibt und andererseits quadratische

Gegenstände existieren, die falsche Konklusion ableiten, dass es runde Quadrate gibt (siehe auch Brendel ²2020: 136):

1(1)	$\exists xFx \land \exists xGx$	AE
2(1)	$\exists xFx$	$\land$B, 1
3(1)	$\exists xGx$	$\land$B, 1
4(1)	$Fa \land Ea$	$\exists$B, 2, <u>a</u>
5(1)	$Ga \land Ea$	$\exists$B, 3, <u>a</u> [Fehler!]
6(1)	$Fa \land Ea \land Ga \land Ea$	$\land$E, 4, 5
7(1)	$Fa \land Ga \land Ea$	$\land$B, 6
8(1)	$\exists x(Fx \land Gx)$	$\exists$E, 7

Diese Ableitung ist fehlerhaft, da die Konstante „a" zweimal (in Zeile 4 und Zeile 5 jeweils nach Anwendung der Regel ∃B) notiert wurde. Die Bedingung 4 der Definition der Ableitbarkeit in KNS-QMT ist somit verletzt.

Das folgende Schema einer fehlerhaften Ableitung, in der von einem Existenzsatz der Form $\exists vA(v)$ auf einen Allsatz der Form $\forall vA(v)$ geschlossen wird, verstößt ebenfalls gegen das Verbot der Mehrfachnotierung:

1(1)	$\exists vA(v)$	AE
2(1)	$A(k) \land Ek$	$\exists$B, 2, <u>k</u>[51]
3(1)	$A(k)$	$\land$B, 2
4(1)	$Ek \rightarrow A(k)$	VQ, 3
5(1)	$\forall vA(v)$	$\forall$E, 4, <u>k</u> [Fehler!]

Hier wurde die Konstante k sowohl in Zeile 2 bei der Anwendung der Regel ∃B als auch in Zeile 5 bei der Anwendung der Regel ∀E notiert. Das obige Schema einer Ableitung verstößt nicht nur gegen Bedingung 4, das Verbot der Mehrfachnotierung, sondern auch gegen Bedingung 5 der Definition der Ableitbarkeit in KNS-QMT. Nach dieser Bedingung darf bei der Anwendung der Regel ∀E die dort notierte Konstante nicht bereits in einem Satz vor-

---

[51] Wir gehen hier, wie auch in den folgenden Beweisschemata mit ∃B, davon aus, dass die gewählte Konstante k nicht bereits in $A(v)$ vorkommt.

kommen, der durch die Regel ∃B gewonnen wurde. Die in Zeile 5 notierte Konstante k kommt jedoch im Satz der Zeile 2 vor, der aus einer Anwendung der Regel ∃B hervorgegangen ist.

Wie das folgende Beispiel zeigt, gibt es auch Fälle von Fehlschlüssen, die nur gegen Bedingung 5 verstoßen. Im Folgenden stehe „Q²" für „… ist (biologische) Mutter von …". Wäre es erlaubt, bei einer Anwendung der Regel ∀E eine Konstante zu notieren, die bereits in einem durch die Regel ∃B gewonnenen Satz vorkommt, dann könnte man aus der Prämisse, dass jeder eine Mutter hat, die Konklusion ableiten, dass es eine Person gibt, die Mutter aller Menschen ist. Wenn wir von einem Gegenstandsbereich ausgehen, der nur Menschen umfasst, ist die Prämisse wahr und die Konklusion falsch (siehe auch Brendel ²2020: 137):[52]

1(1)	∀x∃yQ²yx	AE
2(2)	Ea	AE
3(1,2)	∃yQ²ya	∀B, 1, 2
4(1,2)	Q²ba ∧ Eb	∃B, 3, b̲
5(1)	Ea → Q²ba ∧ Eb	→E, 2!, 4
6(1)	∀x(Q²bx ∧ Eb)	∀E, 5, a̲ [Fehler!]
7( )	∃xEx	EV
8( )	Ec_1 ∧ Ec_1	∃B, 7, c̲$_1$
9( )	Ec_1	∧B, 8
10(1)	Q²bc_1 ∧ Eb	∀B, 6, 9
11(1)	Eb	∧B, 10
12(12)	Ec_2	AE
13(1,12)	Q²bc_2 ∧ Eb	∀B, 6, 12
14(1,12)	Q²bc_2	∧B, 13
15(1)	Ec_2 → Q²bc_2	→E, 12!, 14
16(1)	∀xQ²bx	∀E, 15, c̲$_2$
17(1)	∃y∀xQ²yx	∃E, 11, 16

---

[52] Ab Zeile 7 bis zum Ende ist die Ableitung zwar korrekt, aber relativ kompliziert. Sie müssen nicht jeden Schritt nachvollziehen können. Es kommt hier nur darauf an, dass Sie den Fehler in Zeile 6 erkennen und ihn später vermeiden.

In Zeile 6 wird durch die Regel ∀E über die Konstante „a" von Zeile 5 allquantifiziert. Deshalb muss diese Konstante in Zeile 6 rechts notiert werden. Die Konstante „a" kommt jedoch bereits im Satz der Zeile 4 vor, der zuvor durch die Regel ∃B gewonnen wurde. Somit wird hier Bedingung 5 der Definition der Ableitbarkeit in KNS-QMT verletzt.

Es ist leicht einzusehen, dass man auch durch Verstoß gegen Bedingung 6 Fehlschlüsse erzeugen kann. Stehe beispielsweise „F" für „… wurde in Frankfurt am Main geboren" und „a" für „Ludwig van Beethoven". Unter Missachtung von Bedingung 6 könnte man von dem wahren Satz „Es gibt jemanden, der in Frankfurt am Main geboren wurde" auf den falschen Satz schließen, dass Ludwig van Beethoven in Frankfurt am Main geboren wurde:

1(1) ∃xFx   AE
2(1) Fa ∧ Ea   ∃B, 1, a̲
3(1) Fa   ∧B, 2

In dieser fehlerhaften Ableitung kommt die notierte Konstante „a" in der Konklusion vor. Somit wird hier Bedingung 6 verletzt.

Aus der wahren Annahme, dass Johann Wolfgang von Goethe in Frankfurt am Main geboren wurde, folgt natürlich nicht der falsche Satz, dass jeder in Frankfurt am Main geboren wurde. Ein solcher Fehlschluss wird ebenfalls durch Bedingung 6 verhindert. In der folgenden fehlerhaften Ableitung referiert die Konstante „b" auf Johann Wolfgang von Goethe:

1(1) Fb   AE
2(1) Eb → Fb   VQ, 1
3(1) ∀xFx   ∀E, 2, b̲

Die notierte Konstante „b" steht in der Annahme von Zeile 1, von der die Konklusion in Zeile 3 abhängt. Somit ist die Ableitung fehlerhaft, da sie Bedingung 6 der Definition der Ableitbarkeit in KNS-QMT nicht erfüllt.

V.2 Zulässige Schlussregeln in KNS-QMT

Es sollen nun einige wichtige Schlussregeln in KNS-QMT formuliert und bewiesen werden. In den folgenden Schlussregeln SRT-16 bis SRT-24 steht „⊢" jeweils abkürzend für „⊢$_{\text{KNS-QMT}}$". Eine sehr einfach zu beweisende Schlussregel ist das Analogon zum Satz IV-4, wonach alles existiert:

SRT-16
⊢ ∀vEv

Beweisschema:
1(1)	Ek	AE
2( )	Ek → Ek	→E, 1!, 1
3( )	∀vEv	∀E, 2, k

Die Konstante k wird in diesem kurzen Beweis nur einmal notiert. Sie kommt zudem in der Konklusion ∀vEv nicht vor. Die Konklusion hängt außerdem von keiner Annahme ab und damit auch nicht von einer Annahme, in der k vorkäme. Aus der Annahme Ek in Zeile 1 wurde in Zeile 2 mittels →E die logische Wahrheit Ek → Ek gewonnen. Diese Implikation hat den Satz Ek als Antezedens und mit Ek einen Satz der Form $A(k)$ als Konsequens. Mit der Regel ∀E lässt sich hieraus dann die Allaussage ∀vEv ableiten. Dass in KNS-QMT zudem die Aussage beweisbar ist, wonach es etwas gibt, das existiert (⊢ ∃vEv), folgt natürlich unmittelbar aus der Grundregel EV.

In KNS-QMT lässt sich zudem zeigen, dass auch in der modalen Quantorenlogik Sätze der Form ∀$vA(v)$ und Sätze der Form ¬∃v¬$A(v)$ sowie Sätze der Form ∃$vA(v)$ und Sätze der Form ¬∀v¬$A(v)$ wechselseitig auseinander ableitbar sind:

SRT-17
∀$vA(v)$ ⊣⊢ ¬∃v¬$A(v)$
∀v¬$A(v)$ ⊣⊢ ¬∃$vA(v)$
∃$vA(v)$ ⊣⊢ ¬∀v¬$A(v)$
∃v¬$A(v)$ ⊣⊢ ¬∀$vA(v)$

V.2 Zulässige Schlussregeln in KNS-QMT   155

Beweisschema von „⊢" der ersten Variante:

1(1) $\forall v A(v)$ AE
2(2) $\exists v \neg A(v)$ AE
3(2) $\neg A(k) \wedge \mathrm{E}k$ $\exists$B, 2, $\underline{k}$
4(2) $\neg A(k)$ $\wedge$B, 3
5(2)   Ek $\wedge$B, 3
6(1,2) $A(k)$ $\forall$B, 1, 5
7(1) $\neg \exists v \neg A(v)$ WS, 2!, 4, 6

Beweisschema von „⊣" der ersten Variante:

1(1) $\neg \exists v \neg A(v)$ AE
2(2) $\neg A(k)$ AE
3(3)   Ek AE
4(2,3) $\exists v \neg A(v)$ $\exists$E, 2, 3
5(1,3) $A(k)$ WS, 2!, 1, 4
6(1)   E$k \rightarrow A(k)$ $\rightarrow$E, 3!, 5
7(1) $\forall v A(v)$ $\forall$E, 6, $\underline{k}$

Wichtige Ableitungsbeziehungen zwischen quantifizierten Sätzen mit Modaloperatoren werden durch die folgenden Schlussregeln STR-18 und STR-19 formuliert:

<u>SRT-18</u>

$\forall v \Box A(v) \dashv\vdash \neg \exists v \Diamond \neg A(v)$
$\forall v \Box \neg A(v) \dashv\vdash \neg \exists v \Diamond A(v)$
$\exists v \Box A(v) \dashv\vdash \neg \forall v \Diamond \neg A(v)$
$\exists v \Box \neg A(v) \dashv\vdash \neg \forall v \Diamond A(v)$
$\forall v \Diamond A(v) \dashv\vdash \neg \exists v \Box \neg A(v)$
$\forall v \Diamond \neg A(v) \dashv\vdash \neg \exists v \Box A(v)$
$\exists v \Diamond A(v) \dashv\vdash \neg \forall v \Box \neg A(v)$
$\exists v \Diamond \neg A(v) \dashv\vdash \neg \forall v \Box A(v)$

Beweisschema von „⊢" der ersten Variante:

1(1) $\forall v \Box A(v)$ AE
2(2) $\exists v \Diamond \neg A(v)$ AE
3(2) $\Diamond \neg A(k) \wedge \mathrm{E}k$ $\exists$B, 2, $\underline{k}$
4(2) $\Diamond \neg A(k)$ $\wedge$B, 3

156 V. Kalkül des natürlichen Schließens für die modale Quantorenlogik

5(2)	Ek	∧B, 3
6(1,2)	□$A(k)$	∀B, 1, 5
7(1,2)	¬□$A(k)$	◊B, 4
8(1)	¬∃v◊¬$A(v)$	WS, 2!, 6, 7

Beweisschema von „⊣" der ersten Variante:

1(1)	¬∃v◊¬$A(v)$	AE
2(2)	¬□$A(k)$	AE
3(3)	Ek	AE
4(2)	◊¬$A(k)$	◊E, 2
5(2,3)	∃v◊¬$A(v)$	∃E, 3, 4
6(1,3)	□$A(k)$	WS, 2!, 1, 5
7(1)	Ek → □$A(k)$	→E, 3!, 6
8(1)	∀v□$A(v)$	∀E, 7, $\underline{k}$

SRT-19

□∀$vA(v)$ ⊣⊢ ¬◊∃v¬$A(v)$
□∀v¬$A(v)$ ⊣⊢ ¬◊∃$vA(v)$
□∃$vA(v)$ ⊣⊢ ¬◊∀v¬$A(v)$
□∃v¬$A(v)$ ⊣⊢ ¬◊∀$vA(v)$
◊∀$vA(v)$ ⊣⊢ ¬□∃v¬$A(v)$
◊∀v¬$A(v)$ ⊣⊢ ¬□∃$vA(v)$
◊∃$vA(v)$ ⊣⊢ ¬□∀v¬$A(v)$
◊∃v¬$A(v)$ ⊣⊢ ¬□∀$vA(v)$

Stellvertretend für die anderen Varianten sei hier die siebte Variante von SRT-19 bewiesen:

Beweisschema von „⊢":

1(1)	◊∃$vA(v)$	AE
2(1)	¬□¬∃$vA(v)$	◊B, 1
3( )	∀v¬$A(v)$ → ¬∃$vA(v)$	SRT-17
4( )	□∀v¬$A(v)$ → □¬∃$vA(v)$	□I, 3
5(1)	¬□∀v¬$A(v)$	MT, 2, 4

V.2 Zulässige Schlussregeln in KNS-QMT

Beweisschema von „⊣":

1(1)	$\neg\Box\forall v\neg A(v)$	AE
2( )	$\neg\exists vA(v) \to \forall v\neg A(v)$	SRT-17
3( )	$\Box\neg\exists vA(v) \to \Box\forall v\neg A(v)$	$\Box$I, 2
4(1)	$\neg\Box\neg\exists vA(v)$	MT, 1, 3
5(1)	$\Diamond\exists vA(v)$	$\Diamond$E, 4

Da es aufgrund der Existenzvoraussetzung EV stets ein Objekt gibt, das existiert, lässt sich in KNS-QMT aus einem Allsatz der Form $\forall vA(v)$ ein Existenzsatz der Form $\exists vA(v)$ ableiten:

<u>SRT-20</u>

$\forall vA(v) \vdash \exists vA(v)$

Beweisschema:

1(1)	$\forall vA(v)$	AE
2( )	$\exists v\text{E}v$	EV
3( )	$\text{E}k \land \text{E}k$	$\exists$B, 2, k
4( )	$\text{E}k$	$\land$B, 3
5(1)	$A(k)$	$\forall$B, 1, 4
6(1)	$\exists vA(v)$	$\exists$E, 4, 5

Ein Allsatz der Form $\forall vA(v)$ ist in M-QMT mit einem Satz der Form $\forall v(\text{E}v \to A(v))$ logisch äquivalent und ebenso ein Existenzsatz der Form $\exists vA(v)$ mit einem Satz der Form $\exists v(\text{E}v \land A(v))$. Die syntaktischen Varianten dieser logischen Äquivalenzen werden durch die Schlussregeln SRT-21 und SRT-22 zum Ausdruck gebracht:

<u>SRT-21</u>

$\forall vA(v) \dashv\vdash \forall v(\text{E}v \to A(v))$

Beweisschema von „⊢":

1(1)	$\forall vA(v)$	AE
2(2)	$\text{E}k$	AE
3(1,2)	$A(k)$	$\forall$B, 1, 2
4(1)	$\text{E}k \to A(k)$	$\to$E, 2!, 3

5(1) $Ek \to (Ek \to A(k))$ VQ, 4
6(1) $\forall v(Ev \to A(v))$ $\forall$E, 5, $\underline{k}$

Beweisschema von „⊣":

1(1) $\forall v(Ev \to A(v))$ AE
2(2) Ek AE
3(1,2) $Ek \to A(k)$ $\forall$B, 1, 2
4(1,2) $A(k)$ $\to$B, 2, 3
5(1) $Ek \to A(k)$ $\to$E, 2!, 4
6(1) $\forall v A(v)$ $\forall$E, 5, $\underline{k}$

<u>SRT-22</u>

$\exists v A(v) \dashv \vdash \exists v(Ev \wedge A(v))$

Beweisschema von „⊢":

1(1) $\exists v A(v)$ AE
2(1) $A(k) \wedge Ek$ $\exists$B, 1, $\underline{k}$
3(1) Ek $\wedge$B, 2
4(1) $A(k) \wedge Ek \wedge Ek$ $\wedge$E, 2, 3
5(1) $\exists v(Ev \wedge A(v))$ $\exists$E, 4

Beweisschema von „⊣":

1(1) $\exists v(Ev \wedge A(v))$ AE
2(1) $A(k) \wedge Ek \wedge Ek$ $\exists$B, 1, $\underline{k}$
3(1) $A(k) \wedge Ek$ $\wedge$B, 2
4(1) $\exists v A(v)$ $\exists$E, 3

Die folgenden Schlussregeln SRT-23 und SRT-24 formulieren zwei weitere wichtige Ableitungsgesetze in KNS-QMT mit Notwendigkeitsoperatoren:

<u>SRT-23</u>

$\Box \forall v A(v) \vdash \forall v \Box (Ev \to A(v))$

Beweisschema:

1(1) $\Box \forall v A(v)$ AE
2(2) $\forall v A(v)$ AE
3(3) Ek AE

4(2,3) $A(k)$ $\qquad$ ∀B, 2, 3
5(2) $Ek \to A(k)$ $\qquad$ →E, 3!, 4
6( ) $\forall v A(v) \to (Ek \to A(k))$ $\qquad$ →E, 2!, 5
7( ) $\Box \forall v A(v) \to \Box(Ek \to A(k))$ $\qquad$ □I, 7
8(1) $\Box(Ek \to A(k))$ $\qquad$ →B, 1, 7
9(1) $Ek \to \Box(Ek \to A(k))$ $\qquad$ VQ, 8
10(1) $\forall v \Box(Ev \to A(v))$ $\qquad$ ∀E, 9, <u>k</u>

<u>SRT-24</u>

$\forall v \Box (A(v) \to B(v)) \vdash \forall v(\Box A(v) \to \Box B(v))$

Beweisschema:

1(1) $\forall v \Box (A(v) \to B(v))$ $\qquad$ AE
2(2) Ek $\qquad$ AE
3(1,2) $\Box(A(k) \to B(k))$ $\qquad$ ∀B, 1, 2
4(1,2) $\Box A(k) \to \Box B(k)$ $\qquad$ □D, 3
5(1) $Ek \to (\Box A(k) \to \Box B(k))$ $\qquad$ →E, 2!, 4
6(1) $\forall v(\Box A(v) \to \Box B(v))$ $\qquad$ ∀E, 5, <u>k</u>

V.3 Der Kalkül KNS-QMT^ME für die modale Quantorenlogik

In Kap. IV.6 wurden die ME- und NE-Modelle der modalen Quantorenlogik eingeführt und diskutiert. Diese Modelle stellen gewisse Anforderungen an die Populationen der jeweiligen möglichen Welten. In einem ME-Modell gilt, dass für alle Welten w_i und w_k mit $w_i R w_k$ eines Modells QMT der modalen Quantorenlogik $U_{wi} \supseteq U_{wk}$ gilt. Die Menge der existierenden Objekte in Welten w_k, die von der Welt w_i aus zugänglich sind, ist nach dieser Bedingung stets eine (echte oder unechte) Teilmenge der Menge der in w_i existierenden Objekte. In einer von w_i zugänglichen Welt w_k können also keine Objekte existieren, die nicht bereits in w_i existieren. Diese Bedingung hat zur Folge, dass die mögliche Existenz von Objekten in einer gegebenen Welt deren Existenz nach sich zieht. Ein Satz der Form Ek ist daher in M-QMT^ME eine logische Folgerung aus einem Satz der Form $\Diamond Ek$, und $\Diamond Ek \to Ek$ ist M-QMT^ME-gültig (vgl. Satz IV-6).

Ein Kalkül des natürlichen Schließens für die modale Quantorenlogik, welcher die und nur die logischen Folgerungen des ME-

160 V. Kalkül des natürlichen Schließens für die modale Quantorenlogik

Modells abzuleiten gestattet (und in dem die und nur die M-QMT^{ME}-gültigen Sätze beweisbar sind), ist der Kalkül KNS-QMT^{ME}. Er besteht aus den Grundregeln von KNS-QMT sowie einer weiteren Grundregel, die es erlaubt, aus der möglichen Existenz eines Gegenstands auf dessen Existenz zu schließen:

<u>ME-Regel</u> (ME)

m(m$_1$,...,m$_r$)	◊Ek	
n(m$_1$,...,m$_r$)	Ek	ME, m

Die Begriffe der logischen Ableitbarkeit und Beweisbarkeit in KNS-QMT^{ME}, symbolisch: ⊢$_{KNS\text{-}QMTME}$, werden in Entsprechung zu den Begriffen der Ableitbarkeit und Beweisbarkeit in KNS-QMT definiert.

Die folgenden Schlussregeln SRME-1 und SRME-2 formulieren syntaktische Analogien zu Satz IV-8. Sie bringen zum Ausdruck, dass die Barcan-Formeln BF und BF* in KNS-QMT^{ME} beweisbar sind:

<u>SRME-1</u> (Barcan-Formel BF)

◊∃$vA(v)$ ⊢$_{KNS\text{-}QMTME}$ ∃v◊$A(v)$

⊢$_{KNS\text{-}QMTME}$ ◊∃$vA(v)$ → ∃v◊$A(v)$

Beweisschema:

1(1)	◊∃$vA(v)$	AE
2(2)	Ek → ¬$A(k)$	AE
3(2)	∀v¬$A(v)$	∀E, 2, k
4( )	(Ek → ¬$A(k)$) → ∀v¬$A(v)$	→E, 2!, 3
5( )	□(Ek → ¬$A(k)$) → □∀v¬$A(v)$	□I, 4
6(6)	□(Ek → ¬$A(k)$)	AE
7(6)	□∀v¬$A(v)$	→B, 5, 6
8(6)	¬◊∃$vA(v)$	SRT-19, 7
9(1)	¬□(Ek → ¬$A(k)$)	WS, 6!, 1, 8
10( )	¬(Ek ∧ $A(k)$) → (Ek → ¬$A(k)$)	DL
11( )	□¬(Ek ∧ $A(k)$) → □(Ek → ¬$A(k)$)	□I, 10
12(1)	¬□¬(Ek ∧ $A(k)$)	MT, 9, 11
13(1)	◊(Ek ∧ $A(k)$)	◊E, 12

14(1) $\Diamond \mathrm{E}k \wedge \Diamond A(k)$	SRT-6, 13
15(1) $\Diamond \mathrm{E}k$	$\wedge$B, 14
16(1) $\Diamond A(k)$	$\wedge$B, 14
17(1) $\mathrm{E}k$	ME, 15
18(1) $\exists v \Diamond A(v)$	$\exists$E, 16, 17

SRME-2 (Barcan-Formel BF*)

$\forall v \Box A(v) \vdash_{\text{KNS-QMTME}} \Box \forall v A(v)$

$\vdash_{\text{KNS-QMTME}} \forall v \Box A(v) \rightarrow \Box \forall v A(v)$

Beweisschema:

1(1)	$\forall v \Box A(v)$	AE
2(1)	$\neg \exists v \Diamond \neg A(v)$	SRT-18, 1
3( )	$\Diamond \exists v \neg A(v) \rightarrow \exists v \Diamond \neg A(v)$	SRME-1
4(1)	$\neg \Diamond \exists v \neg A(v)$	MT, 2, 3
5(1)	$\Box \forall v A(v)$	SRT-19, 4

V.4 Der Kalkül KNS-QMT^{NE} für die modale Quantorenlogik

Ein syntaktisches Gegenstück zum NE-Modell der modalen Quantorenlogik ist der Kalkül KNS-QMT^{NE}. In einem NE-Modell gilt für alle Welten w_i und $w_k \in W$ mit $w_i R w_k$: $U_{wi} \subseteq U_{wk}$. Alle in einer Welt w_i existierenden Objekte existieren demzufolge auch in allen von w_i aus zugänglichen Welten w_k. In einem NE-Modell folgt daher aus der Existenz eines Objektes in einer Welt w_i, dass dieses Objekt *notwendigerweise* existiert. Ein Satz der Form $\Box \mathrm{E}k$ ist im NE-Modell somit eine logische Folgerung aus einem Satz der Form $\mathrm{E}k$, und $\mathrm{E}k \rightarrow \Box \mathrm{E}k$ ist daher M-QMT^{NE}-gültig (vgl. Satz IV-7).

Erweitert man den Kalkül KNS-QMT um eine Grundregel, die es erlaubt, aus einem Satz der Form $\mathrm{E}k$ einen Satz der Form $\Box \mathrm{E}k$ abzuleiten, erhält man den Kalkül KNS-QMT^{NE}:

NE-Regel (NE)

m(m$_1$,…,m$_r$)	$\mathrm{E}k$	
n(m$_1$,…,m$_r$)	$\Box \mathrm{E}k$	NE, m

162 V. Kalkül des natürlichen Schließens für die modale Quantorenlogik

In Analogie zu Satz IV-9 lässt sich zeigen, dass in KNS-QMT^{NE} die konversen Barcan-Formeln KBF und KBF* beweisbar sind:

SRNE-1 (konverse Barcan-Formel KBF)
$\exists v \Diamond A(v)$ ⊢$_{KNS\text{-}QMTNE}$ $\Diamond \exists v A(v)$
⊢$_{KNS\text{-}QMTNE}$ $\exists v \Diamond A(v) \to \Diamond \exists v A(v)$

Beweisschema:

1(1)	$\exists v \Diamond A(v)$	AE
2(1)	$\Diamond A(k) \wedge Ek$	$\exists$B, 1, $\underline{k}$
3(1)	$\Diamond A(k)$	$\wedge$B, 2
4(1)	Ek	$\wedge$B, 2
5(5)	$\Box \forall v \neg A(v)$	AE
6(5)	$\forall v \Box (Ev \to \neg A(v))$	SRT-23, 5
7(1,5)	$\Box (Ek \to \neg A(k))$	$\forall$B, 4, 6
8(1,5)	$\Box Ek \to \Box \neg A(k)$	$\Box$D, 7
9(1)	$\Box Ek$	NE, 4
10(1,5)	$\Box \neg A(k)$	$\to$B, 8, 9
11(1,5)	$\neg \Diamond A(k)$	SRT-1, 10
12(1)	$\neg \Box \forall v \neg A(v)$	WS, 5!, 3, 11
13(1)	$\Diamond \exists v A(v)$	SRT-19, 12

SRNE-2 (konverse Barcan-Formel KBF*)
$\Box \forall v A(v)$ ⊢$_{KNS\text{-}QMTNE}$ $\forall v \Box A(v)$
⊢$_{KNS\text{-}QMTNE}$ $\Box \forall v A(v) \to \forall v \Box A(v)$

Beweisschema:

1(1)	$\Box \forall v A(v)$	AE
2(1)	$\neg \Diamond \exists v \neg A(v)$	SRT-19, 1
3( )	$\exists v \Diamond \neg A(v) \to \Diamond \exists v \neg A(v)$	SRNE-1
4(1)	$\neg \exists v \Diamond \neg A(v)$	MT, 2, 3
5(1)	$\forall v \Box A(v)$	SRT-18, 4

Mit den Aufgaben im folgenden abschließenden Unterkapitel soll das eigenständige Ableiten im Rahmen der vorgestellten Kalküle des natürlichen Schließens für die modale Quantorenlogik weiter eingeübt werden.

V.5 Übungen zu Kapitel V

Übung V.1
Seien $A(v)$ und $B(v)$ beliebige Formeln von QML, in der die Variable v an (mindestens einer Stelle) frei vorkommt. Zeigen Sie die Gültigkeit der Ableitbarkeitsbeziehungen folgender Sätze aus QML im Kalkül KNS-QMT:

a) $\vdash \Box \forall v (A(v) \vee \neg A(v))$
b) $\exists v \Diamond (A(v) \wedge B(v)) \dashv\vdash \neg \forall v \Box (A(v) \rightarrow \neg B(v))$
c) $\exists v \Diamond (Ev \wedge A(v)) \vdash \Diamond \exists v A(v)$

(Hinweis: Beim Beweis von c) kann b) verwendet werden.)

Übung V.2
Sei $A(v)$ eine beliebige Formel von QML, in der die Variable v an (mindestens einer Stelle) frei vorkommt, und sei k eine beliebige Gegenstandskonstante von QML. Zeigen Sie, dass die folgenden Ableitbarkeitsbeziehungen gelten:

a) $\vdash_{\text{KNS-QMTME}} \Box (Ek \leftrightarrow \Diamond Ek)$
b) $\exists v \Diamond A(v) \vdash_{\text{KNS-QMTNE}} \Diamond \exists v A(v)$

Anhang: Lösungen zu den Übungen

Lösungen zu den Übungen von Kapitel II

Übung II.1
a) $p_2 \wedge \Diamond \neg p_1$
b) $p_4 \to \Diamond p_5$
c) $\neg \Box p_1 \wedge \neg \neg \Diamond p_1$ (oder: $\neg \Box p_1 \wedge \Diamond p_1$)
d) $\neg p_2 \to (\Diamond p_3 \wedge \neg \Box p_3)$
e) $\neg \Box (p_2 \leftrightarrow \neg p_3)$
f) $\Box \Box (p_2 \to \neg p_3)$
g) $(p_2 \to \neg \Diamond \neg p_5) \wedge (p_3 \to \neg \Diamond \neg p_5)$

Übung II.2
a) Es ist möglicherweise notwendig, dass Azra und Bertha ein Paar sind.
b) Es ist notwendig, dass Azra genau dann Single ist, wenn sie alleinstehend ist.
c) Wenn es möglich ist, dass Azra und Bertha ein Paar sind, dann ist es nicht notwendig, dass sie beide Singles sind.
d) Es ist nicht möglich, dass Bertha Single ist und sie und Azra ein Paar sind.
e) Es ist notwendig, dass Azra möglicherweise Single ist oder möglicherweise kein Single ist.
f) Wenn es notwendig ist, dass sowohl Azra als auch Bertha alleinstehend sind, dann ist es nicht möglich, dass Azra und Bertha ein Paar sind.

Übung II.3
a) Zu zeigen ist: $\Diamond A$ ⊨⊣⊨$_{\text{M-JMT}}$ $\neg \Box \neg A$.
Beweis von „⊨":
Sei $V_{wi}(\Diamond A) = 1$ für einen beliebigen Satz A von JML, ein beliebiges T-Modell M-JMT = <W, R, V_{wi}> und eine beliebige Welt $w_i \in W$. Somit gibt es eine Welt $w_k \in W$ mit $w_i R w_k$ und $V_{wk}(A) = 1$. Es sei nun angenommen, dass $V_{wi}(\neg \Box \neg A) = 0$

gelte, d. h., dass $V_{wi}(\Box\neg A) = 1$. Hieraus folgt, dass für *alle* Welten $w_j \in W$ mit w_iRw_j gilt: $V_{wj}(\neg A) = 1$. Folglich gilt auch $V_{wk}(\neg A) = 1$ – und somit $V_{wk}(A) = 0$. Dies steht jedoch im Widerspruch zu $V_{wk}(A) = 1$. Somit ist die Annahme $V_{wi}(\neg\Box\neg A) = 0$ widerlegt, und es gilt $V_{wi}(\neg\Box\neg A) = 1$.

Beweis von „∃":

Sei $V_{wi}(\neg\Box\neg A) = 1$ für einen beliebigen Satz A von JML, ein beliebiges T-Modell M-JMT = <W, R, V_{wi}> und eine beliebige Welt $w_i \in W$, d. h. $V_{wi}(\Box\neg A) = 0$. Somit gilt *nicht* für alle Welten $w_k \in W$ mit w_iRw_k: $V_{wk}(\neg A) = 1$, d. h. es gibt mindestens eine Welt $w_j \in W$ mit w_iRw_j: $V_{wj}(A) = 1$. Somit ist $V_{wi}(\Diamond A) = 1$.

b) Zu zeigen ist: $\Box(A \land B) \vDash_{\text{M-JMT}} \Box(A \to B)$.

Sei $V_{wi}(\Box(A \land B)) = 1$ für beliebige Sätze A und B von JML, ein beliebiges T-Modell M-JMT = <W, R, V_{wi}> und eine beliebige Welt $w_i \in W$. Somit ist $V_{wk}(A \land B) = 1$ für alle Welten $w_k \in W$ mit w_iRw_k, d. h. $V_{wk}(A) = 1$ und $V_{wk}(B) = 1$. Daher ist auch $V_{wk}(A \to B) = 1$ in allen Welten $w_k \in W$ mit w_iRw_k und somit $V_{wi}(\Box(A \to B)) = 1$.

c) Zu zeigen ist (durch ein Beispielmodell mit mindestens zwei verschiedenen Welten), dass $\Box(A \to B) \nvDash_{\text{M-JMT}} \Box(A \land B)$.

Sei M-JMT = <W, R, V_{wi}> ein konkretes T-Modell mit W = $\{w_1, w_2\}$. Es sei R = $\{<w_1, w_1>, <w_1, w_2>, <w_2, w_2>\}$. Es gelten für Sätze „p" und „q" von JML die folgenden Wahrheitswerte in den Welten w_1 und w_2: $V_{w1}(p) = 1$, $V_{w1}(q) = 1$, $V_{w2}(p) = 0$, $V_{w2}(q) = 1$. Somit gilt $V_{w1}(\Box(p \to q)) = 1$, denn in beiden von w_1 aus zugänglichen Welten w_1 und w_2 ist die Implikation „p $\to$ q" wahr. Es gilt jedoch w_1Rw_2 und $V_{w2}(p \land q) = 0$ und daher $V_{w1}(\Box(p \land q)) = 0$.

d) Zu zeigen ist (durch ein Beispielmodell mit mindestens zwei verschiedenen Welten), dass $\neg A \nvDash_{\text{M-JMT}} \Box(A \to B)$.

Sei M-JMT = <W, R, V_{wi}> ein konkretes T-Modell mit W = $\{w_1, w_2\}$. Es sei R = $\{<w_1, w_1>, <w_1, w_2>, <w_2, w_2>\}$. Es gelten für die Sätze „p" und „q" von JML die folgenden Wahrheitswerte in w_1 und w_2: $V_{w1}(p) = 0$, $V_{w1}(q) = 1$ (der Wahrheitswert von „q" in w_1 spielt hier jedoch keine Rolle), $V_{w2}(p)$

= 1, $V_{w2}(q) = 0$. Somit gilt: $V_{w1}(\neg p) = 1$. Außerdem gilt w_1Rw_2 und $V_{w2}(p \rightarrow q) = 0$. Daher ist $V_{w1}(\Box(p \rightarrow q)) = 0$.

<u>Übung II.4</u>
a) Die Relation R des angegebenen Modells M ist *reflexiv* und *transitiv*, nicht jedoch symmetrisch. Es handelt sich daher um ein *S4-Modell* (und damit auch um ein T-Modell), nicht jedoch um ein S5-Modell.
b) Die Wahrheitswerte der Sätze in M lauten wie folgt:

i.) $\quad V_{w1}(p \rightarrow q) = \mathbf{0}$
ii.) $\quad V_{w1}(\Box(p \vee q)) = \mathbf{0}$
iii.) $\quad V_{w1}(\Diamond\Box p) = \mathbf{1}$
iv.) $\quad V_{w1}(\neg(\Diamond p \wedge \Diamond q)) = \mathbf{0}$
v.) $\quad V_{w1}(\neg\Box\Diamond q) = \mathbf{0}$
vi.) $\quad V_{w2}(\Box p \wedge \Diamond q) = \mathbf{1}$
vii.) $\quad V_{w2}(p \rightarrow \Box p) = \mathbf{1}$
viii.) $\quad V_{w3}(\Box p \wedge \Diamond q) = \mathbf{0}$
ix.) $\quad V_{w4}(\Box(p \leftrightarrow q)) = \mathbf{0}$
x.) $\quad V_{w4}(\neg\Diamond(p \wedge q)) = \mathbf{1}$

<u>Übung II.5</u>
Zu zeigen ist (durch ein Beispielmodell mit mindestens drei verschiedenen Welten), dass: $A \nvDash_{\text{M-JMS4}} \Box\Diamond A$.
Sei M-JMS4 = <W, R, V_{wi}> ein konkretes S4-Modell mit W = {w_1, w_2, w_3}. Es sei R = {<w_1, w_1>, <w_1, w_2>, <w_1, w_3>, <w_2, w_2>, <w_2, w_3>, <w_3, w_3>}. Weiterhin gelte für einen Satz „p" von JML: $V_{w1}(p) = 1$, $V_{w2}(p) = 1$ und $V_{w3}(p) = 0$. Somit gilt: $V_{w1}(p) = 1$, jedoch $V_{w1}(\Box\Diamond p) = 0$, da nicht in jeder von w_1 aus zugänglichen Welt „p" möglich ist. In der von w_1 aus zugänglichen Welt w_3 gilt nämlich: $V_{w3}(\Diamond p) = 0$.

Lösungen zu den Übungen von Kapitel III

<u>Übung III.1</u>
a) Zu zeigen in KNS-JMT: $\neg\Box A \vee \Box\neg A \vdash \Diamond\neg A$

Beweisschema:
1(1) ¬□A ∨ □¬A AE
2( ) ¬□A → ◊¬A ◊E
3( ) □¬A → ◊¬A SRT-3
4(1) ◊¬A AD, 1, 2, 3

b) Zu zeigen in KNS-JMT: □(A → B) ⊣⊢ ¬◊(A ∧ ¬B)
Beweisschema von „⊢":
1(1) □(A → B)   AE
2( ) (A → B) → ¬(A ∧ ¬B)   DL
3( ) □(A → B) → □¬(A ∧ ¬B)   □I, 2
4(1) □¬(A ∧ ¬B)   →B, 1, 3
5(1) ¬◊(A ∧ ¬B)   SRT-1, 4

Beweisschema von „⊣":
1(1) ¬◊(A ∧ ¬B)   AE
2(1) □¬(A ∧ ¬B)   SRT-1, 1
3( ) ¬(A ∧ ¬B) → (A → B)   DL
4( ) □¬(A ∧ ¬B) → □(A → B)   □I, 3
5(1) □(A → B)   →B, 2, 4

c) Zu zeigen in KNS-JMT:
□¬A ⊣⊢ □(A → B) ∧ □(A → ¬B)
Beweisschema von „⊢":
1(1) □¬A AE
2(1) □(A → B)   SRT-12, 1
3(1) □(A → ¬B)   SRT-12, 1
4(1) □(A → B) ∧ □(A → ¬B)   ∧E, 2, 3

Beweisschema von „⊣":
1(1) □(A → B) ∧ □(A → ¬B)   AE
2(1) □((A → B) ∧ (A → ¬B))   STR-5, 1
3( ) (A → B) ∧ (A → ¬B) → (A → (B ∧ ¬B))   DIS
4( ) (A → (B ∧ ¬B)) → ¬A ¬E
5( ) (A → B) ∧ (A → ¬B) → ¬A KET, 3, 4

Lösungen zu den Übungen von Kapitel III

6( )	$\Box((A \to B) \land (A \to \neg B)) \to \Box\neg A$	$\Box$I, 5
7(1)	$\Box\neg A$	$\to$B, 2, 6

Übung III.2

Zu zeigen in KNS-JMS4: $\Box A \lor \Box B \dashv\vdash \Box(\Box A \lor \Box B)$

Beweisschema von „⊢":

1(1)	$\Box A \lor \Box B$	AE
2(2)	$\Box A$	AE
3(2)	$\Box\Box A$	S4, 2
4(2)	$\Box\Box A \lor \Box\Box B$	$\lor$E, 3
5(2)	$\Box(\Box A \lor \Box B)$	SRT-7, 4
6( )	$\Box A \to \Box(\Box A \lor \Box B)$	$\to$E, 2!, 5
7(7)	$\Box B$	AE
8(7)	$\Box\Box B$	S4, 2
9(7)	$\Box\Box A \lor \Box\Box B$	$\lor$E, 8
10(7)	$\Box(\Box A \lor \Box B)$	SRT-7, 9
11( )	$\Box B \to \Box(\Box A \lor \Box B)$	$\to$E, 7!, 10
12(1)	$\Box(\Box A \lor \Box B)$	AD, 1, 6, 11

Beweisschema von „⊣":

1(1)	$\Box(\Box A \lor \Box B)$	AE
2(1)	$\Box A \lor \Box B$	$\Box$B, 1

Übung III.3

a) Zu zeigen in KNS-JMS5: $A \vdash \Box\Diamond A$

Beweisschema:

1(1)	A	AE
2(1)	$\Diamond A$	SRT-2, 1
3(1)	$\Box\Diamond A$	S5, 2

b) Zu zeigen in KNS-JMS5: $\Diamond\Box A \vdash A$

Beweisschema:

1(1)	$\Diamond\Box A$	AE
2(1)	$\Box A$	SRS5-2, 1
3(1)	A	$\Box$B, 2

c) Zu zeigen in KNS-JMS5: $\Box(A \lor \Diamond B)$ ⊣⊢ $\Box A \lor \Diamond B$
Beweisschema von „⊢":

1(1)	$\Box(A \lor \Diamond B)$	AE
2(1)	$\Box A \lor \Diamond\Diamond B$	SRT-8, 1
3( )	$\Box A \to \Box A \lor \Diamond B$	$\lor$E
4( )	$\Diamond\Diamond B \to \Diamond B$	SRS4-2
5( )	$\Diamond B \to \Box A \lor \Diamond B$	$\lor$E
6( )	$\Diamond\Diamond B \to \Box A \lor \Diamond B$	KET, 4, 5
7(1)	$\Box A \lor \Diamond B$	AD, 2, 3, 6

Beweisschema von „⊢":

1(1)	$\Box A \lor \Diamond B$	AE
2( )	$\Box A \to \Box A \lor \Box\Diamond B$	$\lor$E
3( )	$\Diamond B \to \Box\Diamond B$	S5
4( )	$\Box\Diamond B \to \Box A \lor \Box\Diamond B$	$\lor$E
5( )	$\Diamond B \to \Box A \lor \Box\Diamond B$	KET 3, 4
6(1)	$\Box A \lor \Box\Diamond B$	AD, 1, 2, 5
7(1)	$\Box(A \lor \Diamond B)$	SRT-7, 6

Lösungen zu den Übungen von Kapitel IV

Übung IV.1

a) $\forall x F \Box x$ **keine Formel**
b) $\Box\Diamond Q^2 ax$ **Formel, aber kein Satz**
c) $\exists x \Diamond Gx \to \Diamond \exists x Gx$ **Formel und Satz**
d) $\forall x \Box \exists y Q^2 xy$ **Formel und Satz**
e) Eab **keine Formel**
f) $\forall x Fx \lor \Diamond Gx$ **Formel, aber kein Satz**
g) $\Box \neg \Diamond Q^2 b$ **keine Formel**
h) $\forall x \exists y (Ex \to Ey)$ **Formel und Satz**
i) $\exists x (\neg \Box Q^2 xx \land \neg \Diamond Q^2 xx)$ **Formel und Satz**
j) $(Ea_1 \leftrightarrow Ea_2) \to (\exists x_1 \exists x_2 (Ex_1 \leftrightarrow Ex_2))$ **Formel und Satz**
k) ExFx **keine Formel**
l) $\Diamond \exists x \land Fa$ **keine Formel**

Lösungen zu den Übungen von Kapitel IV 171

Übung IV.2
 a) $\Diamond(\neg Ga \wedge \neg Fa)$
 b) $Ha \rightarrow \Box \neg Fa$
 c) $\Diamond \exists x(Hx \wedge Ex)$
 d) $\neg \Diamond \exists x Q^2 xx$ [oder: $\Box \forall x \neg Q^2 xx$]
 e) $\forall x(\neg Q^2 xa \rightarrow \Diamond Gx)$
 f) $\Diamond Ha \leftrightarrow \forall x(Gx \rightarrow Q^2 ax)$

Übung IV.3
 a) $V_{w1}(Ea \wedge \Diamond \neg Ea) = 1$
 b) $V_{w1}(\forall x(Fx \rightarrow Gx)) = 1$
 c) $V_{w1}(\Box \exists x Q^2 xx) = 0$
 d) $V_{w2}(\Box \forall x Q^2 xx) = 1$
 e) $V_{w3}(\exists x \Diamond Gx \rightarrow \Diamond \exists x Gx) = 0$
 f) $V_{w1}(\Box \Diamond \exists x(Fx \wedge Gx)) = 0$
 g) $V_{w1}(\forall x \Diamond \exists y Q^2 xy) = 1$

Übung IV.4
a) Zu zeigen ist: $\models_{\text{M-QMTME}} \forall v \Box A(v) \rightarrow \Box \forall v A(v)$.
Sei $V_{wi}(\forall v \Box A(v)) = 1$ in einem M-QMT^{ME}-Modell für eine Welt $w_i \in W$, d. h. alle in w_i existierenden Objekte genügen in jeder Welt $w_k \in W$ mit $w_i R w_k$ der durch A ausgedrückten Bedingung. Da $U_{wi} \supseteq U_{wk}$ (d. h. jedes in w_k existierende Objekt existiert auch in w_i), genügen in allen Welten w_k auch alle in w_k existierenden Objekte der durch A ausgedrückten Bedingung. Somit ist $V_{wi}(\Box \forall v A(v)) = 1$ – und daher $\models_{\text{M-QMTME}} \forall v \Box A(v) \rightarrow \Box \forall v A(v)$.
b) Zu zeigen ist: $\not\models_{\text{M-QMT}} \exists v \Box A(v) \rightarrow \Box \exists v A(v)$.
Gegeben sei ein M-QMT-Modell mit $W = \{w_1, w_2\}$, $U_{w1} = \{g_1, g_2\}$, $U_{w2} = \{g_2\}$, $I_{w1}(\text{„F"}) = I_{w2}(\text{„F"}) = \{g_1\}$ und $R = \{<w_1, w_1>, <w_2, w_2>, <w_1, w_2>\}$. In diesem Modell gilt: $V_{w1}(\exists x \Box Fx) = 1$. Jedoch ist $V_{w1}(\Box \exists x Fx) = 0$, da es in der von w_1 aus zugänglichen Welt w_2 kein dort existierendes Objekt gibt, das in die Extension von „F" fällt. Somit gilt: $\not\models_{\text{M-QMT}} \exists v \Box A(v) \rightarrow \Box \exists v A(v)$.

Übung IV.5

a) Zu zeigen ist: $A \land (A \to B) \not\models_{\text{M-QMTI}} B$.

Gegeben sei ein Modell M-QMT^I mit $V_{wi}(A) = \frac{1}{2}$ und $V_{wi}(B) = 0$ für Sätze A und B von QML. Dann ist $V_{wi}(A \to B) = \frac{1}{2}$ und somit $V_{wi}(A \land (A \to B)) = \frac{1}{2}$. Damit ist $A \land (A \to B) \not\models_{\text{M-QMTI}} B$.

b) Zu zeigen: ist $\models_{\text{M-QMTI}} \theta k \lor \neg \theta k$.

Gegeben sei ein Modell M-QMT^I. Sei θ eine Eigenschaftskonstante und k eine Gegenstandskonstante von QML sowie $w_i \in W$ eine Welt von M-QMT^I. Es gibt nun die folgenden drei Möglichkeiten:

1. $V_{wi}(\theta k) = 1$. In diesem Fall ist $V_{wi}(\neg \theta k) = 0$ und somit $V_{wi}(\theta k \lor \neg \theta k) = 1$.

2. $V_{wi}(\theta k) = \frac{1}{2}$. In diesem Fall ist $V_{wi}(\neg \theta k) = \frac{1}{2}$ und somit $V_{wi}(\theta k \lor \neg \theta k) = \frac{1}{2}$.

3. $V_{wi}(\theta k) = 0$. In diesem Fall gilt $V_{wi}(\neg \theta k) = 1$ und daher $V_{wi}(\theta k \lor \neg \theta k) = 1$.

In jedem Fall ist also $V_{wi}(\theta k \lor \neg \theta k) = 1$ oder $V_{wi}(\theta k \lor \neg \theta k) = \frac{1}{2}$, d. h. $\models_{\text{M-QMTI}} \theta k \lor \neg \theta k$.

Lösungen zu den Übungen von Kapitel V

Übung V.1

a) Zu zeigen ist: $\vdash \Box \forall v (A(v) \lor \neg A(v))$
Beweisschema:

1( )	$A(k) \lor \neg A(k)$	SAD
2( )	$Ek \to A(k) \lor \neg A(k)$	VQ, 1
3( )	$\forall v(A(v) \lor \neg A(v))$	$\forall$E, 2, $\underline{k}$
4( )	$\Box \forall v(A(v) \lor \neg A(v))$	$\Box$E, 3

b) Zu zeigen ist: $\exists v \Diamond (A(v) \land B(v)) \dashv\vdash \neg \forall v \Box (A(v) \to \neg B(v))$
Beweisschema von „$\vdash$":

1(1)	$\exists v \Diamond (A(v) \land B(v))$	AE
2(2)	$\forall v \Box (A(v) \to \neg B(v))$	AE
3(1)	$\Diamond (A(k) \land B(k)) \land Ek$	$\exists$B, 1, $\underline{k}$

4(1)	$\Diamond(A(k) \wedge B(k))$	$\wedge$B, 3
5(1)	Ek	$\wedge$B, 3
6(1,2)	$\Box(A(k) \to \neg B(k))$	$\forall$B, 2, 5
7( )	$(A(k) \to \neg B(k)) \to \neg(A(k) \wedge B(k))$	DL
8( )	$\Box(A(k) \to \neg B(k)) \to \Box\neg(A(k) \wedge B(k))$	$\Box$I, 7
9(1,2)	$\Box\neg(A(k) \wedge B(k))$	$\to$B, 6, 8
10(1,2)	$\neg\Diamond(A(k) \wedge B(k))$	SRT-1, 9
11(1)	$\neg\forall v\Box(A(v) \to \neg B(v))$	WS, 2!, 4, 10

Beweisschema von „⊣":

1(1)	$\neg\forall v\Box(A(v) \to \neg B(v))$	AE
2(1)	$\exists v\neg\Box(A(v) \to \neg B(v))$	SRT-17, 1
3(1)	$\neg\Box(A(k) \to \neg B(k)) \wedge$ Ek	$\exists$B, 2, $\underline{k}$
4(1)	$\neg\Box(A(k) \to \neg B(k))$	$\wedge$B, 3
5(1)	Ek	$\wedge$B, 3
6( )	$\neg(A(k) \wedge B(k)) \to (A(k) \to \neg B(k))$	DL
7( )	$\Box\neg(A(k) \wedge B(k)) \to \Box(A(k) \to \neg B(k))$	$\Box$I, 6
8(1)	$\neg\Box\neg(A(k) \wedge B(k))$	MT, 4, 7
9(1)	$\Diamond(A(k) \wedge B(k))$	$\Diamond$E, 8
10(1)	$\exists v\Diamond(A(v) \wedge B(v))$	$\exists$E, 5, 9

c) Zu zeigen ist: $\exists v\Diamond(Ev \wedge A(v)) \vdash \Diamond\exists v A(v)$
Beweisschema:

1(1)	$\exists v\Diamond(Ev \wedge A(v))$	AE
2(1)	$\neg\forall v\Box(Ev \to \neg A(v))$	Übung V.1 b), 1
3( )	$\Box\forall v\neg A(v) \to \forall v\Box(Ev \to \neg A(v))$	SRT-23
4(1)	$\neg\Box\forall v\neg A(v)$	MT, 2, 3
5(1)	$\Diamond\exists v A(v)$	SRT-19, 4

<u>Übung V.2</u>

a) Zu zeigen ist: $\vdash_{\text{M-QMTME}} \Box(Ek \leftrightarrow \Diamond Ek)$
Beweisschema:

1( )	$Ek \to \Diamond Ek$	SRT-2
2( )	$\Diamond Ek \to Ek$	ME
3( )	$Ek \leftrightarrow \Diamond Ek$	$\leftrightarrow$E, 1, 2
4( )	$\Box(Ek \leftrightarrow \Diamond Ek)$	$\Box$E, 3

b) Zu zeigen ist: $\exists v \Diamond A(v) \vdash_{\text{M-QMTNE}} \Diamond \exists v A(v)$
Beweisschema:

1(1)	$\exists v \Diamond A(v)$	AE
2(2)	$\neg \Diamond \exists v A(v)$	AE
3(2)	$\Box \forall v \neg A(v)$	SRT-19, 2
4(2)	$\forall v \Box \neg A(v)$	SRNE-2, 3
5(2)	$\neg \exists v \Diamond A(v)$	SRT-18, 4
6(1)	$\Diamond \exists v A(v)$	WS, 2!, 1, 5

Literaturverzeichnis

ABBOTT, Edwin A. (2006): *Flatland. A Romance of Many Dimensions*, Oxford: Oxford University Press (Oxford World's Classics).

BREMER, Manuel (2007): *Modales Natürliches Schließen*, Aachen: Shaker Verlag.

BRENDEL, Elke (1992): *Die Wahrheit über den Lügner – Eine philosophisch-logische Analyse der Antinomie des Lügners*, Berlin/New York: Walter de Gruyter.

BRENDEL, Elke (^{2}2020): *Logik-Skript 1 – Wahrheit und logisches Schließen*, Frankfurt am Main: Klostermann.

BROMAND, Joachim/KREIS, Guido (Hg.) (2011): *Gottesbeweise von Anselm bis Gödel*, Frankfurt am Main: Suhrkamp.

CARNAP, Rudolf (1946): Modalities and Quantification, in: *Journal of Symbolic Logic* 11, 33–64.

CARNAP, Rudolf (^{2}1956): *Meaning and Necessity – A Study in Semantics and Modal Logic*, Chicago, Illinois: The University of Chicago Press.

CARROLL, Lewis (1974): *Alice hinter den Spiegeln* (engl. *Through the Looking-Glass* (1871), übersetzt von Chr. Enzensberger), Frankfurt am Main: Insel Verlag.

DÜRRENMATT, Friedrich (1987): *Justiz*, Zürich: Diogenes Verlag.

GARSON, James W. (^{2}2013): *Modal Logic for Philosophers*, Cambridge: Cambridge University Press.

HAYAKI, Reina (2006): Contingent Objects and the Barcan Formula, in: *Erkenntnis* 64, 75–83.

HUGHES, Georg E. & CRESSWELL, Max. J. (1978): *Einführung in die Modallogik* (engl. *An Introduction to Modal Logic* (1968), übersetzt von F. Coulmas, R. Posner und B. Wiese), Berlin/New York: Walter de Gruyter.

HUME, David (1993): *Eine Untersuchung über den menschlichen Verstand* (engl. *An Inquiry concerning Human Understanding* (1748), übersetzt von R. Richter), Hamburg: Felix Meiner.

KANGER, Stig (1957): *Provability in Logic*, Stockholm: Almqvist and Wiksell.

KANT, Immanuel (1968): *Kritik der reinen Vernunft* (KrV) 1 und 2 (1781/1787), Werkausgabe Band III und IV, hrsg. von W. Weischedel, Frankfurt am Main: Suhrkamp.

KRIPKE, Saul A. (1963a): Semantical Analysis of Modal Logic I. Normal Modal Propositional Calculi, in: *Zeitschrift für mathematische Logik und Grundlagen der Mathematik* 9, 67–96.

KRIPKE, Saul A. (1963b): Semantical Considerations on Modal Logic, in: *Acta Philosophica Fennica* 16, 83–94.

KRIPKE, Saul A. (1965): Semantical Analysis of Modal Logic II. Non-Normal Modal Propositional Calculi, in: J. W. Addison, L. Henkin, A. Tarski (Hrsg.): *Symposium on the Theory of Models*, Amsterdam: North-Holland, 206–220.

KRIPKE, Saul A. (1981): *Name und Notwendigkeit* (engl. *Naming and Necessity* (1972), übersetzt von U. Wolf), Frankfurt am Main: Suhrkamp.

LEIBNIZ, Gottfried W. (1954): *Monadologie*, übersetzt, eingeleitet und erläutert von H. Glockner, Stuttgart: Reclam.

LEIBNIZ, Gottfried W. (1996): *Hauptschriften zur Grundlegung der Philosophie II*, übersetzt von A. Buchenau mit Einleitungen und Anmerkungen hrsg. von E. Cassirer, Hamburg: Meiner.

LEWIS, Clarence I. (1912): Implication and the Algebra of Logic, in: *Mind* 21, 522–531.

LEWIS, Clarence I./LANGFORD, Cooper H. (1932): *Symbolic Logic*, London: Century (2. Aufl. 1959 New York: Dover).

LINSKY, Bernard/Zalta, Edward, N. (1996): In Defense of the Contingently Nonconcrete, in: *Philosophical Studies* 84, 283–294.

LÖFFLER, Winfried (2000): *Notwendigkeit, S5 und Gott. Das ontologische Argument für die Existenz Gottes in der zeitgenössischen Modallogik*, Münster/Hamburg/London: LIT Verlag.

MUSIL, Robert (1978): *Der Mann ohne Eigenschaften* (erstes Buch), hrsg. von A. Frisé, Reinbek bei Hamburg: Rowohlt.

PRIEST, Graham (1999): Perceiving Contradictions, in: *Australasian Journal of Philosophy* 77, 439–446.

PRIEST, Graham (²2006): *In Contradiction. A Study of the Transconsistent*, Oxford: Clarendon Press.

PRIEST, Graham (²2016): *Towards Non-Being*, Oxford: Oxford University Press.

SCHRENK, Markus (2017): *Metaphysics of Science. A Systematic and Historical Introduction*, London/New York: Routledge.

STUHLMANN-LAEISZ, Rainer (2002): *Philosophische Logik. Eine Einführung mit Anwendungen*, Paderborn: Mentis.

WILLIAMSON, Timothy (1998): Bare Possibilia, in: *Erkenntnis* 48, 257–273.

WILLIAMSON, Timothy (2013): *Modal Logic as Metaphysics*, Oxford: Oxford University Press.

WITTGENSTEIN, Ludwig (1977): *Philosophische Untersuchungen*, Frankfurt am Main: Suhrkamp.

Symbolverzeichnis

$\neg$	Negation
$\wedge$	Konjunktion
$\vee$	Adjunktion
$\rightarrow$	Implikation
$\leftrightarrow$	Äquivalenz
$\nleftrightarrow$	Kontravalenz
$\square$	Notwendigkeitsoperator
$\Diamond$	Möglichkeitsoperator
$\prec_3$	strikte Implikation
$\forall$	Allquantor
$\exists$	Existenzquantor
$\vDash$	logische Folgerung/Gültigkeit
$\nvDash$	Negation der logischen Folgerung/Gültigkeit
$\dashv\vDash$	wechselseitige logische Folgerung
$\vDash_{\text{M-JMT}}$	logische Folgerung/Gültigkeit im T-Modell für die modale Junktorenlogik
$\vDash_{\text{M-JMS4}}$	logische Folgerung/Gültigkeit im S4-Modell für die modale Junktorenlogik
$\vDash_{\text{M-JMS5}}$	logische Folgerung/Gültigkeit im S5-Modell für die modale Junktorenlogik
$\vDash_{\text{M-QMT}}$	logische Folgerung/Gültigkeit im T-Modell für die modale Quantorenlogik
$\vDash_{\text{M-QMTME}}$	logische Folgerung/Gültigkeit im ME-Modell für die modale Quantorenlogik
$\vDash_{\text{M-QMTNE}}$	logische Folgerung/Gültigkeit im NE-Modell für die modale Quantorenlogik
$\vDash_{\text{M-QMT}^1}$	logische Folgerung/Gültigkeit im Modell M-QMT^1 für die modale Quantorenlogik
$\vdash$	Ableitbarkeit/Beweisbarkeit
$\nvdash$	Negation der Ableitbarkeit/Beweisbarkeit
$\dashv\vdash$	wechselseitige Ableitbarkeit
$\vdash_{\text{KNS-JMT}}$	Ableitbarkeit/Beweisbarkeit in KNS-JMT
$\vdash_{\text{KNS-JMS4}}$	Ableitbarkeit/Beweisbarkeit in KNS-JMS4

Symbolverzeichnis

$\vdash_{\text{KNS-JMS5}}$	Ableitbarkeit/Beweisbarkeit in KNS-JMS5
$\vdash_{\text{KNS-QMT}}$	Ableitbarkeit/Beweisbarkeit in KNS-QMT
$\vdash_{\text{M-QMT}^{\text{ME}}}$	Ableitbarkeit/Beweisbarkeit in KNS-QMT^{ME}
$\vdash_{\text{M-QMT}^{\text{NE}}}$	Ableitbarkeit/Beweisbarkeit in KNS-QMT^{NE}
$\mathbb{N}$	natürliche Zahl
$\{,\}$	Mengenklammern
$\varnothing$	leere Menge
$\in$	Elementbeziehung
$\subseteq$	echte oder unechte Teilmenge
$\supseteq$	echte oder unechte Obermenge
$\cup$	Vereinigungsmenge
$\cap$	Schnittmenge
$\times$	kartesisches Produkt

Stichwortverzeichnis

Die Seitenangaben beziehen sich auf diejenigen Stellen, an denen Ausdrücke eingeführt oder in zentraler Funktion vorkommen.

Ableitbarkeit
   in KNS-JMT 67
   in KNS-QMT 149–150
Adjunktion 20, 24
Adjunktionsbeseitigung 65
Adjunktionseinführung 65
Äquivalenz 20, 24
Äquivalenzbeseitigung 65
Äquivalenzeinführung 65
Allbeseitigung 146
Alleinführung 147
Allquantor 94, 111, 147–148
Alphabet 24, 94
Alternativwelt 32, 36
analytisch 12–13
Annahmeeinführung 64
Antiextension 135
a priori 13, 15, 37, 59
Barcan-Formel 114–121, 160–161
   konverse 116–119, 162
Beweisbarkeit
   in KNS-JMT 67
   in KNS-QMT 150
Bivalenzprinzip 30, 103, 125, 133
B-Modell 57
Brouwersches Axiom 57
Dialetheismus 37
Dilemma
   allgemeines 68
   klassisches 68
Distributivgesetz 69
   des Notwendigkeitsoperators 43–44, 66

modallogisches 76, 78–79
Dualität
  der Junktorenlogik 69
Eigenname 101
Eigenschaftskonstante 94–95, 99–100
ex falso quodlibet 46
Existenzbeseitigung 147, 149
Existenzeinführung 123, 146, 148
Existenzprädikat 94–95, 100, 121, 124
Existenzquantor 94–95, 97, 148
Existenzvoraussetzung 146–147, 149
Explosionsprinzip 46, 68, 84, 138, 141
Extension 99–102
Extensionalitätsprinzip 19, 21
formale Sprache
  der modalen Junktorenlogik (JML) 23–27
  der modalen Quantorenlogik (QML) 94–98
Formel 95–97
  elementare (atomare) 95–96
  komplexe (molekulare) 95–96
Gegenstandsbereich 99
Gegenstandskonstante 94–95, 99–102
Gegenstandsvariable 94–95
Gottesbeweis
  ontologischer 57–59, 122–124
Grammatik 23–25, 95
Gültigkeit
  im Modell M-QMT 109
  im Modell M-QMT^E 133
  im Modell M-QMT^F 137
  im Modell M-QMT^I 140
  im Modell M-QMT^{ME} 113
  im Modell M-QMT^{NE} 114
  S4-Gültigkeit 51
  S5-Gültigkeit 55
  T-Gültigkeit (im Modell M-JMT) 42
Hase-Enten-Kopf (Kippbild) 38
Implikation 20, 24
  strikte 48

Implikationsbeseitigung 64
Implikationseinführung 64
Interpretationsfunktion 100, 104
Iteration
  von Notwendigkeit (S4) 85
Junktoren 20
Kalkül
  des natürlichen Schließens für die modale Junktorenlogik
    KNS-JMT 63–85
    KNS-JMS4 85–87
    KNS-JMS5 87–89
  des natürlichen Schließens für die modale Quantorenlogik
    KNS-QMT 145–159
    KNS-QMT^{ME} 159–161
    KNS-QMT^{NE} 161–162
kartesisches Produkt 30
Kettenschluss 69
Klammereinsparungsregeln 25–26, 96–97
Kleene'sche Wahrheitsregeln
  schwache 127–128
  starke 129–130
Kommutativitätsgesetz 69
Konjunktion 20, 24
Konjunktionsbeseitigung 64–65
Konjunktionseinführung 64
konjunktiver Syllogismus 68
Kontraposition 56
Kontravalenz 24, 64
Korrektheit 63, 75
leere Menge 30, 42, 99
Logik
  deontische 10
  epistemische 10
  extensionale 20
  intensionale 21
  philosophische 10
Logische Folgerung
  im Modell M-JMT 41
  im Modell M-JMS4 51

im Modell M-JMS5 55
im Modell M-QMT 109
im Modell M-QMT^E 133
im Modell M-QMT^F 137
im Modell M-QMT^I 140
im Modell M-QMT^{ME} 113
im Modell M-QMT^{NE} 114
Lügner-Antinomie 37
L-wahr 28
Mehrfachnotierung 150–151
ME-Regel 160
Modalität
   de dicto 116–117
   de re 116–117
Modallogik
   alethische 10
Modell
   für die modale Junktorenlogik (M-JM) 30
   T-Modell für die modale Junktorenlogik (M-JMT) 41
   T-Modell für die modale Quantorenlogik (M-QMT) 99
   S4-Modell für die modale Junktorenlogik (M-JMS4) 50
   S5-Modell für die modale Junktorenlogik (M-JMS5) 54
   ME-Modell für die modale Quantorenlogik (M-QMT^{ME}) 112
   M-QMT^E-Modell für die modale Quantorenlogik 126
   M-QMT^F-Modell für die modale Quantorenlogik 135–136
   M-QMT^I-Modell für die modale Quantorenlogik 138
   NE-Modell für die modale Quantorenlogik (M-QMT^{NE}) 113
Möglichkeit
   epistemische 16
   erweiterte logische 15
   logische 15
   naturgesetzliche 15
Möglichkeitsbeseitigung 66
Möglichkeitseinführung 66
Möglichkeitsoperator 16, 24
Möglichkeitssinn 9–10
modus ponens 59
modus tollens 68
natürliche Arten 14
Negation 20, 24

Negationsbeseitigung 65
Negationseinführung 65
NE-Regel 161
Notierung (der Konstanten) 149
Notwendigkeit
    begrifflich-definitorische 12
    erweiterte logische 15
    logische 12
    mathematische 12
    metaphysische 14
    naturgesetzliche 14
Notwendigkeitsbeseitigung 66
Notwendigkeitsdistribution 66
Notwendigkeitseinführung 66
Notwendigkeitsoperator 16, 24
Objekte
    fiktionale 124
    nichtexistente 124–125
    widersprüchliche 137–138
Paradoxien
    der materialen Implikation 46
    der notwendigen Implikation 48, 83
Penrose-Treppe 38–39, 138
Quantoren 94
Regel
    der notwendigen Implikation 76
Relation
    reflexive 41
    symmetrische 54
    transitive 50
Relationskonstante 94–95, 99–102
Satz
    atomarer 23–24, 31
    elementarer 20, 23–25
    vom ausgeschlossenen Dritten 69
    vom ausgeschlossenen Widerspruch 69
    von QML 96
Schluss
    von der Möglichkeit auf die notwendige Möglichkeit (S5) 87

Semantik möglicher Welten 28–29
starrer Bezeichnungsausdruck (Designator) 101
Sylvan's Box 138
synthetisch 12–13
Tautologie 11
verum ex quolibet (VQ) 16, 68
Vollständigkeit 63
Wahrheit
  logische 18
  von Sätzen im Modell M-JM 31–33
  von Sätzen im Modell M-QMT 103–104
  von Sätzen im Modell M-QMT^E 126
  von Sätzen im Modell M-QMT^F 136
  von Sätzen im Modell M-QMT^I 139
wahrheitsdefinit 125
Wahrheitsfunktionalität 20–21, 28, 30, 46
Wahrheitstafeln 20
Wahrheitswertlücke 125
Welt
  aktuale 9, 35
  mögliche 9, 28–37
Widerspruchsregel 68
Zugänglichkeitsrelation (R) 30, 33, 41, 54–55
Zustandsbeschreibung 28

Verzeichnis der zentralen modallogischen Schlussregeln

12. Notwendigkeitseinführung (□E)
k( ) A
n( ) $□A$ □E, k

13. Notwendigkeitsbeseitigung (□B)
k($k_1,…,k_r$) $□A$
n($k_1,…,k_r$) A □B, k

14a. Möglichkeitseinführung (◊E)
k($k_1,…,k_r$) $¬□¬A$
n($k_1,…,k_r$) $◊A$ ◊E, k

14b. Möglichkeitseinführung (◊E)
k($k_1,…,k_r$) $¬□A$
n($k_1,…,k_r$) $◊¬A$ ◊E, k

15a. Möglichkeitsbeseitigung (◊B)
k($k_1,…,k_r$) $◊A$
n($k_1,…,k_r$) $¬□¬A$ ◊B, k

15b. Möglichkeitsbeseitigung (◊B)
k($k_1,…,k_r$) $◊¬A$
n($k_1,…,k_r$) $¬□A$ ◊B, k

16. Notwendigkeitsdistribution (□D)
k($k_1,…,k_r$) $□(A → B)$
n($k_1,…,k_r$) $□A → □B$ □D, k

Regel der notwendigen Implikation (□I)
k( ) $A → B$
n( ) $□A → □B$ □I, k

SRT-1
$□A ⊣⊢ ¬◊¬A$
$□¬A ⊣⊢ ¬◊A$

SRT-2
$A \vdash \Diamond A$

SRT-3
$\Box A \vdash \Diamond A$

SRT-4
$\Box \neg A \vdash \neg \Box A$

SRT-5
$\Box(A \wedge B) \dashv\vdash \Box A \wedge \Box B$

SRT-6
$\Diamond(A \wedge B) \vdash \Diamond A \wedge \Diamond B$

SRT-7
$\Box A \vee \Box B \vdash \Box(A \vee B)$

SRT-8
$\Box(A \vee B) \vdash \Box A \vee \Diamond B$

SRT-9
$\Diamond(A \vee B) \dashv\vdash \Diamond A \vee \Diamond B$

SRT-10
$\Diamond A \to \Diamond B \vdash \Diamond(A \to B)$

SRT-11
$\Diamond(A \to B) \dashv\vdash \Box A \to \Diamond B$

SRT-12 („Paradoxien der notwendigen Implikation")
$\Box A \vdash \Box(B \to A)$
$\Box A \vdash \Box(\neg A \to B)$
$\Box \neg A \vdash \Box(A \to B)$

SRT-13
$\vdash \Diamond A \vee \Diamond \neg A$

SRT-14
$\vdash \Box A \vee \Diamond \neg A$

SRT-15
$\vdash \neg(\Box A \wedge \Box \neg A)$

Verzeichnis der zentralen modallogischen Schlussregeln 189

Iteration von Notwendigkeit (S4)
k(k_1,...,k_r) $\Box A$
n(k_1,...,k_r) $\Box\Box A$ S4, k

SRS4-1
$\Box A \dashv\vdash \Box\Box A$

SRS4-2
$\Diamond A \dashv\vdash \Diamond\Diamond A$

Schluss von der Möglichkeit auf die notwendige Möglichkeit (S5)
k(k_1,...,k_r) $\Diamond A$
n(k_1,...,k_r) $\Box\Diamond A$ S5, k

SRS5-1
$\Diamond A \dashv\vdash \Box\Diamond A$

SRS5-2
$\Box A \dashv\vdash \Diamond\Box A$

17a. Allbeseitigung ($\forall$B)
m(m_1,...,m_r) $\forall v A(v) \wedge E k$
n(m_1,...,m_r) $A(k)$ $\forall$B, m

17b. Allbeseitigung ($\forall$B)
h(h_1,...,h_r) $\forall v A(v)$
m(m_1,...,m_s) $E k$
n(h_1,...,m_s) $A(k)$ $\forall$B, h, m

18a. Existenzeinführung ($\exists$E)
m(m_1,...,m_r) $A(k) \wedge E k$
n(m_1,...,m_r) $\exists v A(v)$ $\exists$E, m

18b. Existenzeinführung ($\exists$E)
h(h_1,...,h_r) $A(k)$
m(m_1,...,m_s) $E k$
n(h_1,...,m_s) $\exists v A(v)$ $\exists$E, h, m

Für 17a.– 18b. gilt: $A(k)$ entsteht aus $A(v)$, indem überall dort, wo v in $A(v)$ frei vorkommt, v durch k ersetzt wird.

19. Alleineinführung (∀E)

m(m₁,...,mᵣ)   Ek → $A(k)$
n(m₁,...,mᵣ) $\forall v A(v)$ ∀E, m, $\underline{k}$

$A(v)$ entsteht aus $A(k)$, indem überall dort, wo k in $A(k)$ vorkommt, k durch v ersetzt wird.

20. Existenzbeseitigung (∃B)

m(m₁,...,mᵣ) $\exists v A(v)$
n(m₁,...,mᵣ) $A(k) \wedge E k$ ∃B, m, $\underline{k}$

$A(k)$ entsteht aus $A(v)$, indem überall dort, wo v in $A(v)$ frei vorkommt, v durch k ersetzt wird. Die Konstante k kommt dabei in $A(v)$ nicht vor.

21. Existenzvoraussetzung (EV)

n( ) $\exists v E v$ EV

SRT-16

⊢ $\forall v E v$

SRT-17

$\forall v A(v) \dashv \vdash \neg \exists v \neg A(v)$
$\forall v \neg A(v) \dashv \vdash \neg \exists v A(v)$
$\exists v A(v) \dashv \vdash \neg \forall v \neg A(v)$
$\exists v \neg A(v) \dashv \vdash \neg \forall v A(v)$

SRT-18

$\forall v \Box A(v) \dashv \vdash \neg \exists v \Diamond \neg A(v)$
$\forall v \Box \neg A(v) \dashv \vdash \neg \exists v \Diamond A(v)$
$\exists v \Box A(v) \dashv \vdash \neg \forall v \Diamond \neg A(v)$
$\exists v \Box \neg A(v) \dashv \vdash \neg \forall v \Diamond A(v)$
$\forall v \Diamond A(v) \dashv \vdash \neg \exists v \Box \neg A(v)$
$\forall v \Diamond \neg A(v) \dashv \vdash \neg \exists v \Box A(v)$
$\exists v \Diamond A(v) \dashv \vdash \neg \forall v \Box \neg A(v)$
$\exists v \Diamond \neg A(v) \dashv \vdash \neg \forall v \Box A(v)$

SRT-19

$\Box \forall v A(v) \dashv \vdash \neg \Diamond \exists v \neg A(v)$
$\Box \forall v \neg A(v) \dashv \vdash \neg \Diamond \exists v A(v)$

Verzeichnis der zentralen modallogischen Schlussregeln 191

$\Box \exists v A(v) \dashv\vdash \neg \Diamond \forall v \neg A(v)$
$\Box \exists v \neg A(v) \dashv\vdash \neg \Diamond \forall v A(v)$
$\Diamond \forall v A(v) \dashv\vdash \neg \Box \exists v \neg A(v)$
$\Diamond \forall v \neg A(v) \dashv\vdash \neg \Box \exists v A(v)$
$\Diamond \exists v A(v) \dashv\vdash \neg \Box \forall v \neg A(v)$
$\Diamond \exists v \neg A(v) \dashv\vdash \neg \Box \forall v A(v)$

<u>SRT-20</u>
$\forall v A(v) \vdash \exists v A(v)$

<u>SRT-21</u>
$\forall v A(v) \dashv\vdash \forall v (\mathrm{E}v \to A(v))$

<u>SRT-22</u>
$\exists v A(v) \dashv\vdash \exists v (\mathrm{E}v \land A(v))$

<u>SRT-23</u>
$\Box \forall v A(v) \vdash \forall v \Box (\mathrm{E}v \to A(v))$

<u>SRT-24</u>
$\forall v \Box (A(v) \to B(v)) \vdash \forall v (\Box A(v) \to \Box B(v))$

<u>ME-Regel</u> (ME)
m(m$_1$,...,m$_s$) $\Diamond$Ek
n(m$_1$,...,m$_s$)   Ek ME, m

<u>SRME-1</u> (Barcan-Formel BF)
$\Diamond \exists v A(v) \vdash_{\mathrm{KNS\text{-}QMTME}} \exists v \Diamond A(v)$

<u>SRME-2</u> (Barcan-Formel BF*)
$\forall v \Box A(v) \vdash_{\mathrm{KNS\text{-}QMTME}} \Box \forall v A(v)$

<u>NE-Regel</u> (NE)
m(m$_1$,...,m$_s$)   Ek
n(m$_1$,...,m$_s$) $\Box$Ek NE, m

<u>SRNE-1</u> (konverse Barcan-Formel KBF)
$\exists v \Diamond A(v) \vdash_{\mathrm{KNS\text{-}QMTNE}} \Diamond \exists v A(v)$

<u>SRNE-2</u> (konverse Barcan-Formel KBF*)
$\Box \forall v A(v) \vdash_{\mathrm{KNS\text{-}QMTNE}} \forall v \Box A(v)$